T0166164

L'ARABE MAROCAIN

Tome I

PHONOLOGIE ET MORPHOSYNTAXE

ÉTUDES CHAMITO-SÉMITIQUES

LANGUES ET LITTÉRATURES ORALES
COLLECTION DIRIGÉE PAR DAVID COHEN

L'ARABE MAROCAIN

Tome I
Phonologie et Morphosyntaxe

Dominique CAUBET

Ouvrage publié avec le concours
du C.N.R.S. (Centre National de la Recherche Scientifique) et
de l'INALCO (Institut National des Langues et Civilisations Orientales)

ÉDITIONS PEETERS
PARIS-LOUVAIN
1993

TOME I

ISBN 90-6831-524-2
D. 1993/0602/70
ISBN 2-87723-079-1

TOME II

ISBN 90-6831-527-7
D. 1993/0602/71
ISBN 2-87723-080-5

à Romain,

à Zineb et à toute sa famille,

AVANT-PROPOS

Lorsqu'il s'agit de dialectologie marocaine, des noms de grands initiateurs viennent à l'esprit: William Marçais, Louis Brunot, Georges Colin... C'est dire que les études de qualité ne manquent pas à ce domaine. Celle qui nous est offerte ici par Dominique Caubet, et qui vient se classer parmi les meilleures par l'attention aux faits qui s'y manifeste et la sûreté de l'information qu'elle met en oeuvre, n'en est pas moins d'une grande nouveauté. C'est en effet, à ma connaissance, la première description complète – autant que peut l'être une description monographique – des usages d'un groupe clairement défini d'arabophones marocains. La première du moins à être publiée, car d'autres travaux descriptifs existent, qui demeurent inédits.

Certes dans une description systématique d'un dialecte, tout ne peut pas être neuf. Les structures phonologiques et morphologiques, tout en présentant des variantes propres parfois importantes, et caractéristiques, sont communes pour l'essentiel aux divers dialectes. De plus de vastes régions du monde arabe sont couvertes par des koïnés dialectales où les différenciations dialectales ne peuvent mettre en cause l'unité fondamentale. Il faut ajouter pour ce qui concerne le Maroc en particulier, que ce pays connaît, s'accélérant depuis quelques décennies, une extension de la variété moderne du rbâti à la plupart des autres agglomérations urbaines, qui accentue la cohésion linguistique interne. Un texte fort intéressant, reproduit dans la dernière partie de cet ouvrage, souligne de manière fort précise, le recul – la quasi disparition – de la variété linguistique qui était générale parmi la population musulmane de Fès, il y a moins d'un demi-siècle.[1]

Il découle de ce qui vient d'être dit que, des deux volumes, le premier, celui qui est consacré à la phonologie et à la morphologie, est celui qui est le moins susceptible d'apporter des données nouvelles. Mais il n'en constitue pas moins une présentation fort claire et détaillée d'un dialecte marocain typique, illustrée par d'abondants exemples du fonctionnement des formes. (Voir en particulier tous les chapitres qui portent sur les "mots-outils", l'article, les prépositions, les conjonctions et subjonctions, etc.) Il pourrait à ce titre constituer une excellente et compétente introduction à l'arabe marocain, en même temps qu'un manuel efficace pour l'enseignement de la langue.

C'est évidemment le second et le plus développé des deux volumes, celui qui contient l'analyse de la syntaxe, qui fournit l'apport le plus

---

[1] La situation linguistique à Fès, avec la coexistence d'un "ancien fassi" vestigiel, en usage seulement chez les sujets appartenant aux générations les plus anciennes, et d'un "nouveau fassi" fortement influencé par la koïnè de Rabat, a été décrite par Abdelaziz Hilili dans une thèse (non imprimée).

remarquable à l'étude du marocain et à la dialectologie de l'arabe en général.

On sait combien les analyses syntaxiques sont rares, souvent fragmentaires, en ce domaine, surtout pour le Maghreb. Les meilleures descriptions ne consacrent à la constitution de l'énoncé, dans la majorité des cas, qu'une attention cursive. L'ampleur du traitement qui lui est accordé ici est exceptionnelle.

L'approche théorique, qui procède de l'enseignement d'Antoine Culioli, rigoureuse et compétente, se révèle propre à mettre en relief la richesse et la subtilité des usages dans cette variété d'arabe parlé. De ce point de vue, j'attirerais l'attention sur les chapitres concernant les modalités, l'aspect verbal ou la détermination, entre autres. Pour l'aspect verbal en particulier, sujet délicat et complexe s'il en est, Dominique Caubet a su dégager, à partir des emplois très divers relevés dans ses enquêtes, un tableau à la fois simple et cohérent. Sur ce point la pertinence du traitement est due à la bonne connaissance qu'elle possède des données des autres langues sémitiques et aussi de la théorie générale des aspects.

Mais pour l'ensemble de l'ouvrage, la richesse des données et la clarté des analyses proposées témoignent de la grande familiarité de l'auteur avec la langue décrite, familiarité acquise grâce à un contact avec les locuteurs et une pratique de la langue s'étendant sur près d'une vingtaine d'années.

Il faut ajouter un mot sur le choix de l'usage linguistique que Dominique Caubet a pris pour base de son étude.

La population arabophone à laquelle elle s'est intéressée - et cela est aussi une originalité - illustre, par sa situation topologique et son statut, une réalité sociologique d'une grande fréquence, et non pas seulement au Maroc: celle d'un groupe de ruraux en exode qui s'installe aux abords des métropoles pour s'assimiler progressivement à leurs populations. Il s'agit donc d'une réalité dynamique, et dont le dynamisme même se trouve illustré en synchronie par la coexistence de sous-groupes, de familles, voire d'individus au sein d'une même famille, dont les degrés d'intégration à la koïnè métropolitaine ou régionale sont divers. Les phénomènes que provoque un tel état des choses font des usages à l'intérieur de ces groupes, un excellent champ d'observation sociolinguistique. De ce point de vue aussi, l'ouvrage que voici se révèle d'une remarquable utilité.

David Cohen

INTRODUCTION

Qu'est-ce que l'arabe marocain aujourd'hui et comment le décrire?

La situation linguistique au Maroc, et dans la plupart des pays arabes, est telle aujourd'hui que la description dialectologique ne peut reproduire ce qui s'est pratiqué jusqu'à la fin des années 50. A l'époque, un fort morcellement de la société marocaine dont l'unité de base était la tribu, a donné naissance à une pratique des dialectologues qui consistait à décrire des parlers attachés à une tribu particulière, à un groupe de villages, à un quartier d'une ville, en postulant une homogénéité maximum.

Depuis, les données sociolinguistiques ont été bouleversées, avec, pour ne citer que quelques facteurs, l'accroissement de la population, le développement des villes et l'exode rural, la diffusion des média (radio, télévision, journaux), l'accession au système scolaire et universitaire, le contact constant avec l'espagnol, le français et l'arabe classique; l'arabe marocain n'est plus aujourd'hui ce qu'il était il y a ne serait-ce que 50 ans.

Aujourd'hui, on a une situation paradoxale où, d'une part, les Marocains s'identifient linguistiquement en tant que tels (ils se reconnaissent entre eux et ils sont reconnus par les non-marocains comme spécifiquement Marocains); et où, par ailleurs, au sein du pays, les Marocains savent déterminer, grâce à tel détail phonologique ou lexical, l'origine régionale de chacun.

On assiste à un phénomène de koïnisation certain qui laisse cependant place aux particularismes (plus ou moins accentués) qui caractérisent telle ville, telle communauté ou telle tribu. Mais la koïné ne se fait pas autour du vieux fassi ou du vieux rbati ou du vieux meknasi, qui ne sont plus aujourd'hui considérés comme prestigieux, mais souvent plutôt comme gênants parce que trahissant trop vite une origine (ces accents sont beaucoup plus flatteurs pour les femmes). La koïné en formation aujourd'hui se caractériserait plutôt comme un dialecte de citadins de fraîche date d'origine rurale.

Si l'on veut décrire un état de langue proche de cette koïné, et c'est ce que je m'attache à faire ici, il faut choisir le parler d'un groupe qui se rapproche le plus possible de la caractéristique que j'ai donnée plus haut, et non des groupes trop marqués socialement (vieux parlers citadins) ou géographiquement (frontière avec l'Algérie ou parlers Jbala du Nord-Ouest du pays).

C'est dans cet esprit que j'ai choisi de m'intéresser au parler des *ūlād-əl-ḥažž d-əl-wād*, installés au pied du Mont Zalagh à 8 kms au Nord-Est de Fès, sur les deux rives du fleuve Sebou. La tradition familiale veut que le grand-père du père soit venu du Rif s'installer dans la région. Leur tribu d'origine sont les *gzənnāya* de la région d'Aknoul dans le Rif. Aujourd'hui, le groupe compte approximativement entre 1000 et 1500 personnes; c'est une estimation à laquelle nous sommes arrivés, avec l'un des frères de la famille, par deux moyens:
- aux dernières élections d'Octobre 1992, la circonscription qui comprenait les membres du groupe habitant sur la rive droite du fleuve comptait 300 électeurs inscrits; or, tout le monde est inscrit, hommes et femmes de plus de 21 ans; si l'on tient compte du fait que certaines femmes mariées n'ont pas encore le droit de vote, et que d'autres ne sont plus en âge d'avoir des enfants, on peut donc compter 150 couples avec une moyenne de 6 enfants; on arriverait à 1200 personnes, auxquelles il faudrait ajouter ceux (moins nombreux) de la rive gauche.
- il y a environ 15 duwwar (hameau); chacun comptant une dizaine de couples, avec une moyenne de 7 à 8 enfants par ménage, soit une petite centaine d'habitants par duwwar; on arrive au chiffre de 1500 personnes.

Depuis plusieurs générations, ils gèrent les terres qui appartiennent aux propriétaires fassi; ils sont également propriétaires de nombreux hectares de terre, pas toujours bien placées, parce que seuls les terrains situés directement à côté du fleuve sont irrigués, grâce aux *naeōṛa* quand l'eau du fleuve est assez haute. Ils cultivent d'abord de quoi se nourrir pendant toute l'année (blé pour le pain et pour la semoule, olives) ainsi que les légumes de saison pour leur consommation et pour les vendre quotidiennement à Fès, ainsi que le persil et la coriandre.

Ils ont également des troupeaux qui constituent une de leurs richesses, vaches, moutons et brebis, quelques chèvres, poulets, dindes et pintades. Pour ce qui est des bêtes de sommes, il y a des mules et des ânes, indispensables pour tous les travaux des champs (il n'y a pas de tracteurs), pour transporter toute l'eau consommée (il n'y a ni électricité ni eau courante); il y a aussi quelques chevaux, pour le prestige, mais surtout des juments pour la procréation des mules.

Une partie de la famille a commencé à s'installer en ville (à Fès) pour la scolarisation des enfants, il y a 25 ans; les hommes sont restés à la campagne pour travailler, mais ils ont laissé des femmes en ville pour s'occuper des enfants qui allaient à l'école: les garçons en priorité; les filles aussi ont pu étudier, mais elles ont rarement atteint la fin du secondaire.

Du point de vue linguistique, la langue des jeunes générations a évolué, perdant beaucoup de leurs traits ruraux et adoptant les traits citadins. Les plus âgés (45 ans aujourd'hui) ont fait leurs études en arabe; ceux qui ont moins de 40 ans ont étudié en français qui est toujours resté une langue littéraire. L'un des fils a épousé une jeune

femme fassie; leurs enfants restent beaucoup au contact de leurs
grands-parents maternels; jusqu'à leur entrée à l'école (4 ans), leur
parler est très nettement fassi, sur le plan phonologique (prononciation ˀ du *q* et grasseyement du *r*) et lexical (ex. verbe *cabba* au lieu
du *dda* plus koïnique pour "emporter/emmener"). Plus tard, les filles
peuvent conserver cet accent (prisé pour les femmes), mais l'influence
de l'arabe classique est très forte sur le plan lexical, du fait de
l'école, mais aussi de la télévision (tous les dessins animés sont en
arabe classique). Les garçons adoptent progressivement, en sortant du
giron des femmes, un parler plus koïnique, considéré comme plus viril.

La situation sociolinguistique des dialectes arabes, et de
l'arabe marocain en particulier, ainsi que la vitesse de leur évolution
ne peuvent que frapper le linguiste. Face à cette complexité, le
travail qui suit se présente comme une première description de cette
koïné marocaine en émergence.

Dominique Caubet

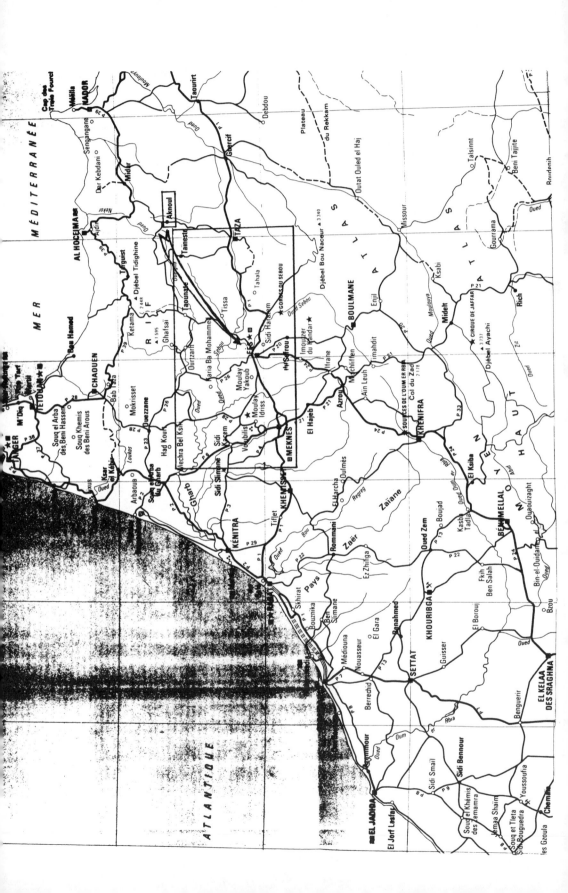

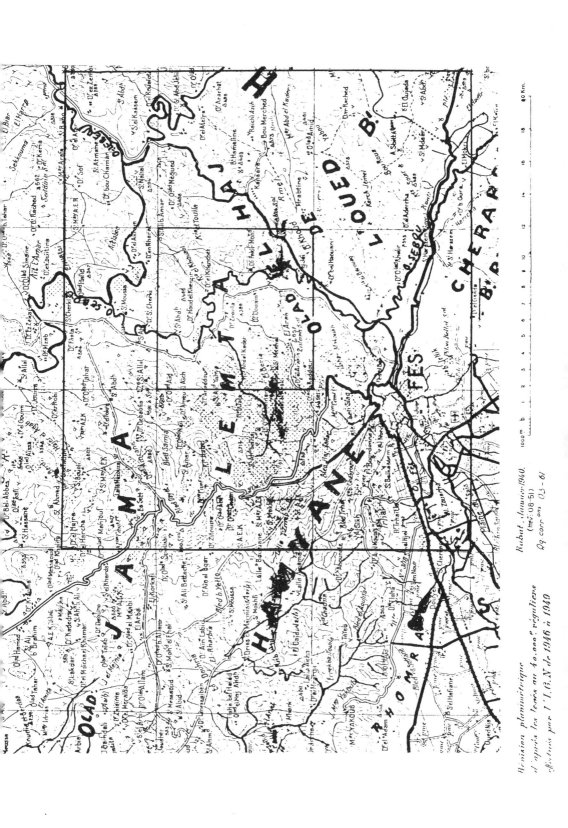

Révision planimétrique
d'après les levés au 40.000° réguliers
éffectués par l'I.G.N de 1946 à 1949

Rabat, Janvier 1940.
(N°08-51)
Ag corr°ns 03-61

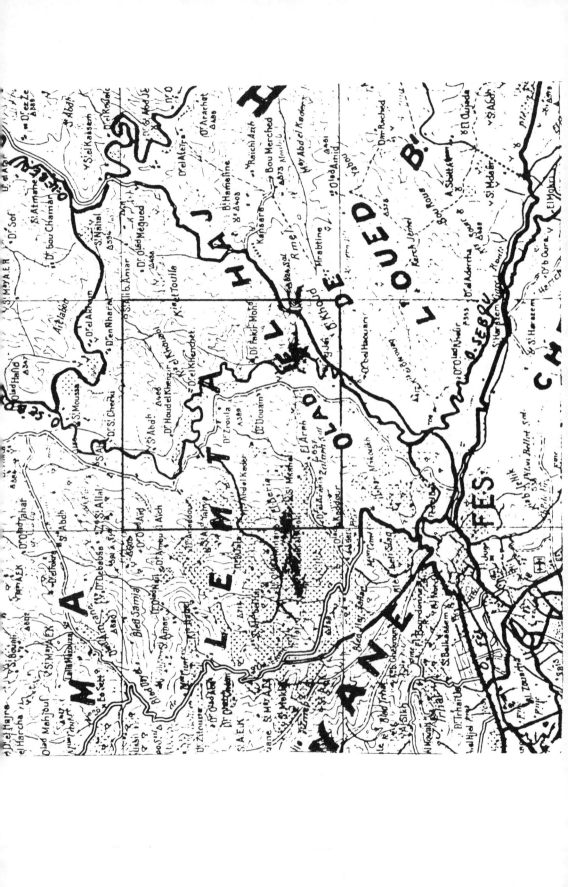

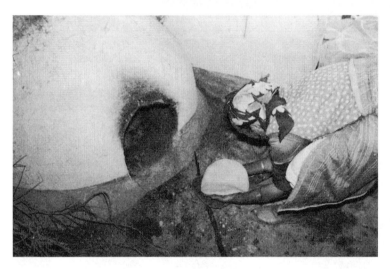

I - LES CONSONNES

TABLEAU DES REALISATIONS CONSONANTIQUES											
	bilab.	lab.dent.	dent.	alvéol.	pré-pal.	palat.	post-pal.	vél.	uvul.	phar.	laryng.
+/- emphase	-E +E	-E +E	-E +E	-E +E	-E +E	-E +E	-E +E				
OCCLUSIVES sourdes	p		t ṭ				k ḵ		q		'
sonores	b ḅ		d ḍ				g				
FRICATIVES sourdes		f f̣		s ṣ	š ṧ			x		ḥ	h
sonores		v		z ẓ	ž ẓ̌			ǧ		ε	
LIQUIDES nasales	m ṃ		n ṇ								
orales : latérales			l ḷ								
vibrantes			r ṛ								
SEMI-VOYEL-lES	w ẉ					y y̱					
PAS D'ASSIMILATION			ASSIMILATION			PAS D'ASSIMILATION					

Quelques remarques sur le tableau de ces réalisations:

1 - Il n'y a pas d'interdentales :

    đ est réalisé [*d*]
    ŧ est réalisé [*t*]
    ḍ est réalisé [*ḍ*]

2 - Il **y a une abondance de consonnes emphatiques:**

    ṭ, ḍ, ṣ, r̞, ẓ, ḷ, m̞, ṇ, ḅ, f̣, w̞, γ̞, ḳ, ṣ̌, ẓ̌

3 - Il **y a beaucoup de réalisations consonantiques:** 40 au total, mais beaucoup sont des réalisations conditionnées qui n'ont pas le statut de phonème.

Quelques considérations générales sont nécessaires à propos de phénomènes phonétiques qui affectent les consonnes en arabe marocain: l'assimilation et l'emphase.

1 - L'ASSIMILATION

a - **L'article** *əl* se place devant le substantif qu'il détermine. Quand le substantif commence par certaines consonnes, le *l* de l'article s'assimile à la consonne, produisant une *gémination* de la consonne initiale du mot:

    *əl + *šəms* > *əš-šəms* (1) le soleil

Les consonnes avec lesquelles ce phénomène se produit en arabe marocain sont articulées selon trois points de la bouche: **les dents, les alvéoles et l'avant du palais:** *t,d,n,l,r,ṭ,ḍ,s,z,ṣ,ẓ,š,ž*:

    əd-dōr̞ la maison, *əṭ-ṭēr̞* l'oiseau, *ət-təlž* la neige, *ən-nās* les gens, *əs-sīf* l'épée, *əṣ-ṣēf* l'été, *ər̞-r̞āžəl* l'homme.

Ce phénomène se produit également pour la préposition *εla* lorsqu'elle se combine à un groupe nominal (voir p.192):

    εla-əš-šmāl ‹sur-la gauche› > *εa-š-šmāl* à/vers la gauche.

b - Il existe un autre type d'assimilation: la sonorisation de la sourde /t/ devant sonore:

    t + *ž* > [*dž*] ; *tžuwwəž* est prononcé [*džuwwəž*] "se marier".

- Il en est de même, lors de la préfixation d'un *t* devant un mot à initiale *d* ou *ḍ*; le groupe *td* est réalisé [*dd*]; *tḍ* se prononce [*ḍḍ*]:

    t-dābəz se disputer   est prononcé [*ddābəz*]
    t-ḍōr̞ tu tourneras   est prononcé [*ḍḍōr̞*]

3 - Dans la formation de locutions adverbiales, on remarque l'assimilation du *n* final de la préposition *mən* avec le *l* de l'article du mot qui suit (voir p.192):

    **mən-əl-lōr̞* ‹de-l'arrière› > *məl-lōr̞* par derrière

---

(1) L'assimilation est notée systématiquement dans les transcriptions.

2 - L'EMPHASE

On peut décrire l'emphase en disant qu'il s'agit d'un accroissement de la cavité buccale; la partie postérieure de la langue va toucher le voile du palais, occasionant un recul de tout l'appareil phonateur (1).

Le phénomène ne se limite pas à un phonème. En effet, l'emphase dépasse le niveau du phonème pour affecter la voyelle contigüe, la syllabe ou le mot tout entier.

- D'une part, le timbre de la voyelle qui précède ou qui suit la consonne emphatique est affecté; la voyelle ouverte recule vers l'arrière; les voyelles fermées se rapprochent du centre:

longues : $\bar{a}$ est prononcé [$\bar{\hat{a}}$]   **brèves** : ∂ reste [∂] (2)
  $\bar{\imath}$ est prononcé [$\bar{e}$] u est prononcé [o]
  $\bar{u}$ est prononcé [$\bar{o}$]

- d'autre part, la consonne qui précède la consonne emphatique, ou celle qui la suit (ou les deux) peuvent être affectées:

  . dans le mot [$ḍ\underline{l}\partial m$] opprimer, on a un $ḍ$ emphatique, le $\underline{l}$ qui suit se trouve emphatisé.
  . dans [$ḵ\partial rḵ\partial r$] empiler, on a un r emphatique, le $ḵ$ qui suit ou qui précède, est emphatisé.
  . dans [$rṭ\bar{\hat{a}}ḅ$] lisser, on a un r et un $ṭ$, la dernière radicale $ḅ$ est emphatisée et le $\bar{a}$ est prononcé [$\bar{\hat{a}}$].

On note cependant une contamination beaucoup plus forte des consonnes qui précèdent, comme si on anticipait la production d'une consonne emphatique. En arabe marocain, on constate une tendance à l'extension régressive de l'emphase.

L'emphase peut aussi porter sur tout le mot; ce n'à l'extension régressive de l'emphase.

L'emphase peut aussi porter sur tout le mot; ce n'est cependant pas obligatoire, et l'unité minimale qui est affectée est la voyelle qui suit ou qui précède directement le phonème emphatique.

Les consonnes peuvent être classées en groupes (3), selon la façon dont elles sont affectées par l'emphase; on distingue:
  - les consonnes emphatiques quel que soit le contexte,
  - les consonnes emphatisables dans un contexte emphatique,
  - les consonnes emphatisantes (qui conditionnent les consonnes ou les voyelles environnantes).

1 - Les consonnes emphatiques

Il existe des consonnes qui sont emphatiques de façon autonome, et qui le restent quel que soit le contexte; elles ont **deux points**

---

(1) Ces définitions et les analyses qui suivent doivent beaucoup à David Cohen, en particulier dans **D.Cohen 69, D.Cohen 75** (p.13) et ses séminaires.
(2) La voyelle reste centrale; on note seulement un léger recul.
(3) Certaines de ces classes se recoupent.

d'articulation, l'un spécifique, et l'autre qui leur est commun à toutes: le voile du palais. L'emphase comporte un trait phonétique particulier: la vélarisation:

ḍ, ṭ, ṛ, ṣ sont les plus courantes,

ẓ, ḷ, ḅ, ṃ n'apparaissent que dans un petit nombre de mots.

ḍ: ḍḅaġ tanner, ḍənn penser, ḍəffər tresser, fāḍ inonder,

ṭ: bṭa tarder, bəžġəṭ babiller, ḥḅəṭ descendre,

ṣ: ṣām jeûner, ṣōf laine, ṣfəg trembler,

ṛ: bṛa guérir, fṛəq séparer, bṛəm rouler, nšəṛ raboter,

ẓ: bcaẓ écraser, ẓacẓac crier, ẓwa vagir,

ḷ: bəḷbəḷ marmonner, ḷḷah Dieu,

ḅ: ḅḅa père, ḅāḅa papa

ṃ: ṃṃwi mère, ṃāṃa maman

On remarque que ḅ, ṃ et ḷ apparaissent alors qu'aucun autre phonème emphatique n'est à proximité et que la seule contagion phonétique ne peut pas être invoquée. Il existe un autre facteur qui peut provoquer l'emphase: un élément **d'affectivité**.

En effet, ḅ et ṃ emphatiques ne se trouvent isolément que dans des mots contenant une part d'affect: grand respect, ou au contraire, insultes (ici le nom des parents: ḅḅa, ḅāḅa, ṃṃwi, ṃāṃa). David Cohen cite également pour les Juifs de Tunis, des mots tabous désignant le sexe masculin ou féminin, utilisés dans les jurons. Pour ce qui est de ḷ, la situation est comparable; il apparait rarement isolément, pour prononcer le nom de Dieu, ḷḷah (avec un affect très important), ou pour la plus grande expressivité d'une onomatopée, comme dans ḅəḷbəḷ marmonner.

ẓ semble avoir acquis son statut de véritable sifflante emphatique en arabe marocain (1) bien qu'il ne soit pas très courant.

Les consonnes emphatiques sont très courantes dans les mots d'emprunt; ceci est dû à deux facteurs:
- d'une part, l'expressivité nécessaire pour les produire;
- d'autre part, le besoin de conserver des timbres vocaliques proches de la langue d'emprunt; en arabe, on n'observe le timbre o qu'au contact des emphatiques ou des consonnes postérieures; il en est de même pour le timbre e:

ṭēḷēfōn, ṭōṃōbīl, rīḍo, bāṭṛōn, ḅoṃḅa.

2 - Les consonnes emphatisables

Il s'agit de consonnes que l'on ne rencontre jamais sous leurs formes emphatiques isolément:

n, f, z, s, š, ž, k (2), w, y, et parfois, b, m, l.

A part les conditions particulières pour b, m, l, avec la part de

---

(1) Le phonème ẓ n'existe pas en arabe classique; dans les dialectes citadins orientaux, il est une réalisation sifflante de l'interdentale [ḍ].

(2) k n'est pas toujours emphatisable; on ne le trouve que dans un petit nombre de mots (voir plus loin p.11).

l'affect (voir ci-dessus), ces consonnes ne peuvent devenir emphatiques que par voisinage d'une consonne emphatisante (voir classe 3); elles ne sont pas emphatiques en contexte non emphatique:
bləǧ atteindre, *biyyən* montrer, *dhən* graisser, *dwa* dire, *fəttət* déchiqueter, *sōb* se révolter, *mədd* faire passer, *zād* continuer, *kəlb* chien.

Elles deviennent emphatiques en contexte emphatique:
[*ḅ̣ləẓ̣*] gaffer, [*ḅeyyəḍ*] blanchir, [*ḍ̣ənṇ*] penser, [*ḍ̣wạ*] illuminer, [*fṭər*] déjeûner, [*ṣ̌ōṭ*] rester, [*ṣ̌rəḅ*] boire, [*ṃḍạ*] signer, [*ẓ̌rạḥ*] blesser, [*ḳərḳər*] empiler (1).

3 - Les consonnes emphatisantes

Il s'agit des consonnes qui affectent la prononciation des phonèmes environnants; cette emphatisation peut être le fait de deux types de consonnes: les véritables emphatiques (classe 1) et les consonnes à point d'articulation postérieur.

a - Les véritables emphatiques

ḍ, ṭ, ṣ, ẓ, ṛ et ḅ, ṃ, ḷ.

Ces emphatiques peuvent emphatiser tout leur environnement: consonnes précédentes ou suivantes, voyelles longues ou brèves, et étendre leur effet sur tout le mot.

1 - L'emphatisation des voyelles

Au contact des emphatiques, le timbre des voyelles changent, en s'arrondissant et en reculant (voir p.3):

longues : ā est prononcé [ā̊] **brèves :** ə reste [ə]
ī est prononcé [ē] u est prononcé [o]
ū est prononcé [ō]

[*ḅeyyəḍ*] blanchir, [*ṭōṛ*] taureau, [*ṭēṛ*] oiseau, [*ṭā̊ṛ*] il a volé, [*ṭəṛt*] j'ai volé, [*ṣǧēṛ*] petit, [*ṣǧoṛ*] petitesse.

2 - L'emphatisation des consonnes

Seules les véritables emphatiques peuvent emphatiser les consonnes environnantes, avec une tendance à l'extension régressive (voir p.3):
expressivité: [*ḅ̣ləẓ̣*] gaffer, [*ḅaẓ̣ẓ̣*] ! Ben, dis donc !
emphatisation régressive: [*ṣ̌ōṭ*] rester, [*ṃḍạ*] signer, [*ẓ̌rạḥ*] blesser,
emphatisation progressive: [*ḍ̣ənṇ*] penser, [*ḍ̣wạ*] illuminer,
emphatisation de tout le mot: [*fṭər*] déjeûner, [*ṣ̌rəḅ*] boire, [*ḳərḳər*] empiler, [*ḅeyyəḍ*] blanchir,

---
(1) Sauf dans cette explication préliminaire où la transcription est phonétique, on ne notera que les phonèmes véritablement emphatiques, et non la prononciation emphatique en contexte (sauf cas particuliers d'affect).

b - Les consonnes postérieures

Les consonnes postérieures ont en commun avec les emphatiques un point d'articulation vélaire ou postérieur. Ce ne sont pas des emphatiques car elles n'ont qu'un seul point d'articulation. J.Heath (1), dans son étude de la phonologie de l'arabe marocain pose une équation très convaincante à propos de la comparaison entre les emphatiques et les consonnes postérieures sur le poids qu'elles sont sur les autres phonèmes: 1 emphatique = 2 consonnes postérieures.
Contrairement aux emphatiques, ces consonnes n'affectent que certaines voyelles et jamais les consonnes.

1 - Celles qui sont articulées autour du voile du palais: post-palatales, vélaires, et uvulaires: *g*, *x*, *ǧ*, *q*.

Du fait de leur trait vélaire, ces consonnes ont un comportement commun avec les véritables emphatiques: elles affectent le timbre des voyelles (les voyelles fermées):

longues : *ā* reste [*ā*]   **brèves :** *ə* reste [*ə*]
 ī est prononcé [*ē*]   *u* est prononcé [*o*]
 ū est prononcé [*ō*]

lgēt j'ai trouvé, *xezzu* carottes, *xōn* trahis, *ǧēṟ* jalouser, *ǧəṟt* je suis jaloux, *mədqōq* pilé, *tqob* perce.

q amène une prononciation postérieure [*ā̰*]:
[*lqā̰*] trouver, [*qā̰mīža*] chemise.

Les consonnes d'arrière n'affectent pas les consonnes de la classe
lga trouver, *xāf* avoir peur, *ǧfər* pardonner,
wqəf se mettre debout/s'arrêter.

2 - Les pharyngales *ḥ*, *ɛ* n'ont d'effet que sur les voyelles brèves; leur particularité, par rapport aux emphatiques et aux vélaires, est le recul du *ə* qui a tendance à se réaliser [*a*]:

 ə est parfois prononcé [*a*]
 u est prononcé   [*o*]

ḥall ouvrir, *ɛaḍḍ* mordre, *ɛalləm* apprendre, *ḥaṟnəṭ* braire, *ḥobb* amour, *gɛod* assieds-toi.

Mais, on trouve des réalisations [*ə*], surtout au contact de *ḥ*:
ḥəšš désherber, *ḥəžž* faire le pélerinage.

Les voyelles longues ne sont pas affectées, en particulier *ī* et *ū*; on note un recul du *ā* en *ā̰*:
kayḥīr il hésite, *kayɛīš* il vit, *kayɛūm* il nage, *ɛā̰m* nager.

3 - Les laryngales *h* et *ʔ*; *ʔ* est d'un emploi très rare, on ne le trouve que dans deux ou trois mots (*ɛāʔila* famille, *dāʔimən* toujours) et dans les emprunts au classique.

(1) Voir **Heath 87**, p.306.

Par contre, contrairement à ce qu'affirme J.Cantineau dans sa critique de l'article de Z.Harris (1), *h* ne semble affecter ni voyelles ni consonnes:

həbb souffler (vent), *bəhdəl* humilier, *bhəṭ* étonner, *hṛəb* fuir.

En conclusion, on notera que les consonnes n'ont pas besoin d'être emphatiques pour affecter les voyelles; ce qui compte, c'est le point d'articulation vélaire. Par contre, seules les véritables emphatiques peuvent contaminer tout le mot ou toute la syllabe, et modifier également les consonnes environnantes.

3 - L'ETUDE DES PHONEMES

3.1 - LES BILABIALES

1 - Les occlusives

- *ḅ*

ḅ n'apparaît isolément que dans des contextes très particuliers où tout le mot est emphatisé par l'affect: *ḅāḅa, ḅḅa* (voir p.3).

b ne s'oppose pas à *ḅ* dans:
btər arracher / *ḅṭəṛ* se dépêcher

En effet, ce sont les consonnes emphatiques *ṭ* et *ṛ* qui conditionnent la prononciation [*ḅ*].

Elle n'a le statut de phonème que lorsqu'elle est employée en situation d'affect.

- *p*

Cette consonne n'apparait que dans certains mots d'emprunt; elle n'est pas réalisée [*p*] par tous les locuteurs, certains la prononcent [*b*] ; il faut que le locuteur connaisse une langue étrangère (généralement français ou espagnol) pour produire ce son.

bāṭṛōn et *pāṭṛōn* patron, *paṛṭma* et bariṭma appartement, mais généralement, *pāspōṛ* passeport (voir cependant la réalisation par une paysanne *bāsibūṛu*).

Par contre, d'autres emprunts (probablement plus anciens) contenant dans la langue d'origine, le phonème *p* n'ont que la variante *b*:
bōlīs police, *bābōṛ* bâteau/samovar, *ḅomḅa* pompe (à essence), *lamḅa* lampe.

p est une variante articulatoire de /*b*/, qui n'existe que pour un nombre très limité d'emprunts.

---

(1) Voir **Cantineau 50**, p.199.

7

b - **Les nasales**

- ɱ

Comme ƀ, ɱ n'est réalisé que dans un contexte emphatique ou dans des conditions affectives particulières:
contexte emphatique : [ɱ̣d̦a] signer,
situation d'affect : ɱ̣ɱ̣a mère, ɱ̣ɱ̣w-i (1) ma mère, ɱ̣ā̦ɱ̣a maman, ɱ̣oɱ̣ɱ̣o bébé.

c - **Les semi-voyelles**

Il y a deux réalisations w et ʮ. La variante emphatique, contrairement à ƀ et ɱ, n'apparaît jamais isolément; elle se trouve exclusivement en contexte emphatique:
[d̦ʮa] illuminer, [d̦ō̦ʮ] lumière, [ʮəṣṣəl] accompagner.

La réalisation ʮ est conditionnée par la présence des autres phonèmes emphatiques, d̦, ṣ etc..

3.2 - **LES LABIO-DENTALES**

Il n'existe que des **fricatives:**

- f̣ est une variante emphatique de f; elle n'apparaît qu'en contexte emphatique:
[f̣ṭəɾ] déjeûner, [f̣oʮʮəɾ] cuire à la vapeur.

- v a le même statut que p (voir p.7); il n'existe que dans certains emprunts et n'est pas prononcé par tous les locuteurs: vālīza valise, sauf dans un mot très intégré: nirva énerver.

3.3 - **LES DENTALES**

a - **Les occlusives**

- t

t peut être réalisé dental ou dental et alvéolaire ([t']), suivant les individus. Il s'agit d'un seul et même phonème ayant deux prononciations possibles.

- ṭ

ṭ fait partie des véritables emphatiques qui n'ont besoin d'aucun contexte emphatisant pour exister. Elle a un double point d'articulation: dental (mais pas alvéolaire) et vélaire; elle a un pouvoir emphatisant sur les voyelles ou consonnes environnantes. L'existence de ce ṭ interdit à t d'être emphatisable, sous peine de se confondre avec lui:
ṭāb cuire s'oppose à tāb se repentir.

---

(1) La séquence ɱ̣ɱ̣ + voyelle longue est réalisée emphatique avec un arrondissement: [ɱ̣ɱ̣ʷ].

Il y a deux dentales occlusives sourdes qui ont le statut de phonème: /t/ et /ṭ/.

- *d*

d a une articulation dentale, sans recours aux alvéoles; il n'est pas emphatisable du fait de l'existence du *ḍ*, emphatique véritable, à laquelle il s'oppose.

- *ḍ*

C'est une emphatique qui a le statut de phonème et qui peut emphatiser son entourage vocalique et consonantique:
dwa parler, dire s'oppose à *ḍwa* illuminer.

On a donc deux dentales occlusives sonores ayant le statut de phonème: /d/ et /ḍ/.

b - les nasales

- *ṇ*

Ce n'est qu'une variante de *n* qui s'emphatise en contexte emphatique; elle n'existe pas jamais isolément:
[*ḍəṇṇ*] penser, [*ṇāḍ*] se lever.

- *n*

ṇ et *n* sont donc des variantes complémentaires du même phonème; l'une fonctionnant en milieu emphatique, et l'autre non emphatique. Elles ne s'opposent donc jamais, mais se complètent:
[*ḍəṇṇ*] penser, réalisation en milieu emphatique,
dhən graisser, en milieu non emphatique.

3.4 - LES SIFFLANTES ET LES LIQUIDES (ALVEOLAIRES)

a - Les sifflantes

Parfois, dans les parlers féminins citadins, on a confusion de la sifflante et de la chuintante; s et š sont prononcés [s]; z et ž deviennent [z] (1). Ceci n'existe pas dans le parler ruro-citadin étudié ici, mais on le rencontre fréquemment chez les femmes fassies, bien que ce soit une caractéristique du parler de Meknès.

- *s*

Elle s'oppose à ṣ, qui est une véritable emphatique.

- *ṣ*

L'emphatique se rencontre isolément et a un pouvoir emphatisant sur les voyelles et les consonnes qui l'entourent.

---

(1) La même prononciation est signalée pour les Juifs de Fès par L.Brunot dans **Brunot 36**, p.10.

sīf épée s'oppose à *ṣēf* été, (on note l'emphatisation de la voyelle)

sāb se révolter, à *ṣāb* trouver.

- *z*

On trouve un nombre suffisant de paires minimales qui opposent *z* à *ẓ*, pour pouvoir affirmer l'existence d'un phonème /*ẓ*/. Cette situation met donc *z* dans une situation parallèle à celle de *s*.

- *ẓ*

L'existence du phonème emphatique peut se prouver par un certain nombre de paires minimales:
zaɛzaɛ ébranler s'oppose à *ẓaɛẓaɛ* crier
zwɑ donner un coup de pied à *ẓwɑ* vagir

b - Les liquides

- *l*

l est une liquide latérale orale. Elle est emphatisable en contexte emphatique, ou même en situation emphatisante; en cela, elle est comparable à *b* et à *m*.

- *ḷ*

C'est la variante emphatique de la précédente; on ne la trouve isolément que pour des besoins d'expressivité dans des mots comme *ḷḷah* Dieu et *bəḷbəḷ* marmonner.

- *r*

Il s'agit d'un *r* apical roulé à point d'articulation alvéolaire; c'est une vibrante.

- *ṛ*

ṛ a un double point d'articulation, comme toutes les emphatiques, alvéolaire et vélaire.

Ce *ṛ* a un double statut. D'une part, il peut être le produit de l'emphatisation du *r* en milieu emphatisant sans être phonémisé; d'autre part, il a un statut de phonème autonome qui s'oppose à *r* dans de nombreuses paires minimales. Cette opposition, pour être valable, ne pourra donc apparaître qu'en contexte non emphatique:
rāb se démolir s'oppose à *ṛāb* cailler (lait)
riyyəb démolir à *ṛeyyəb* faire cailler
kbər il a grandi à *kbəṛ* plus grand

En résumé, pour ce qui est des alvéolaires, on trouve les phonèmes suivants:
fricatives sourdes: /*s*/, /*ṣ*/
            sonores: /*z*/, /*ẓ*/

liquides orales
        latérale :   /l/, /ḷ/
        vibrantes: /r/, /ṛ/.

3.5 - LES CHUINTANTES (PRE-PALATALES)

- š

C'est une chuintante sourde à point d'articulation pré-palatal.
Elle est emphatisable en contexte emphatique et ne s'oppose pas à sa
réalisation emphatique complémentaire:

- ṣ̌

Cette variante n'apparaît qu'en contexte emphatisant; elle ne
constitue en aucun cas un phonème.

Il n'existe qu'**un seul phonème post-palatal fricatif sourd**: /š/.

- ž

Le cas est le même que pour š; c'est une chuintante fricative
sonore, qui peut s'emphatiser en contexte emphatisant et prendre la
forme:

- ẓ̌

Il n'y a pas opposition avec la forme non emphatique, elles sont
en distribution complémentaire.

Il n'existe qu'**une seule post-palatale fricative sonore chuintante** ayant le statut de phonème: /ž/.

3.6 - LES PALATALES (semi-consonne y)

- y

En contexte emphatique, on trouve une réalisation y̱, mais cette
variante ne s'oppose à y.

biyyən montrer ne s'oppose pas à [ḅey̱y̱əḍ] blanchir.

3.7 - LES POST-PALATALES

- k

k est articulé légèrement en arrière du palais dur quand il est
suivi du timbre ā, mais palatal avec un ī ou un ū; c'est une occlusive
sourde.
Elle peut être emphatisée, mais contrairement aux autres consonnes qui sont dans ce cas, ce n'est pas systématique. En effet, ḳ
n'apparaît que dans quelques mots, parfois empruntés, ou dans la
prononciation paysanne d'un mot comme *ḥə̄kḳə̄ḳ* c'est comme ça !.

ḳərḳəṛ empiler, *ḳarṭa* cartes (emprunt).

D'une manière générale, *k* ne se rencontre pas beaucoup dans un contexte emphatique. D.Cohen indique même qu'il a une valeur désemphatisante et palatalisante dans le dialecte des Juifs de Tunis (1) (2).

- *g*

Bien qu'il soit la sonore correspondant à *k*, *g* a une situation très différente. D'une part, *g* est la prononciation bédouine de *q*, et n'est donc qu'une variante du phonème *q* (une autre variante de *q* subsiste, surtout dans la population citadine féminine, c'est le ᵓ).

Dans le dialecte étudié ici (population d'origine rurale qui se citadinise), une partie de la famille habite à la campagne, l'autre en ville, mais les liens restent très étroits (C'est le cas de nombreuses familles marocaines).

Pour ce qui est de *g*, on trouve trois cas possibles:
1 - soit *g* ne s'oppose pas à *q*; là encore on a deux possibilités:

i - soit *g* est une variante de *q*, et on a le choix entre deux prononciations, l'une citadine: *q*, et l'autre rurale: *g*:
gləb/qləb renverser, *fūq/fūg* sur, *qṣəm/gṣəm* partager, *qbēla/gbēla* auparavant, *wqəf/wgəf* se lever, s'arrêter, *qbəḍ/gbəḍ* saisir...
(La prononciation en *g* est rurale et peut être utilisée par ceux qui habitent à la ville pour rétablir une complicité avec la branche paysanne de la famille).

ii - soit *g* est la seule prononciation possible en arabe marocain, (même pour les citadins (3)). C'est le cas d'un certain nombre de mots très courants en arabe marocain:
gəmṛa lune, *gəll* vômir, *ṣōg* conduis!, *gāɛ* tout, *gərgaɛ* noix.

2 - soit il y a opposition entre *g* et *q*, et dans ce cas, nous devons poser l'existence de deux phonèmes /g/ et /q/:
sbəg courir   s'oppose à *sbəq* dépasser
dəgg piler   s'oppose à *dəqq* frapper (4)

3 - *g* peut correspondre à un ž en arabe classique; le phénomène est généralisé au Caire, il n'est que sporadique en arabe marocain, souvent lié à la présence d'une liquide dans le mot:
gləs s'asseoir, *ngāṣ* poires, *gəzzāṛ* boucher, *gəbṣ* plâtre, *gnāza* funérailles (cortège funèbre), *ɛgəz* être paresseux, *gəns* genre, race, *gāyza* poutre transversale, *gūzt-əṭ-ṭēb* noix muscade.

On est obligé de poser l'existence de **deux phonèmes** /g/ et /q/, bien qu'il n'y ait pas toujours opposition, et que *g* et *q* soient, bien

---

(1) **D.Cohen 75** p.30.
(2) Dans mon corpus, sur un échantillon de 65 verbes ayant un *k* dans leurs racines, 9 seulement contiennent également un phonème emphatique, et *k* n'apparait sous sa forme emphatisée que dans un cas.
(3) Les femmes âgées fassies prononceront ces mots avec un ᵓ.
(4) Dans certains dialectes ruraux, l'opposition ne joue pas, les deux mots étant réalisés avec le *g*.

souvent, deux réalisations possibles d'un même phonème.

3.8 - LES VELAIRES

A partir de ce point d'articulation, il n'y a plus d'emphatiques; en effet, l'emphase n'existe pas pour les consonnes ayant un point d'articulation situé en avant des post-palatales.

- *x*

C'est une vélaire fricative sourde. Comme les emphatiques, elle change généralement le timbre des voyelles brèves (*ə* peut devenir *a*, *u* devient *o*) et toujours celui des longues (*ī* est réalisé [*ē*], *ū* devient [*ō*], *ā* devient [*ā̃*]) (voir p.6):

brèves: *xobz* pain, *xalla* laisser, *xamməm* réfléchir,
   mais: *xəlləṣ* payer, *xəbbaɛ* cacher, *xəṣṣ* falloir,
longues: *kayxōn* il trahit, *xezzu* carottes.

- *ġ*

La sonore a les mêmes propriétés sur les voyelles (à l'exception de *ə*, qui ne semble pas affecté):

brèves: *ġolḍ* épaisseur, *ġoṟfa* pièce,
mais: *ġəmm* étouffer, *ġəṭṭa* couvrir.
longues: *katġēb* se coucher (soleil), *kayġēṟ* il est jaloux,
           əl-ġōl l'ogre.

3.9 - L'UVULAIRE

Il s'agit de *q*, qui est une occlusive sourde articulée sur la luette. Du point de vue phonologique, il faut la rapprocher de *g*, les deux consonnes s'opposant dans certains contextes (voir p.11).

3.10 LES PHARYNGALES

Il y a deux consonnes: *ḥ*, *ɛ*.

- *ḥ*

C'est une fricative sourde produite par une contraction du pharynx, qui entraîne un frottement de l'air. Etant donné son point d'articulation très postérieur, elle affecte le timbre des voyelles brèves qui sont en contact avec elle:
   u devient [*o*] et il arrive que *ə* devienne [*a*]:
   ḥall ouvrir, *ḥobb* amour,
mais:*ḥəžž* faire le pélerinage, (voir p.6).

- *ɛ*

La sonore, elle, affecte généralement les voyelles brèves (*ə* est prononcé [*a*], et *u* devient [*o*]; on note aussi un recul de la voyelle longue ouverte: *ā* devient *ā̃*:
   ɛaḍḍ mordre, *gɛod* assieds-toi, *ɛalləm* enseigner, *tɛā̃wən* s'entr'

13

aider.

Par contre, la prononciation des longues $\bar{\imath}$ et $\bar{u}$ ne change pas: *kayɛīš* il vit, *kayɛūm* il nage, (voir p.6).

3.11 - LES LARYNGALES

- *h*

C'est une laryngale fricative sourde; l'air, en sortant, frotte contre les parois du larynx. Elle ne modifie pas le timbre des voyelles (voir p.6) (1):
həbb souffler, *hṛəb* fuir.

h est l'une des formes du pronom affixe de troisième personne masculin; dans cette position finale, il est prononcé très faiblement: *žābū-h* ils l'ont amené, *klāwᵊ-h* ils l'ont mangé.

Il arrive qu'il tombe en finale; le mot *fqe* maître d'école coranique, comprenait un *h* à l'origine (*fqih*).

- ʔ

Il s'agit d'un coup de glotte. On ne peut pas considérer ʔ comme un phonème à part entière; en effet, on ne le trouve que dans un nombre très réduit de mots (souvent emprunts à l'arabe littéraire), où il n'est, par ailleurs, en opposition avec aucun autre phonème (2): *ɛāʔila* famille, *dāʔimən* toujours.

Il est parfois produit en finale absolue, pour ajouter de l'expressivité (il n'a alors rien de phonémique); le cas le plus courant est l'adverbe de négation: *laʔ/llaʔ* Non ! (voir p.202).

Pour les femmes âgées citadines (3) ou pour certains hommes très implantés dans la médina, le [ʔ], légèrement emphatique, est la réalisation unique du phonème /q/; on note un fort recul de la voyelle $\bar{a}$ qui se prononce $\bar{\mathring{a}}$:
ʔ$\bar{\mathring{a}}$l pour *gāl* il a dit
ʔɑlb pour *qəlb/gəlb* coeur

---

(1) Cantineau signale un conditionnement de la voyelle [ə], qui deviendrait [a] au contact de *h*, **Cantineau 50** p.199; les exemples qu'il donne contiennent par ailleurs des emphatiques, qui sont sans doute la cause de cette prononciation: *haḍra* et *haṛṛəbti*. Nous avons noté une prononciation non emphatisée, ə dans un contexte similaire: *hṛəb*.
(2) Cantineau, sur la foi d'une paire minimale, pose l'existence du phonème /ʔ/: *shəl* "il est devenu facile" s'opposerait à *sʔal* "il a demandé (voir **Cantineau 50** p.206); le verbe *sʔal* est ressenti comme appartenant à l'arabe classique dans le dialecte décrit ici; il existe dans certains idiolectes sous la forme *sāl*, avec allongement de la voyelle, mais disparition du ʔ.
(3) Ceci est caractéristique de villes comme Fès et Meknès et, avec une articulation moins emphatique, des parlers Jbala.

14

Ceci n'existe absolument pas dans le dialecte étudié ici; la citadinisation n'entraîne pas ce genre de phénomènes, qui ne sont plus qu'une survivance. Pour la ville de Fès, nous avons rencontré cette prononciation chez certains boutiquiers musulmans (1), mais ce sont essentiellement les femmes âgées qui la conservent.

4 - LA GEMINATION

Les consonnes géminées sont réalisées comme des tendues en fin et en début de mot (article assimilé):
əd-dəmm "le sang" est réalisé [*ddəmm*],

Par contre, lorsqu'elles sont au centre du mot, elles sont réalisées comme des géminées, se répartissant sur deux syllabes:
səm/ma "appeler", *dəx/xəl* "faire entrer".

Pour résumer, on présentera le tableau des phonèmes consonantiques de l'arabe marocain; de 40 réalisations consonantiques, on passe à 30 phonèmes.

TABLEAU DES PHONEMES											
	bilab.	lab.dent.	dent.	alveol.	pré-palat.	palat.	post-pal.	vél.	uvul.	phar.	lar.
+/- emphase	-E +E		-E +E	-E +E							
OCCLUSIVES sourdes			t ṭ				k		q		
sonores	b ḅ		d ḍ				g.				
FRICATIVES sourdes		f		s ṣ	š			x		ḥ	h
sonores				z ẓ	ž			ġ		ɛ	
LIQUIDES nasales	m ṃ		n								
orales latérales				l ḷ							
vibrantes				r ṛ							
SEMI-VOYELLES	w					y					
	PAS D'ASSIMILATION			ASSIMILATION			PAS D'ASSIMILATION				

(1) L.Brunot signale le même phénomène chez les Juifs de Fès, **Brunot 36** p.7.

II - LES VOYELLES

On trouve de nombreuses réalisations vocaliques, pour les voyelles brèves, comme pour les voyelles longues, mais il n'y a que cinq phonèmes vocaliques en arabe marocain.

1 - LES VOYELLES BREVES

On trouve les réalisations suivantes:

[a], [ɔ̆], [i], [e], [ə], [u], [o]

L'arabe classique comporte trois voyelles brèves *a*, *i*, *u*; en arabe marocain, il n'y a que deux phonèmes brefs. Les réalisations ne sont donc que des variantes conditionnées d'un même phonème:

[a], [ɔ̆], [i], [ə] et [u] pour le phonème /ə/,
[u], [o], pour le phonème /u/.

a - Le phonème /ə/

Il faut distinguer deux types d'emploi de *ə*; il est souvent un phonème, en particulier quand, par son emplacement dans le mot, il permet d'opposer un verbe à un substantif, par exemple:
/ǧṛəṣ/ planter s'oppose à /ǧəṛṣ/ le fait de planter, plantation.
ou lorsqu'il s'oppose à l'autre voyelle brève:
/ħəbb/ il a aimé s'oppose à /ħubb/ amour.

Mais il arrive que *ə* soit seulement une voyelle d'appui nécessaire pour l'articulation d'un groupe de consonnes; ainsi, à la conjugaison préfixale préverbée (voir p.32), en débit rapide, on prononcera:
kan/ktəb j'écris; le mot comporte deux syllabes;
mais, en débit lent, on a besoin d'un *ə* d'appui:
kā/nək/təb; le mot est alors trisyllabique (voir la structure syllabique, p.29).

Après cette remarque préliminaire, on examinera les conditions d'apparition des différentes réalisations du phonème /ə/:

1 - [a]

Ce timbre se trouve principalement en contexte *x*:
[xalla] laisser, [xamməl] ranger, [xamməm] réfléchir;
mais il n'est pas généralisé, puisque l'on peut aussi trouver [ə]:
[xəbbaɛ] cacher, [xəlləṣ] payer, [xərbəš] griffer.

La réalisation [a] est probablement favorisée par la combinaison de *x* avec des liquides; et il semble que d'une façon générale, la combinaison de liquides avec les consonnes d'arrière favorisent les prononciations [a] ou [ɔ̆]; mais, on trouve des exceptions (voir ci-dessus [xəlləṣ]).

2 - [ɑ̆]

Ce timbre n'existe que dans certains contextes consonantiques: les pharyngales, l'uvulaire et les emphatiques ṭ et ṣ; mais, comme pour la vélaire, ce voisinage n'est pas le seul facteur:

. **les pharyngales:**

On trouve toujours le timbre [ɑ̆] avec ع:
[عɑ̆lləm] apprendre, [عɑ̆ḍḍ] mordre, [عɑ̆nnəq] embrasser.

Pour ce qui est de ḥ, on peut trouver les prononciations [ə] et [ɑ̆] (surtout avec les liquides):
[ḥəšš] désherber, [ḥəṭṭ] mettre, [ḥəffər] creuser un trou.
[ḥɑ̆rnəṭ] braire, [ḥɑ̆ll] ouvrir.

. **l'uvulaire**

Au contact de q, on trouve [ɑ̆], surtout au voisinage de liquides:
[qɑ̆lləع] arracher, [qɑ̆ṛṛɑ̆] enseigner.

Cependant, [ɑ̆] ne s'oppose pas à un [ə] prononcé un peu en arrière de sa position centrale:
[qədd] suffire, [qəššər] peler, [qəṭṭər] distiller.

. **certaines emphatiques:** ṭ, ṣ

Toutes les emphatiques ne conditionnent pas la réalisation [ɑ̆]; c'est seulement une des réalisation possible:
[kayṣɑ̆ḷḷe] il prie, [ṣɑ̆ḍḍəq] donner l'aumône.

On rencontre également un [ə] tendant vers l'arrière:
[ṣəbbən] laver, [ṣəḷḷa] prier, [ṭəll] donner sur, [ṭəlləع] monter

3 - [i]

Cette réalisation n'existe que dans un seul contexte: la semi-voyelle palatale y:
[biyyən] montrer, [yidd] main, [yimma] mère.

En contexte emphatique, on trouve une autre réalisation:

4 - [e]

Cette réalisation n'apparaît que lorsque deux facteurs sont réunis: le voisinage d'un y et un contexte emphatique au sein du mot:
[beyyəḍ] blanchir, [ḍeyyəq] rétrécir, [ṛeyyəb] faire cailler.

5 - [ə]

[ə] peut apparaître dans tous les contextes, à l'exception de ع:
bəḷbəḷ marmonner, šəms soleil, mədd passer, ṭəlləع monter, ġəlləf envelopper, ḳərḳəṛ empiler, riyyəb démolir, ṛeyyəb faire cailler.

Les réalisations du phonème /ə/ varient selon les contextes consonantiques:
[ə] dans tous les contextes sauf ɛ,
[ɑ] au voisinnage de x,
[ɔ̆] au contact des laryngales, uvulaires et emphatiques,
[i] en contexte y
[e] au contact de y + emphatiques.

b - Le phonème /u/

Numériquement les occurrences des réalisations du phonème /u/ sont très inférieures à celles du groupe /ə/; elles n'existent que dans certaines formes grammaticales: essentiellement, forme préfixale, impératif, masdar.

Il a deux réalisations possibles: u et o selon le contexte consonantique.

1 - [o]

Ce timbre apparaît de façon obligatoire dans certains contextes d'arrière (point d'articulation vélaire et au-delà, à l'exception des laryngales): pharyngales, vélaires, uvulaire, emphatiques.

. **les pharyngales:**

La réalisation [o] est conditionnée par une pharyngale:
[ḥobb] amour, [gɛod] assieds-toi!, [ɛommāl] ouvriers.

Des paires minimales permettent d'opposer, en contexte pharyngal une réalisation [o] à une réalisation [ɔ̆]:
[ḥobb] amour   s'oppose à   [ḥɔ̆bb] il a aimé,
(phonologiquement /ḥubb/)   (/ḥəbb/)
[gɛod] assieds-toi   à   [gɛɔ̆d] il s'est assis.
(phonologiquement /gɛud/)   (/gɛəd/)

Pour distinguer le substantif [ḥobb] amour, de la forme suffixale du verbe [ḥɔ̆bb] aimer, il est indispensable de poser l'existence de deux phonèmes brefs; de même, pour opposer la forme suffixale (gɛɔ̆d) à l'impératif (gɛod).

. **les vélaires x, ġ:**
[ṣ̌ġor] petitesse, [kayəšxor] il ronfle, [moxx] cerveau/cervelle, [xobz] pain, [šġol] affaire, [ġoṛṛāf] gobelet, [moġrəf] louche.

D'un point de vue phonolgique, dans un certain nombre de verbes, l'impératif s'oppose à la forme suffixale:
[txol] entre !   s'oppose à   [txɑl] il est entré,
(phonologiquement /dxul/)   (/dxəl/)
[sxon] réchauffe-toi !   à   [sxɑn] il s'est réchauffé,
(/sxun/)   (/sxən/)

. **l'uvulaire q:**

Au contact de q, on trouve la réalisation o:
[toqba] trou, [noqṭa] point, [qobb] capuchon, [qolla] d-əz-zīt

(unité de mesure) 10 1. d'huile.

Phonologiquement, on peut opposer:
[qolla] (/qulla/) 10 1. à /qəlla/ paucité, petite quantité.

. **les emphatiques:**

Les emphatiques amènent une prononciation plus fermée du /u/:
[xṛoẓ] sors !, [ǧrom] payer une dette, [ṭobba] médecins, [gboḍ]
attrappe !, [kayngoṛ] il rouspète, [ṃoṃṃo] bébé.

Phonologiquement, on peut opposer:
[xṛoẓ] (/xṛuẓ/) sors ! à /xrəẓ/ il est sorti.

2 - [u]

On la rencontre dans tous les contextes autres que ceux qui
conditionnent la prononciation [o]: u et o sont en distribution complémentaire:
kursi fauteuil, kunnāš cahier, kull tout, buldān pays (pl.),
bənt-hum leur fille, gulsa pièce du hammam, kubba d-əṣ-ṣōf pelote
de laine.

En langage bébé, on trouve:
nunnu truc, bubbu seins (fr.lolo, gougoutte), mummu bébé. (1)

Phonologiquement, on a des oppositions entre l'impératif et la
forme préfixale:
skut tais-toi !   à   skət il s'est tu,
skun habite !   à   skən il a habité.

On peut poser l'existence d'**un phonème** /u/, avec réalisation [o]
dans certains environnements consonantiques.

Il faut cependant signaler que la proportion de phonèmes /u/ par
rapport aux différentes réalisations du phonème /ə/ est très faible
(de l'ordre de 1 à 2% maximum), et limité à certaines formes grammaticales; à titre d'exemple, sur un corpus de 387 verbes réguliers et
sourds, 17 se conjuguent avec un /u/, soit 4,4% voir p.32).

c - Une autre réalisation [u/o] de /ə/

A toutes les réalisations du phonème /u/, il faut opposer une
autre série où [u] n'a pas le même statut; en effet, au contact de w,
on assiste à une neutralisation de l'opposition /ə/:/u/; le phénomène
est comparable à ce qui se passe pour /ə/ qui devient [i] au contact
de y; par une sorte d'harmonisation, la semi-voyelle entraîne un changement de la prononciation de la voyelle brève (la notation phonologique est mise entre parenthèse):
[wuḍḍaḥ] (/wəḍḍaḥ/) éclaircir, [wuqqəf] (/wəqqəf/) arrêter,
[wuṛṛa] (/wəṛṛa/) montrer, [wulla] (/wəlla/) devenir, [wussaɛ]
(/wəssaɛ/) élargir.

---

(1) Sur le langage bébé, voir **Caubet 85**; mummu peut aussi être réalisé
emphatique (ṃoṃṃo).

L'opposition est neutralisée dans ce seul contexte, alors qu'elle est pertinente dans tous les autres. On peut faire appel à une comparaison avec l'arabe classique pour éclairer l'étude de ce phénomène paradoxal:

arabe marocain   [wuḍḍaḥ]/waḍḍaḥ/   **arabe classique**   waḍḍaḥa
                   [wuqqəf]/waqqəf/   waqqafa
                   [wussaε]/wassaε/   wassaεa

On voit que la voyelle brève prononcée [u] en arabe marocain au contact d'un /w/, correspond à une voyelle /a/ en arabe classique.

Si on les compare avec ceux qui ont le statut de phonème en arabe marocain:

arabe marocain   dxəl entrer   **arabe classique**   daxala
                   yədxol il entrera   yadxulu
                   ḥabb aimer   ḥabba
                   ḥobb amour   ḥubb
                   skən habiter   sakana
                   yəskun il habitera   yaskunu
                   skət se taire   sakata
                   yəskut il se taira   yaskutu

On s'aperçoit qu'aux réalisations [u] ou [o] du marocain, correspond toujours une voyelle /u/ en classique. En comparant ces deux comportements, on peut supposer que l'harmonisation qui entraîne la prononciation [u] de la voyelle brève qui suit le w n'est qu'un phénomène secondaire.

[u] au contact de /w/ (comme [i] au voisinage de /y/) n'est donc qu'une variante conditionnée du phonème /ə/; ce qui donne le tableau suivant:

phonème   **réalisations**
/ə/   [a], [ȧ], [e], [ə] et [i], [u],
/u/   [u], [o].

2 - LES VOYELLES LONGUES

Les avis sont partagés sur le problème de la longueur des voyelles en arabe marocain; il ne s'agit pas de savoir si telle voyelle est effectivement réalisée longue, ou seulement moyenne; c'est un problème phonologique. Y a-t-il des cas où l'on risque de confondre deux formes si on ne distingue pas les voyelles brèves des longues?

On peut avoir recours à des paires minimales qui permettent d'opposer deux termes uniquement par la longueur de la voyelle:

ktəb il a écrit   s'oppose   ktāb livres,
ḥəll il a ouvert   à   ḥāll ouvert,
sxun réchauffe-toi!   à   sxūn chaud,
kbər il a vieilli   à   kbīr grand.

Il existe sept réalisations pour les voyelles longues:
[ā], [ẵ], [ä], [ō], [ī], [ē]

a - Le phonème /ā/

Il correspond aux timbres [ā], [ä], [ắ].

1 - ắ

Cette réalisation n'existe que dans des contextes particuliers: consonnes d'arrière et emphatiques:

. **contexte emphatique** (*ḍ*, *ṭ*, *ṣ*, *ṛ*):
[*ḍắq*] goûter, [*ṭắb*] cuire, [*ṣắm*] jeûner, [*ṛắb*] cailler, [*bắẓẓ*] Ben dis donc!.

. **pharyngales, uvulaires, vélaires**:
[*ḥắl*] vieillir, [*ḥắr*] hésiter, [*εắf*] être dégoûté de, [*εắm*] nager, [*fắq*] se réveiller, [*ĝắṛ*] jalouser.

2 - [ä]

Cette réalisation, au contraire, est liée à des contextes tout à fait désemphatisés; aucun phonème emphatique ou postérieur ne doit figurer dans le mot:
[*där*] faire, [*bärəd*] froid, [*lā-bäs*] ça va, [*šäf*] voir, [*šäy*] (ne)...pas, [*däyər*] faisant, [*fäyn*] où ?, [*läyn*] vers où, et tous les duels qui sont suffixés en -*äyn* (voir p.109):
[*εāmäyn*] deux ans, [*yōmäyn*] deux jours, [*myātäyn*] 200.

Ce phénomène est connu en arabe sous le nom d'"imala", et il est très courant dans d'autres dialectes arabes (Tunisie, dialectes citadins orientaux, par exemple). Au Maroc, il ne se trouve jamais en finale; il est particulièrement lié à /y/.

3 - [ā]

Ce timbre moyen correspond aux consonnes médianes:
sāl couler, *māt* mourir, *kātəb* ayant écrit, *zād* continuer.

b - Le phonème /ū/

1 - [ō]

Comme, ắ, ō ne se rencontre que dans certains contextes emphatisants; en effet, ce sont les emphatiques *ḍ*, *ṭ*, *ṣ*, *ṛ*, ainsi que la vélaire *x* et uvulaire *q*, qui entraînent une prononciation [ō].

. **contexte emphatique** (*ḍ*, *ṭ*, *ṣ*, *ṛ*):
[*kayḍōq*] il goûte, [*nōḍ*] lève-toi, [*zōṛ*] visite, [*kayṛōb*] il caille, [*ṣōg*] conduis.

. **la vélaire *x*, l'uvulaire *q***:
[*xōn*] trahis, [*sxōn*] chaud, [*bərqōq*] prune.

2 - [ū]

On rencontre *ū* dans tous les autres contextes, y compris les

post-palatales, la vélaire *ǵ* et les pharyngales; il y a des nuances
dans le degré de fermeture et de centralisation du [*ū*]:
būs embrasse, *fūt* passe, *gūl* dis, *ykūn* il sera, *sūs* "secoue", *lūḥ*
jette, *εūm* nage, *kayžūε* il a faim, *əl-ǵūl* l'ogre, *šūf* regarde.

c - Le phonème /*ī*/

1 - [*ē*]

Ce timbre a des conditions de production légèrement différentes
de [*ȫ*] et [*ō*]; on le trouve, comme eux, en contexte emphatique, mais
c'est au niveau des consonnes d'arrière que se situe la différence; en
effet, il est conditionné par la post-palatale *g*, les vélaires *x* et *ǵ*
et l'uvulaire *q*; les pharyngales ne font pas partie de ce groupe.

. **contexte emphatique** (*ḍ*, *ṭ*, *ṣ*, *ṛ*):
[*bṛēt*] je suis guéri, [*kayfēḍ*] il déborde, [*kayṣēb*] il trouve,
[*kayšēṭ*] il reste, [*kayṭēb*] il cuit.

. **contexte *g*, *x*, *ǵ*, *q*:**
[*lgēt*] j'ai trouvé, [*bǵēt*] je veux, [*zēǵ*] sois insolent, [*fēq*]
réveille-toi, [*ṛxēṣ*] bon marché.

2 - [*ī*]

Le *ī* apparaît dans tous les autres contextes, y compris les
pharyngales:
zīd continue, *žīt* je suis venu, *kayεīf* il est dégoûté de, *kayḥīl*
il vieillit, *bīε* vends, *mīl* penche-toi.

[*ī*] et [*ē*] sont donc en distribution complémentaire.

d - Les trois phonèmes longs

On peut définir les trois phonèmes en opposant des paires
minimales: /*ī*/:/*ā*/, /*ī*/:/*ū*/, /*ā*/:/*ū*/.

1 - /*ī*/:/*ā*/

Pour certains verbes, a forme suffixale du verbe s'oppose à
l'impératif:
[*qȫs*] il a touché   s'oppose à   [*qēs*] touche
[*tȫq*] il a cru   à   [*tēq*] crois
[*bȫε*] il a vendu   à   [*bīε*] vends
[*zād*] il a continué   à   [*zīd*] continue
[*εȫš*] il a vécu   à   [*εīš*] vis.

2 - /*ī*/:/*ū*/

Les paires minimales sont beaucoup moins nombreuses:
[*kayḍēq*] il étouffe s'oppose à   [*kayḍōq*] il goûte,
[*fīl*] éléphant   à   [*fūl*] fèves,
[*mīl*] penche-toi   à   [*mūl*].. propriétaire de..

3 - /ā/:/ū/

On trouve de nombreux cas d'opposition entre la forme suffixale
et l'impératif:

[xān] il a trahi	s'oppose à	[xōn]	trahis,
[zāṛ] il a visité	à	[zōṛ]	visite,
[tāb] il s'est repenti	à	[tūb]	repentis-toi,
[bās] il a embrassé	à	[būs]	embrasse.

3 - LA QUANTITE VOCALIQUE

Ce qui est essentiel, c'est de poser l'existence de cinq phonèmes
vocaliques en arabe marocain; en ce qui concerne la quantité vocalique, certains, comme Harrell, ne jugent pas nécessaire de la noter;
Harrell distingue, en effet, des voyelles qu'il appelle "stable" et
"variable" (1):
"The stable vowels are relatively long except at the end of
words, where they are short. The variable vowels on the
other hand are always quite short."

Bien qu'il commence par poser l'existence de six voyelles (trois
stables et trois variables), il explique que les trois voyelles variables peuvent se réduire à deux (2) :
"There is only limited contrast between e and a, and it is
unnecessary to use both symbols for a practical transcription. (...)
Similarly in Moroccan, some speakers make a difference
between ḥall 'he opened' and the imperative ḥell ! 'open'
(sg.). Other speakers pronounce the forms exactly alike."

C'est le cas du parler décrit ici.

J.Heath (3) refuse l'idée de longueur et préfère le terme de
"full vowels" (voyelles pleines) par opposition aux "short vowels":
"I am reluctant to call /i a u/ "long" Vs, since they have
no one-to-one relationship to short counterparts, and they
are not especially prolonged phonetically."

A propos des voyelles brèves, il écrit:
"In the most straightforward analysis, there are two voca-
lic phonemes that are appreciably briefer than the full Vs,
display much variation in quality, and are vulnerable to
Syncope and Absorption: unrounded /ə/ and rounded short
/u/."

a - L'opposition de quantité

Par le biais des paires minimales, on peut poser l'existence de
cinq phonèmes dont certains s'opposent par la quantité vocalique. Du
point de vue grammatical, on oppose des adjectifs à leur comparatif ou
à une forme verbale, des masdar à des verbes.

---

(1) Voir **Harrell 62**, p.10.
(2) Voir **Harrell 62**, p.14.
(3) Voir **Heath 87**, pp.23 et 27.

1 - /ə/:/ī/

kbīr	grand	s'oppose à	kbər	il a vieilli,
ṭwīl	long	à	ṭwəl	plus long,
ġlīḍ	épais	à	ġləḍ	"plus épais",
ṣ̌ġīṛ	petit	à	ṣ̌ġəṛ	plus petit.

2 - /ə/:/ū/

sxūn	chaud	à	sxən	plus chaud,
ktūb	livres	à	ktəb	il a écrit,
xrūž	sortie	à	xrəž	il est sorti,
dxūl	entrée	à	dxəl	il est entré.

3 - /ə/:/ā/

ḥəll	ouvre	s'oppose à	ḥāll	ouvert,
qədd	il a suffi	à	qādd	suffisant,
xəṣṣ	il a fallu	à	xāṣṣ	il est nécessaire.

Etant donné la rareté du phonème /u/, les paires minimales qui l'opposent aux longues ne sont pas nombreuses:

4 - /u/:/ū/

sxun	réchauffe-toi	s'oppose à	sxūn	chaud,
xṛuž	sors	à	xrūž	sortie,
dxul	entre	à	dxūl	entrée.

5 - /u/:/ī/

ṣ̌ġuṛ	petitesse	s'oppose à	ṣ̌ġīṛ	petit,
tqul	lourdeur	à	tqīl	lourd.

6 - /u/:/ā/

š̌ġul	affaire	s'oppose à	š̌ġāl	affaires,
skut	tais-toi	à	skāt	silence.

L'existence de ces paires minimales amène deux remarques:
- il est nécessaire de distinguer deux types de quantité vocalique: voyelles brèves et longues (ou ultra-brèves et moyennes/pleines),
- ces oppositions déterminent l'existence de cinq phonèmes vocaliques; deux brefs: /ə/, /u/, trois longs: /ā/, /ī/, /ū/.

b - L'origine des voyelles longues

Les voyelles longues dans le dialecte d'aujourd'hui peuvent avoir plusieurs origines:

1 - elles peuvent avoir toujours été longues; on les trouve en syllabe ouverte et en syllabe fermée:

syllabe ouverte: kātəb ayant écrit, xāwi vide.
syllabe fermée: gāl dire, š̌ġāl affaires, mṛīḍ malade.

2 - elles peuvent résulter de l'allongement d'une brève; c'est le cas de l'impératif des verbes CVC (qui, par comparasion, est bref en arabe classique (1)):

forme suffixale: *tāb* se repentir   **impératif:**   *tūb*
                        bās embrasser   *būs*
                        zād continuer   *zīd*
                        bān apparaître   *bān*.

3 - elles sont la conséquence de la disparition d'un ʔ; on peut procéder par comparaison avec l'arabe classique (1):

arabe marocain: *rās* tête   **arabe classique:** *rʔas*
                      bīr puits   *bʔir*
                      dīma toujours   *dāʔiman*

4 - elles remplacent une diphtongue; dans ce cas, les deux prononciations subsistent parfois dans la langue:
fäyn/fīn où, *läyn/līn* vers où,
kīf (*kayf*) comment, *bīn* (*bayn*) entre, *fūq* (*fawq*) sur, *şēf* (*şayf*) été.

c - la longueur se neutralise en fin de mot

La longueur des voyelles longues se neutralise en fin de mot; elle est prononcée et notée sans sa longueur; cependant, si le mot se voit adjoindre un affixe, la longueur réapparaît:
eţa il a donné,   mais *eţā-ni* il m'a donné,
žābu ils ont amené, mais *žābū-h l-i* ils me l'ont amené;

La seule exception est la désinance *-a(t)* du féminin, pour laquelle le suffixe *t* réapparaît lors de l'adjonction d'un affixe (2):
šnāfa lèvre, mais *šnāft-i* ma lèvre,
ţōmōbīla voiture, mais *ţōmōbīlt-i* ma voiture.

4 - LES SEMI-VOYELLES

Il s'agit d'étudier les semi-consonnes *w* et *y* en liaison avec les voyelles longues /ū/ et /ī/.

a - le statut des semi-voyelles

w et *ū* sont la même lettre en arabe classique. Il s'agit de définir leur statut en arabe marocain (il en est de même pour *y* et *ī*).
Elles sont réalisées comme une **consonne** (*w*, *y*) devant voyelle, et comme une voyelle longue (*ū*, *ī*) devant consonne.

- La réalisation consonantique apparaît devant une voyelle longue ou brève:
wəşşəl accompagner, *wākəl* ayant mangé, *biyyən* montrer, *yābəs*

---

(1) Il n'est pas question d'établir de filiation entre l'arabe classique et l'arabe marocain, mais de faire une comparaison avec l'arabe classique en tant que langue sémitique anciennement attestée.
(2) Sur ce suffixe, voir pp.61-66.

dur/sec, *kayākul* il mange.

- Elles peuvent également constituer le deuxième élément d'une diphtongue:
fäyn où, *klōw* ils ont mangé, *yūmäyn* deux jours (duel).

En tête de mot, devant une consonne, la semi-voyelle peut être réalisée comme une voyelle longue, *ībəs*, ou comme une consonne avec une voyelle de disjonction, *y^əbəs*. On adoptera une notation neutre: *ybəs*.

b - Les diphtongues

Si l'on entend par diphtongue la prononciation modulée sur deux timbres d'une voyelle unique (comme en anglais), il n'existe pas de diphtongues en arabe; un effet, elles sont toujours composées d'une voyelle et d'une semi-consonne.

Elles sont de deux sortes: certaines sont la juxtaposition, dans le radical d'un mot, d'une voyelle brève et d'une semi-consonne.

Les autres correspondent à l'adjonction d'un affixe vocalique à un mot se terminant déjà par une voyelle, elles ont donc un statut morphologique irréductible pour la langue et ne peuvent pas disparaître.

1 - Les diphtongues appartenant au radical

Ces diphtongues sont généralement composées d'une voyelle brève et d'une semi-consonne. C'est l'une des origines possibles des voyelles longues (voir p.25); certaines diphtongues subsistent parallèlement à la voyelle longue:

- Dans des prépositions ou des adverbes:
fäyn   existe à côté de *fīn* où,
läyn   existe à côté de *līn* vers où,
gbäyla existe à côté de *gbīla* tout à l'heure,

par contre, on ne trouve plus que la forme longue dans:
kīf (*kayf*) comment, *fūq* (*fawq*) sur, *bīt* (*bayt*) pièce.

- Elles peuvent être conservées dans des mots ayant un pharyngale ou une vélaire initiale, où l'on note les deux réalisations possibles:
ḥāwma/ḥūma quartier, *ḥāyṭ/ḥīṭ* mur, *xāyṭ/xīṭ* fil.

2 - Les accidents morphologiques

- La mise en contact d'un mot se terminant par une voyelle et d'un suffixe commençant également par une voyelle *ī* ou *ū*, peut produire des diphtongues; dans ce cas, la deuxième voyelle se transforme en semi-consonne:

- à la troisième personne de la forme suffixale:
kla + suffixe pluriel -*u* > *klōw* ils ont mangé,
mša + suffixe pluriel -*u* > *mšōw* ils sont partis.

- pour les diminutifs (voir p.132):
Le masculin du schème régulier se construit sur le schème *CCīyəC*:
wuld > *ūlīyəd* petit garçon,
Au féminin, lors de l'adjonction d'un suffixe *-a(t)*, la diphtongue est si faiblement articulée qu'elle se transforme généralement en voyelle longue:
bənt > *bnīyta* > *bnī^yta* > *bnīta* petite fille.

- Le participe actif des verbes concaves en *CV̄C* est en *CāyəC*:
dāb > *dāyəb* ayant fondu, *gāl* > *gāyəl* ayant dit. Les formes du féminin et du pluriel amènent la formation d'une diphtongue:
dāyəb > *dāyba*, *dāybīn*, *gāyəl* > *gāyla*, *gāylīn*.

- Les duels qui ne s'emploient qu'avec une liste fermée de substantifs (noms d'unités), se forment par suffixation de *-äyn* (1):
yūm > *yūmäyn* deux jours,
šhar > *šahräyn* deux mois,
ɛām > *ɛāmäyn* deux ans.

- Le pluriel de la forme suffixale des verbes en *FāƔəL/FāWəL*, qui se fait par l'adjonction d'un suffixe *-u*, amène la formation d'une diphtongue:
ḥāwəl il a essayé > *ḥāwlu* ils ont essayé,
žāwəb il a répondu > *žāwbu* ils ont répondu,
ɛāyən il a attendu > *ɛāynu* ils ont attendu.

- On trouve une diphtongue dans un emprunt au berbère: *ātäy* thé.

Aucun de ces cas n'est comparable à ce qui se passe en anglais par exemple, où il s'agit d'une voyelle unique, longue, modulée sur deux timbres. En arabe marocain, les diphtongues sont toujours composées de deux phonèmes.

---

(1) Sur les duels, voir p.109.

II - LA STRUCTURE SYLLABIQUE

On distingue deux grands types de syllabes:

- les syllabes ouvertes, qui se terminent par une voyelle (longue obligatoirement en arabe marocain),
- les syllabes fermées, qui se terminent par une ou deux consonnes.

En arabe marocain, il y a des lois strictes qui déterminent la nature des syllabes, et qui sont liées à la quantité vocalique.

Marcel Cohen, pour le parler des Juifs d'Alger (1) énonce les lois suivantes:
> "...2 - Quand un mot ne contenait qu'une voyelle brève en syllabe ouverte, elle disparaît...
> 3 - Quand le mot contenait deux voyelles brèves en syllabe ouverte, il tombe celle dont la disparition amène une succession de syllabes fermées..."

David Cohen les applique au parler des Juifs de Tunis, en les développant (2).

Pour l'arabe marocain, on peut les reprendre ainsi:
- Il n'y a pas de voyelles brèves en syllabe ouverte; ce qui veut dire qu'il n'y a que des syllabes lourdes (syllabes ouvertes à voyelle longue ou syllabes fermées), et pas de syllabes brèves (syllabes ouvertes à voyelle brève) (3).

Ceci permet de déterminer les différents types de syllabes possibles en arabe marocain:

- syllabes ouvertes:
$\bar{v}$: $\bar{a}$/na moi, $\bar{a}$/tǎy thé,
$C\bar{v}$: $m\bar{a}$/ši allant, $\underline{t}\bar{o}$/$m\bar{o}$/bīl voiture,
$C\bar{v}$ devient Cv en finale : $m\bar{a}$/ši allant, εar/bi arabe, $\bar{a}$/ži viens,
$CC\bar{v}$: $kt\bar{a}$/b-u son livre, kbī/ra grande,
CCv en finale : br$\bar{a}$ lettre, mša il est parti.

- syllabes fermées:
CvC : tǝk/tǝb il a été écrit, gǝl/bi mon coeur,
$C\bar{v}C$: b$\bar{a}$n apparaître, k$\bar{a}$n être,
$CvCC$: gǝlb coeur, šǝdd fermer,
$C\bar{v}CC$: š$\bar{a}$dd étant fermé, ḍ$\bar{a}$nn ayant pensé,
$CCvC$: ktǝb écrire, skǝt se taire,
$CC\bar{v}C$: ṣf$\bar{a}$ṛ jaunir, by$\bar{a}$ḍ blanchir.
Ces contraintes ont d'importantes conséquences au niveau morphologique:

---

(1) **M.Cohen 12** p.142.
(2) **D.Cohen 75** pp.72-77.
(3) Ces régles ne s'appliquent plus de façon aussi stricte quand l'arabe marocain emprunte à l'arabe classique.

- A la 3ème personne masculin de la forme suffixale d'un verbe *CCvC*, on a:
   ktəb il a écrit,

- si l'on lui adjoint un suffixe pour marquer le pluriel (*-u*), ou le féminin (*-ət*), on obtient:
   *ktəb + -u > *ktəb-u
   *ktəb + -ət > *ktəb-ət,

- cette réalisation est impossible, parce qu'elle amènerait la présence d'une voyelle brève en syllabe ouverte:
   *ktə/bət.

On a en fait permutation de la voyelle brève, pour permettre la conservation de syllabes lourdes:
   *ktəbət > kət/bət elle a écrit,
   *ktəbu > kət/bu ils ont écrit.

- Si l'on ajoute un préfixe consonantique à un verbe *CCvC* par exemple, on devra intercaler une voyelle de disjonction pour n'obtenir que des syllabes fermées:

. A la 1ère personne de la forme préfixale:
   n- + ktəb > *nktəb > nək/təb j'écrirai.

. Pour la formation du passif, on utilise un préfixe *t-/tt-*; pour conserver la structure syllabique du mot, ce préfixe se réalise *t-* lorsque la forme verbale commence par une seule consonne, immédiatement suivie d'une voyelle:
   t- + kətbət > tkət/bət elle a été écrite,
   t- + kətbu > tkət/bu ils/elles ont été écrit(e)s.

Lorsque la forme verbale commence par un goupe de consonnes, le préfixe revêt la forme *ttə-*:
   ttə- + ktəb > ttək/təb il a été écrit.

En débit rapide, on trouve des groupes de trois consonnes lorsqu'elles se répartissent sur deux syllabes différentes:
   kan/thəmm j'ai beaucoup de soucis, *kan/tkər/fəş* je suis maltraité, *kat/ktəb* tu écris.
   En débit lent, une voyelle d'appui peut s'intercaler dans le groupe de trois consonnes:
   kā/nət/həmm, *kā/tək/təb*; dans ce cas, le mot compte une syllabe de plus.

Note sur le système de transcription

Le principe adopté est celui d'une transcription phonologique pour les consonnes.

Pour les voyelles, on note le timbre le plus proche de la réalisation phonétique, ce qui permet une lecture plus proche de la prononciation réelle; les signes utilisés sont:
   - *a*, *ə*, *i*, *e*, *o*, *u*, pour les voyelles brèves,
   - *ǟ*, *ā*, *ī*, *ē*, *ū*, *ō*, pour les voyelles longues.

CHAPITRE II - MORPHOSYNTAXE

En arabe, la plupart des mots sont le produit de la réunion d'un **schème** et d'une **racine**. Une racine est une entité lexicale qui n'a pas encore subi la catégorisation en nom ou verbe; elle n'a aucune autonomie et elle doit être associée à un schème pour pouvoir devenir un mot catégorisé dans la langue. En cela, la racine peut être comparée à une **notion prédicative** (1).

En effet, une notion est appréhendée de façon globale, par un travail direct sur les propriétés; elle n'est pas encore catégorisée en nom ou en verbe; elle représente une propriété **p** que l'on pourrait rendre dans la métalangue par ‹être livre›, ‹être grand›... La racine, elle, se présente sous la forme d'une série de consonnes (trois le plus souvent) chargée d'un sens, et donc de propriétés physico-culturelles: *KTB* (écrire, être livre...), *KBR* (être grand, être vieux...).

Les schèmes sont des modèles de mot, indiquant la place des voyelles, leur quantité, leur timbre; pour les verbes, on les représente traditionnellement dans la grammaire par les trois consonnes *FƐL*, qui ont le sens de "faire" en arabe classique: *FƐaL*, *FāƐəL*, *FƐīL*, *FƐuL*. On utilise également les symboles *C* (pour consonne) ou *R* (radicale) pour représenter les radicales qui composent la racine.

Il ne s'agit que de **formes** de mot; toutes les formes n'existent bien sûr pas pour chaque racine; le schème peut aussi comprendre un suffixe ou un préfixe. Les schèmes sont généralement liés à une catégorie verbale ou nominale (substantif ou adjectif), à une forme verbale: participe, conjugaison suffixale, préfixale, à une personne de la conjugaison, au nombre ou au genre: *t-FƐaL*, *FƐaLT*, *n-FaƐLu*... Mais il y a des passages possibles d'une catégorie à l'autre: adjectif substantivé, nom verbal etc... Ce qui les caractérise est le fait qu'ils soient reproduisibles pour des racines différentes.

Les mots d'emprunt ont souvent une forme qui ne correspond pas forcément à un schème, en ce sens qu'elle n'est pas reproduisible. Pour qu'un mot devienne un emprunt, il faut qu'il puisse entrer dans

---

(1) A. Culioli définit ainsi la "notion": "...Une catégorie notionnelle est un système complexe de représentations, construit sur des domaines munis chacun d'une topologie. Le domaine peut être constitué par: (α) un ensemble structuré de propriétés physico-culturelles, ou (β) un réseau de notions grammaticales, ou (ɣ) de relations entre notions de type (α). La notion de type (α) (ou notion prédicative, Note de l'auteur) est définie en <u>intension</u> et a un caractère prédicatif...." voir **Culioli 78 a.**

un moule acceptable en arabe marocain, sans pour autant être généralisable. Certains emprunts sont tellement intégrés qu'ils génèrent une
racine productive: *ḍōbəl* doubler, plier en deux, se conjugue et a un
participe *m-ḍōbəl* ayant doublé, plié en deux.

Dans l'étude de la morphologie, on distinguera les verbes, les
nominaux, puis les mots-outils: pronoms, articles, adverbes, prépositions et conjonctions.

I - LES VERBES

Traditionnellement, les verbes sont classés selon leurs schèmes
en différentes "formes "; la "1ère forme" est la forme simple, les
autres sont les formes "dérivées". On présente les verbes à la troisième personne du masculin de la conjugaison suffixale.

Pour chaque type verbe, seront examinés successivement la conjugaison complète de la forme suffixale et préfixale, les participes
actif et passif, le passif et l'impératif.

1 - LES VERBES TRILITERES

La forme simple peut revêtir plusieurs schèmes qui seront passés
en revue, puis on étudiera les schèmes dérivés pour les racines trilitères.

a - La forme simple

Les verbes simples peuvent avoir plusieurs formes, suivant la
nature des radicales qui composent la racine. La racine peut avoir
trois radicales "saines", ce qui correspondra aux schèmes verbaux
"réguliers": *FƐəL*, ou "sourds": *FəƐƐ* (avec les deux dernières radicales identiques). Si l'une des radicales est une semi-consonne, trois
cas sont possibles: verbes "assimilés": *W/YƐəl*, verbes "concaves":
FāL, verbes "défectueux": *FƐa*.

1 - Les verbes réguliers: *FƐəL*

le verbe *ktəb* écrire, illustrera le paradigme.

- La **conjugaison suffixale** se forme en ajoutant le suffixe de
personne au radical:

	Personne	Radical Suffixe de personne
SG.	1	*ktəb-t*
	2	*ktəb-ti*
	3 m.	*ktəb* Ø
	3 f.	*kətb-ət* (1) /*kətb-āt* (variante longue)
PL.	1	*ktəb-na*
	2	*ktəb-tu*
	3	*kətb-u* (1)

---

(1) On a permutation de la voyelle du fait de l'adjonction d'un suffixe commençant par une voyelle.

31

- Pour la **conjugaison préfixale**, il faut distinguer deux sous-classes, selon le timbre de la voyelle: *yə-FƐəL* et *yə-FƐuL*.

D'autre part, en arabe marocain, la forme non modale est toujours précédée du préfixe *ka-* (1); la conjugaison préfixale sera donnée en intégrant le préfixe.

1.1 - Verbe présentant l'alternance *FƐəL/yFƐəL*: *ktəb* écrire:

Personne		Préfixe/Indice de /Radical			
			personne		
SG.	1	*ka-*	*n-*	*ktəb* >	*kanktəb*
	2 m.	*ka-*	*t-*	*ktəb* >	*katktəb*
	2 f.	*ka-*	*t-*	*kətbi* >	*katkətbi* (2)
	3 m.	*ka-*	*y-*	*ktəb* >	*kayktəb*
	3 f.	*ka-*	*t-*	*ktəb* >	*katktəb*
PL.	1	*ka-*	*n-*	*kətb-u* >	*kankətbu* (2)
	2	*ka-*	*t-*	*kətb-u* >	*katkətbu*
	3	*ka-*	*y-*	*kətb-u* >	*kaykətbu*

Selon qu'il s'agit d'un débit lent ou rapide, la conjugaison préfixale en *ka-* revêt une forme bi ou tri-syllabique; en débit normal, elle est bisyllabique (c'est la forme donnée systématiquement ici): *kan/ktəb*.

En débit lent, on trouve une réalisation trisyllabique, avec une voyelle de disjonction entre le préfixe de personne et le radical verbal: *kā/nək/təb* (voir pp.16 et 29).

1.2 - Verbe à alternance *FƐəL/YFƐuL*: *gƐad* s'asseoir:

Personne/		Préfixe/Indice de/Radical			
			personne		
SG.	1	*ka-*	*n-*	*gƐod* >	*kangƐod*
	2 m.	*ka-*	*t-*	*gƐod* >	*katgƐod*
	2 f.	*ka-*	*t-*	*goƐdi* >	*katgoƐdi* (2)
	3 m.	*ka-*	*y-*	*gƐod* >	*kaygƐod*
	3 f.	*ka-*	*t-*	*gƐod* >	*katgƐod*
PL.	1	*ka-*	*n-*	*goƐd-u* >	*kangoƐdu* (2)
	2	*ka-*	*t-*	*goƐd-u* >	*katgoƐdu*
	3	*ka-*	*y-*	*goƐd-u* >	*kaygoƐdu*

D'un point de vue quantitatif, la classe 1.2 est infiniment plus réduite que la 1.1, dans une proportion de l'ordre de 4 % des verbes réguliers et sourds (voir p.34):

dxəl entrer, *gƐad* s'asseoir, *skət* se taire, *skən* habiter, *sxən* chauffer, *xrəž* sortir, *rgəd* dormir, *gbəḍ* attraper/saisir, *šxəṛ* ronfler, *hbəṭ* descendre, *mxəḍ* baratter, *tqəb* trouer.

- Pour l'**impératif**, qui est formé à partir du radical verbal de la conjugaison préfixale, on doit aussi distinguer les deux sous-classes:

---

(1) Ce préfixe peut avoir la forme *ta-* dans certaines régions.
(2) On a permutation de la voyelles du fait de l'adjonction d'un suffixe vocalique.

	classe 1.1	classe 1.2
SG. m.	*təktəb > ktəb*	*təgɛod > gɛod*
f.	*tkətbi > kətbi*	*tgoɛdi > goɛdi*
PL.	*tkətbu > kətbu*	*tgoɛdu > goɛdu*

Les suffixes de féminin et de pluriel (*-i,-u*) sont semblables à ceux que l'on trouve dans les formes verbales: formes suffixale et préfixale.

Pour le reste du paradigme, tous les verbes de la classe 1 fonctionnent de la même façon.

- Le **participe actif** a un schème *FāɛəL*, avec introduction d'une voyelle longue dans la première syllabe. C'est une forme de type nominal, qui comporte donc un masculin, un féminin et un pluriel: suffixes nominaux *-a(t)*, pour le féminin et *-īn*, pour le pluriel (voir p.67):

SG. m. *kātəb, gāɛəd* écrivant, étant assis
   f. *kātba, gāɛda*
PL. *kātbīn, gāɛdīn*

- Il en est de même pour le **participe passif**. Il est formé sur le schème *məFɛūL*, avec adjonction d'un préfixe *m-* (voir p.100) et introduction d'une voyelle longue *ū* dans la dernière syllabe. Seuls les verbes compatibles avec la passivation auront un participe passif:

SG. m. *məktūb, məžrūḥ* écrit, blessé
   f. *məktūba, məžrūḥa*
PL. *məktūbīn, məžrūḥīn*

- Pour ce qui est de la **forme passive**. il existe un préfixe *t-/tt-*, dont l'une des valeurs peut être le passif, mais qui peut également exprimer la réflexivité et la réciprocité. Un verbe ne peut avoir de forme passive que dans la mesure où son contenu sémantique est compatible avec un sens passif; la forme du suffixe dépend de l'initiale de la forme verbale; si elle commence par un groupe de deux consonnes, ce sera la forme *ttə-*; si elle commence par une seule consonne, on aura la forme *t-*:

ttə-ktəb il a été écrit, *t-kətb-ət* elle a été écrite.

. **Conjugaison suffixale**

Personne/Préfixe/Radical/Suffixe de personne

SG.	1	*ttə-*	*žraḥ*	*-t*	>	*ttəžraḥt*
	2	*ttə-*	*žraḥ*	*-ti*	>	*ttəžraḥti*
	3 m.	*ttə-*	*žraḥ*	Ø	>	*ttəžraḥ*
	3 f.	*t-*	*žərḥ*	*-āt (1)*	>	*tžərḥāt*
PL.	1	*ttə-*	*žraḥ*	*-na*	>	*ttəžraḥna*
	2	*ttə-*	*žraḥ*	*-tu*	>	*ttəžraḥtu*
	3	*t-*	*žərḥ*	*-u (1)*	>	*tžərḥu*

---

(1) Il y a permutation de la voyelle brève et changement de préfixe du fait de l'adjonction d'un suffixe commençant par une voyelle. Par ailleurs le timbre phonétique de la voyelle change: [a] au contact de la consonne arrière /ḥ/, et [ə] en contexte neutre.

. **Conjugaison préfixale** (le groupe *ttt*, on prononce [*tt*]).

		Personne/	Préfixe/	Indice de/	Préfixe/	Radical
				personne	passif	
SG.	1	*ka–*	*n–*	*ttə–*	*žraḥ* > *kanttəžraḥ*
	2 m.	*ka–*	*t–*	*ttə–*	*žraḥ* > *katttəžraḥ*
	2 f.	*ka–*	*t–*	*t–*	*žərḥi* > *kattžərḥi*
	3 m.	*ka–*	*y–*	*ttə–*	*žraḥ* > *kayttəžraḥ*
	3 f.	*ka–*	*t–*	*ttə–*	*žraḥ* > *katttəžraḥ*
PL.	1	*ka–*	*n–*	*t–*	*žərḥu* > *kantžərḥu*
	2	*ka–*	*t–*	*t–*	*žərḥu* > *kattžərḥu*
	3	*ka–*	*y–*	*t–*	*žərḥu* > *kaytžərḥu*

2 - Les verbes sourds: *FəϾϾ*

Ce sont les verbes dont les deux consonnes finales sont semblables: *dəkk* entasser. La différence essentielle avec les verbes réguliers réside dans l'allongement de la voyelle du suffixe de personne pour la conjugaison suffixale.

- conjugaison suffixale *dəkk* entasser

	Personne	Radical Suffixe de personne
SG.	1	*dəkk-īt*
	2	*dəkk-īti*
	3 m.	*dəkk* Ø
SG.	3 f.	*dəkk-āt*
PL.	1	*dəkk-īna*
	2	*dəkk-ītu*
	3	*dəkk-u*

- En ce qui concerne la **conjugaison préfixale,** il faut distinguer deux sous-classes, comme pour les verbes réguliers: *yFəϾϾ* et *yFuϾϾ*.

2.1 - Verbes présentant l'alternance *FəϾϾ/yFəϾϾ*: *dəkk* entasser

	Personne	Préfixe/	Indice de /	Radical
			personne	
SG.	1	*ka–*	*n–*	*dəkk* > *kandəkk*
	2 m.	*ka–*	*t–*	*dəkk* > *katdəkk*
	2 f.	*ka–*	*t–*	*dəkk* > *katdəkki*
	3 m.	*ka–*	*y–*	*dəkk* > *kaydəkk*
	3 f.	*ka–*	*t–*	*dəkk* > *katdəkk*
PL.	1	*ka–*	*n–*	*dəkku* > *kandəkku*
	2	*ka–*	*t–*	*dəkku* > *katdəkku*
	3	*ka–*	*y–*	*dəkku* > *kaydəkku*

2.2 - Verbes à alternance *FəϾϾ/yFuϾϾ*: *kəbb* verser

	Personne	Préfixe/	Indice de /	Radical
			personne	
SG.	1	*ka–*	*n–*	*kubb* > *kankubb*
	2 m.	*ka–*	*t–*	*kubb* > *katkubb*
	2 f.	*ka–*	*t–*	*kubb* > *katkubbi*
	3 m.	*ka–*	*y–*	*kubb* > *kaykubb*
	3 f.	*ka–*	*t–*	*kubb* > *katkubb*

```
PL.    1           ka-  n-      kubbu  >  kankubbu
       2           ka-  t-      kubbu  >  katkubbu
       3           ka-  y-      kubbu  >  kaykubbu
```

On citera: *kəbb* verser, *dəgg* piler, *dəqq* frapper à la porte, *ḥəṭṭ* mettre, *ḥakk* gratter.

- **l'impératif**: on distingue les deux sous-classes:

	classe 2.1	classe 2.2
SG. m.	*dəkk*	*kubb*
f.	*dəkki*	*kubbi*
PL.	*dəkku*	*kubbu*

Le reste du paradigme est le même pour les deux sous-classes.

- Le **participe actif** a le schème *FāƐƐ*, avec un simple allongement de la voyelle:

```
SG. m.   dākk, kābb (1)
    f.   dākka, kābba
PL.      dākkīn, kābbīn
```

- Le **participe passif** a le schème *məFƐūƐ*, avec insertion de la voyelle longue entre les deux consonnes identiques:

```
SG. m.   mədkūk, məkbūb
    f.   mədkūka, məkbūba
PL.      mədkūkīn, məkbūbīn
```

- Quant à la **forme passive**, elle est sujette aux mêmes contraintes pour toutes les classes; elle a la schème *tFəƐƐ*: *t-dəkk, t-kəbb*.

. **Conjugaison suffixale** *t-həmm* avoir beaucoup de soucis

Personne/Préfixe/Radical/Suffixe de personne

SG.	1	t-	həmm	-īt	>	thəmmīt
	2	t-	həmm	-īti	>	thəmmīti
	3 m.	t-	həmm	Ø	>	thəmm
	3 f.	t-	həmm	-āt	>	thəmmāt
PL.	1	t-	həmm	-īna	>	thəmmīna
	2	t-	həmm	-ītu	>	thəmmītu
	3	t-	həmm	-u	>	thəmmu

---

(1) M.Cohen pose un shème *mādəd* pour le participe actif de ces verbes et signale qu'ils n'ont pas de participe actif dans le parler des Juifs d'Alger; voir **M.Cohen 12**, p.186.

. **Conjugaison préfixale**

Personne/Préfixe/Indice de/Préfixe/Radical
personne passif

SG.	1	ka-	n-	t-	həmm	>	kanthəmm
	2 m.	ka-	t-	t-	həmm	>	katthəmm
	2 f.	ka-	t-	t-	həmmi	>	katthəmmi
	3 m.	ka-	y-	t-	həmm	>	kaythəmm
	3 f.	ka-	t-	t-	həmm	>	katthəmm
PL.	1	ka-	n-	t-	həmmu	>	kanthəmmu
	2	ka-	t-	t-	həmmu	>	katthəmmu
	3	ka-	y-	t-	həmmu	>	kaythəmmu

3 - Les verbes assimilés: w/yƐəL

Il s'agit des verbes dont la première radicale est une semi-consonne w ou y: wqəf "se lever", ybəs "sécher". Les conjugaisons sont très semblables à celles du schème régulier.

- conjugaison suffixale wqəf se lever

	Personne	Radical Suffixe de personne
SG.	1	wqəf-t
	2	wqəf-ti
	3 m.	wqəf Ø
	3 f.	wəqf-ət (1)
PL.	1	wqəf-na
	2	wqəf-tu
	3	wəqf-u (1)

- conjugaison préfixale

Personne   Préfixe/Indice de /Radical
personne

SG.	1	ka-	n-	wqəf	>	kanwqəf
	2 m.	ka-	t-	wqəf	>	katwqəf
	2 f.	ka-	t-	wəqfi	>	katwəqfi
	3 m.	ka-	y-	wqəf	>	kaywqəf
	3 f.	ka-	t-	wqəf	>	katwqəf
PL.	1	ka-	n-	wəqfu	>	kanwəqfu
	2	ka-	t-	wəqfu	>	katwəqfu
	3	ka-	y-	wəqfu	>	kaywəqfu

- l'impératif:

SG. m.	wqəf
f.	wəqfi (1)
PL.	wqfu

- Le **participe actif** a le schème W/YāƐəL:

---

(1) Il y a permutation de la voyelle brève lors de l'ajout d'un suffixe à initiale vocalique

```
SG. m.    wāqəf, yābəs
   f.    wāqfa, yābsa
PL.      wāqfīn, yābsīn
```

- Le **participe passif** a le schème *mūƐūL*, quand il existe: verbe
wžəd être prêt.

```
SG. m.    mūžūd
   f.    mūžūda
PL.      mūžūdīn
```

4 - Les verbes concaves: *FāL*

Ce sont des verbes dont la deuxième radicale est une semi-voyelle; à la troisième personne de la forme suffixale, ils présentent tous
la voyelle *ā* comme deuxième radicale, ce n'est qu'en les conjugant
aux autres personnes qu'apparaît le timbre de cette voyelle: *ā*, *ī* ou
ū.

- A la **conjugaison préfixale,** on distingue trois sous-classes,
selon le timbre de la voyelle (*ā*, *ī*, *ū*).

4.1 - Les verbes à alternance *FāL/yFāL*: *xāf* avoir peur

Ils sont peu nombreux (de l'ordre de 5% des concaves); on citera:
bān apparaître, *xāf* avoir peur et *bāt* passer la nuit.

Personne		Préfixe/	Indice de /	Radical		
			personne			
SG.	1		ka-	n-	xāf	>	kanxāf
	2 m.		ka-	t-	xāf	>	katxāf
	2 f.		ka-	t-	xāfi	>	katxāfi
	3 m.		ka-	y-	xāf	>	kayxāf
	3 f.		ka-	t-	xāf	>	katxāf
PL.	1		ka-	n-	xāfu	>	kanxāfu
	2		ka-	t-	xāfu	>	katxāfu
	3		ka-	y-	xāfu	>	kayxāfu

4.2 - Les verbes à alternance *FāL/yFīL*: *dār* faire

Il représentent environ 50% des verbes concaves; on citera:
ṛāb cailler, *ǧāṛ* être jaloux", *ṭāb* "cuire, *Ɛāš* vivre, *bāƐ* vendre,
sāl couler, *ṭāṛ* voler (oiseau), *bka* pleurer, *bṛā* guérir, *ṭāb*
cuire, *fāq* s'éveiller, *ṭāḥ* tomber, *zād* continuer.

Personne		Préfixe/	Indice de /	Radical		
			personne			
SG.	1		ka-	n-	dīr	>	kandīr
	2 m.		ka-	t-	dīr	>	katdīr
	2 f.		ka-	t-	dīri	>	katdīri
	3 m.		ka-	y-	dīr	>	kaydīr
	3 f.		ka-	t-	dīr	>	katdīr
PL.	1		ka-	n-	dīru	>	kandīru
	2		ka-	t-	dīru	>	katdīru
	3		ka-	y-	dīru	>	kaydīru

4.3 - Les verbes à alternance *FāL/yFūL*: *gāl* dire

Ils représentent environ 45% des verbes concaves; on citera:
xān trahir, *dāx* avoir la tête qui tourne, *ṭāl* durer, *dāb* fondre,
ǰāɛ avoir faim, *zāṛ* visiter, *ɛām* nager, *ḍāq* goûter, *šāf* voir, *bās*
embrasser, *dāz'* passer, *fāt* passer (temps), *ṣāg* conduire (voiture), *ṣām* jeûner, *nāḍ* se lever, *māt* mourir.

Personne		Préfixe/Indice de /Radical			
			personne		
SG.	1	*ka-*	*n-*	*gūl* >	*kangūl*
	2 m.	*ka-*	*t-*	*gūl* >	*katgūl*
	2 f.	*ka-*	*t-*	*gūli* >	*katgūli*
	3 m.	*ka-*	*y-*	*gūl* >	*kaygūl*
	3 f.	*ka-*	*t-*	*gūl* >	*katgūl*
PL.	1	*ka-*	*n-*	*gūlu* >	*kangūlu*
	2	*ka-*	*t-*	*gūlu* >	*katgūlu*
	3	*ka-*	*y-*	*gūlu* >	*kaygūlu*

- La **conjugaison suffixale** se caractérise par un abrègement de la
voyelle aux personnes autres que la troisième; les voyelles *ā* et *ī*
s'abrègent toutes les deux en *ə* (on reprendra l'exemple des verbes
xāf/yxāf "avoir peur" et *dār/ydīr* "faire"); quant à la voyelle *ū*, elle
s'abrègera en *u* (exemple *gāl/ygūl* "dire").

4.1 - 4.2 - Les verbes à alternance *FāL/yFāL* et *FāL/yFīL*:

Personne		Radical Suffixe de personne
SG.	1	*xəf-t* / *dər-t*
	2	*xəf-ti* / *dər-ti*
	3 m.	*xāf* Ø / *dār* Ø
	3 f.	*xāf-ət* / *dār-ət*
PL.	1	*xəf-na* / *dər-na*
	2	*xəf-tu* / *dər-tu*
	3	*xāf-u* / *dār-u*

4.3 - Les verbes à alternance *FāL/yFūL*:

Personne		Radical Suffixe de personne
SG.	1	*gul-t*
	2	*gul-ti*
	3 m.	*gāl* Ø
	3 f.	*gāl-ət*
PL.	1	*gul-na*
	2	*gul-tu*
	3	*gāl-u*

- Pour l'**impératif**, on conservera la distinction en trois sous-
classes, puisqu'il est formé à partir de la conjugaison préfixale.

		classe 4.1	classe 4.2	classe 4.3
SG.	m.	*xāf*	*dīr*	*gūl*
	f.	*xāfi*	*dīri*	*gūli*
PL.		*xāfu*	*dīru*	*gūlu*

Pour le reste du paradigme, tous les verbes ont le même fonctionnement, il n'est donc plus nécessaire de les diviser en sous-classes.

- Le **participe actif** se forme sur le schème *FāYəL*:
SG. m.   *xāyəf, dāyər, gāyəl*
    f.   *xāyfa, dāyra, gāyla*
PL.   *xāyfīn, dāyrīn, gāylīn*

- Le **participe passif** est de la forme *məFYūL*:
SG. m.   *məqyūṣ* touché, *məlyūẖ* jeté
    f.   *məqyūṣa, məlyūẖa*
PL.   *məqyūṣīn, məlyūẖīn*

- Le **passif** ne concerne que quelques verbes; il est formé sur le
schème *t-FāL*:
     tlāẖ être jeté, *tqāṣ* être touché, *tzāṛ* être visité.

. **Conjugaison suffixale** (il est très difficile de trouver des
verbes pouvant être conjugués à la 1ère ou 2ème personne); on peut
imaginer un contexte pour *tbāє* être vendu; on a deux paradigmes de
conjugaison possibles: l'un avec abrègement de la voyelle pour les
formes de 1ère et 2ème personne, l'autre avec conservation de la
voyelle longue et présence d'une voyelle longue à l'initiale du suffixe de personne:

	Personne	Préfixe	Radical	Suffixe de personne		
SG.	1	*t-*	*baє (1)*	*-t*	>	*tbaєt/tbāєīt*
	2	*t-*	*baє*	*-ti*	>	*tbaєti/tbāєīti*
	3 m.	*t-*	*bāє*	Ø	>	*tbāє*
	3 f.	*t-*	*bāє*	*-ət*	>	*tbāєət*
PL.	1	*t-*	*baє*	*-na*	>	*tbaєna/tbāєīna*
	2	*t-*	*baє*	*-tu*	>	*tbaєtu/tbāєītu*
	3	*t-*	*bāє*	*-u*	>	*tbāєu*

. **Conjugaison préfixale**: il n'y a qu'une seule conjugaison pour
les trois sous-classes:

	Personne	Préfixe	Indice de personne	Préfixe passif	Radical		
SG.	1	*ka-*	*n-*	*t-*	*bāє*	>	*kantbāє*
	2 m.	*ka-*	*t-*	*t-*	*bāє*	>	*kattbāє*
	2 f.	*ka-*	*t-*	*t-*	*bāєi*	>	*kattbāєi*
	3 m.	*ka-*	*y-*	*t-*	*bāє*	>	*kaytbāє*
	3 f.	*ka-*	*t-*	*t-*	*bāє*	>	*kattbāє*
PL.	1	*ka-*	*n-*	*t-*	*bāєu*	>	*kantbāєu*
	2	*ka-*	*t-*	*t-*	*bāєu*	>	*katbāєu*
	3	*ka-*	*y-*	*t-*	*bāєu*	>	*kaytbāєu*

5 - Les verbes défectueux: *Fєa*

Ce sont les verbes dont la troisième radicale est une semi-
consonne. A la 3ème personne de la forme suffixale, on a toujours le
timbre *a* (la longueur de la voyelle est neutralisée en finale); ce

---

(1) La voyelle est réalisée [*a*] à cause de la consonne d'arrière *є*.

39

n'est qu'à la conjugaison préfixale que des timbres différents apparaissent: $\bar{a}$, $\bar{\imath}$, $\bar{u}$.

- A la **forme suffixale**, tous les verbes ont le même comportement; aux 1ère et 2ème personnes, on a allongement de la voyelle, avec un timbre i (exemple *bda* "commencer").

	Personne	Radical Suffixe de personne
SG.	1	*bdī-t*
	2	*bdī-ti*
	3 m.	*bda Ø*
	3 f.	*bdā-t*
PL.	1	*bdī-na*
	2	*bdī-tu*
	3	*bdā-w*

- Pour la **conjugaison préfixale**, il faut distinguer trois sous-classes, selon le timbre de la voyelle.

5.1 - Verbes présentant l'alternance *FƐa/yəFƐa*: *bda* commencer

Cette sous-classe contient enviiron 30% des verbes défectueux; on citera:

ġla augmenter, *lga* trouver, *swa* valoir, *bqa* rester, *qṛā* lire/étudier, *ẓwa* vagir, *nsa* oublier, *ɛya* se fatiguer.

	Personne	Préfixe/Indice de /Radical personne			
SG.	1	*ka-*	*nə-*	*bda* >	*kanəbda*
	2 m.	*ka-*	*tə-*	*bda* >	*katəbda*
	2 f.	*ka-*	*tə-*	*bdāy* >	*katəbdāy* (1)
	3 m.	*ka-*	*yə-*	*bda* >	*kayəbda*
	3 f.	*ka-*	*tə-*	*bda* >	*katəbda*
PL.	1	*ka-*	*nə-*	*bdāw* >	*kanəbdāw* (1)
	2	*ka-*	*tə-*	*bdāw* >	*katəbdāw*
	3	*ka-*	*yə-*	*bdāw* >	*kayəbdāw*

5.2 - Verbes à alternance *FƐa/yəFƐi*: *bġa* vouloir

	Personne	Préfixe/Indice de /Radical personne			
SG.	1	*ka-*	*nə-*	*bġe* >	*kanəbġe*
	2 m.	*ka-*	*tə-*	*bġe* >	*katəbġe*
	2 f.	*ka-*	*tə-*	*bġe* >	*katəbġe* (2)
	3 m.	*ka-*	*yə-*	*bġe* >	*kayəbġe*
	3 f.	*ka-*	*tə-*	*bġe* >	*katəbġe*
PL.	1	*ka-*	*nə-*	*bġēw* >	*kanəbġēw* (1)
	2	*ka-*	*tə-*	*bġēw* >	*katəbġēw*
	3	*ka-*	*yə-*	*bġēw* >	*kayəbġēw*

---

(1) Le radical se terminant par une voyelle, lors de l'adjonction d'un suffixe vocalique, on a allongement de la voyelle finale, et transformation du suffixe vocalique en semi-consonne.

(2) Le radical se terminant par un i, on n'ajoute pas la marque i du féminin; les 2èmes personnes fém. et masc. sont confondues.

Cette sous-classe est de loin la plus nombreuse, avec les deux tiers des verbes; on citera:

ġla bouillir, bka pleurer, mša aller, partir, žra courir, kfa suffire, ḥka parler/raconter, kma fumer, qla frire, ṛma jeter, šra acheter, ṭfa éteindre, εṭa donner, xwa vider, dda emporter, sga puiser, sqa irriguer.
Le verbe bilitère ža "venir" se conjugue sur ce modèle.

5.3 - Verbes à alternance Fɛa/yəFɛu: ḥba marcher à quatre pattes

C'est le seul verbe du corpus à présenter cette alternance:

Personne	Préfixe/Indice de personne	/Radical		
SG. 1	ka- nə-	ḥbu	>	kanəḥbu
2 m.	ka- tə-	ḥbu	>	katəḥbu
2 f.	ka- tə-	ḥbu	>	katəḥbu
3 m.	ka- yə-	ḥbu	>	kayəḥbu
3 f.	ka- tə-	ḥbu	>	katəḥbu
PL. 1	ka- nə-	ḥbu	>	kanəḥbu
2	ka- tə-	ḥbu	>	katəḥbu
3	ka- yə-	ḥbu	>	kayəḥbu

5.4 - Il faut enfin signaler deux exceptions, qui n'ont pas la même origine que les autres verbes concaves: kla manger et xda prendre; ils ont pour correspondants en arabe classique les verbes ʔaxaḏa et ʔakala; leur conjugaison est différente des autres à la forme préfixale:

Personne	Préfixe/Indice de personne	/Radical		
SG. 1	ka- n-	ākul	>	kānākul
2 m.	ka- t-	ākul	>	kātākul
2 f.	ka- t-	ākli	>	kātākli (1)
3 m.	ka- y-	ākul	>	kāyākul
3 f.	ka- t-	ākul	>	kātākul
PL. 1	ka- n-	āklu	>	kānāklu (1)
2	ka- t-	āklu	>	kātāklu
3	ka- y-	āklu	>	kāyāklu

- Pour l'**impératif**, on distingue les mêmes sous-classes:

	classe 5.1	classe 5.2	classe 5.3	classe 5.4
SG. m.	bda	bni	ḥbu	kūl
f.	bdāy	bni	ḥbu	kūli
PL.	bdāw	bnīw	∅	kūlu

- En ce qui concerne le **participe actif**, les deux verbes de la classe 5.4 ont un comportement particulier:

---

(1) La voyelle brève u saute lors de l'adjonction du suffixe vocalique -i ou -u, pour ne conserver que les syllabes lourdes.

```
              classe 5          classe 5.4
SG. m.        bādi             wākəl, wāxəd
    f.        bādya            wākla, wāxda
PL.           bādyīn           wāklīn, wāxdīn
```

- La forme du **participe passif** est *məFƐi*; exemple: *nsa* "oublier"
et, pour la classe 5.4, schème *mūfūl*: *kla* "manger":

```
              classe 5          classe 5.4
SG. m.        mənsi            mūkūl
    f.        mənsīya          mūkūla
PL.           mənsīyīn         mūkūlīn
```

- Peu de verbes de la classe 5 ont une forme **passive**: *ttənsa*
"être oublié":

. **Conjugaison suffixale:**

```
     Personne/Préfixe/Radical/Suffixe de personne
SG.  1        ttə-    nsī    -t     >    ttənsīt
     2        ttə-    nsī    -ti    >    ttənsīti
     3 m.     ttə-    nsa     Ø     >    ttənsa
     3 f.     ttə-    nsā    -t     >    ttənsāt
PL.  1        ttə-    nsī    -na    >    ttənsīna
     2        ttə-    nsī    -tu    >    ttənsītu
     3        ttə-    nsā    -u     >    ttənksāw
```

. **Conjugaison préfixale:**

```
     Personne/Préfixe/Indice de/Préfixe/Radical
                       personne  passif
SG.  1        ka-     n-       ttə-    nsa    >    kanttənsa
     2 m.     ka-     t-       ttə-    nsa    >    katttənsa
     2 f.     ka-     t-       ttə-    nsāy   >    katttənsāy
     3 m.     ka-     y-       ttə-    nsa    >    kayttənsa
     3 f.     ka-     t-       ttə-    nsa    >    katttənsa
PL.  1        ka-     n-       ttə-    nsāw   >    kanttənsāw
     2        ka-     t-       ttə-    nsāw   >    katttənsāw
     3        ka-     y-       ttə-    nsāw   >    kayttənsāw
```

- Le **passif** de *kla* a plusieurs formes: *tkāl*, *tənkəl* "être mangé,
se (faire) manger" et dans d'autres régions, *ttəkla*, *nətkəl*:

. **Conjugaison suffixale:** *tkāl*:

```
     Personne/Préfixe/Radical/Suffixe de personne
SG.  1        t-      kəl    -t     >    tkəlt
     2        t-      kəl    -ti    >    tkəlti
     3 m.     t-      kāl     Ø     >    tkāl
     3 f.     t-      kāl    -ət    >    tkālət
PL.  1        t-      kəl    -na    >    tkəlna
     2        t-      kəl    -tu    >    tkəltu
     3        t-      kāl    -u     >    tkālu
```

. *tənkəl*:
Personne/Préfixe/Radical/Suffixe de personne

SG.	1		*tən-*	*kəl*	*-t*	>	*tənkəlt*
	2		*tən-*	*kəl*	*-ti*	>	*tənkəlti*
	3 m.		*tən-*	*kəll*	*∅*	>	*tənkəl*
	3 f.		*tnə-*	*kl*	*-ət*	>	*tnəklət*
PL.	1		*tən-*	*kəl*	*-na*	>	*tənkəlna*
	2		*tən-*	*kəl*	*-tu*	>	*tənkəltu*
	3		*tnə-*	*kl*	*-u*	>	*tnəklu*

. *nətkəl*:
Personne/Préfixe/Radical/Suffixe de personne

SG.	1		*nət-*	*kəl*	*-t*	>	*nətkəlt*
	2		*nət-*	*kəl*	*-ti*	>	*nətkəlti*
	3 m.		*nət-*	*kəl*	*∅*	>	*nətkəl*
	3 f.		*ntə-*	*kl*	*-ət*	>	*ntətkələt*
PL.	1		*nət-*	*kəl*	*-na*	>	*nətkəlna*
	2		*nət-*	*kəl*	*-tu*	>	*nətkəltu*
	3		*ntə-*	*kl*	*-u*	>	*ntətklu*

. *ttəkla*:
Personne/Préfixe/Radical/Suffixe de personne

SG.	1		*ttə-*	*klī*	*-t*	>	*ttəklīt*
	2		*ttə-*	*klī*	*-ti*	>	*ttəklīti*
	3 m.		*ttə-*	*kla*	*∅*	>	*ttəkla*
	3 f.		*ttə-*	*klā*	*-t*	>	*ttəklāt*
PL.	1		*ttə-*	*klī*	*-na*	>	*ttəklīna*
	2		*ttə-*	*klī*	*-tu*	>	*ttəklītu*
	3		*ttə-*	*klā*	*-w*	>	*ttəklāw*

. **Conjugaison préfixale:** *tkāl*:
Personne/Préfixe/Indice de/Préfixe/Radical
personne passif

SG.	1	*ka-*	*n-*	*t-*	*kāl*	>	*kantkāl*
	2 m.	*ka-*	*t-*	*t-*	*kāl*	>	*kattkāl*
	2 f.	*ka-*	*t-*	*t-*	*kāli*	>	*kattkāli*
	3 m.	*ka-*	*y-*	*t-*	*kāl*	>	*kaytkāl*
	3 f.	*ka-*	*t-*	*t-*	*kāl*	>	*kattkāl*
PL.	1	*ka-*	*n-*	*t-*	*kālu*	>	*kantkālu*
	2	*ka-*	*t-*	*t-*	*kālu*	>	*kattkālu*
	3	*ka-*	*y-*	*t-*	*kālu*	>	*kaytkālu*

. *tənkəl*:
Personne/Préfixe/Indice de/Préfixe/Radical
personne passif

SG.	1	*ka-*	*n-*	*tən-*	*kəl*	>	*kantənkəl*
	2 m.	*ka-*	*t-*	*tən-*	*kəl*	>	*kattənkəl*
	2 f.	*ka-*	*t-*	*tən-*	*kli*	>	*kattənkli*
	3 m.	*ka-*	*y-*	*tən-*	*kəl*	>	*kaytənkəl*
	3 f.	*ka-*	*t-*	*tən-*	*kəl*	>	*kattənkəl*
PL.	1	*ka-*	*n-*	*tən-*	*klu*	>	*kantənklu*
	2	*ka-*	*t-*	*tən-*	*klu*	>	*kattənklu*
	3	*ka-*	*y-*	*tən-*	*klu*	>	*kaytənklu*

43

. *nətkəl*:
Personne/Préfixe/Indice de/Préfixe/Radical
personne passif

SG.	1	ka-	n-	nət-	kəl	>	kannətkəl
	2 m.	ka-	t-	nət-	kəl	>	katnətkəl
	2 f.	ka-	t-	nət-	kli	>	katnətkli
	3 m.	ka-	y-	nət-	kəl	>	kaynətkəl
	3 f.	ka-	t-	nət-	kəl	>	katnətkəl
PL.	1	ka-	n-	nət-	klu	>	kannətklu
	2	ka-	t-	nət-	klu	>	katnətklu
	3	ka-	y-	nət-	klu	>	kaynətklu

. *ttəkla*:
Personne/Préfixe/Indice de/Préfixe/Radical
personne passif

SG.	1	ka-	n-	ttə-	kla	>	kanttəkla
	2 m.	ka-	t-	ttə-	kla	>	kattəkla (
	2 f.	ka-	t-	ttə-	klāy	>	kattəklāy
	3 m.	ka-	y-	ttə-	kla	>	kayttəkla
	3 f.	ka-	t-	ttə-	kla	>	kattəkla
PL.	1	ka-	n-	ttə-	klāw	>	kanttəklāw
	2	ka-	t-	ttə-	klāw	>	kattəklāw
	3	ka-	y-	ttə-	klāw	>	kayttəklāw

b - Les formes dérivées

Comme en arabe classique, on compte plusieurs formes dérivées pour les schèmes trilitères; en arabe marocain, on trouve couramment les 2ème, 3ème, 5ème et 6ème formes; les 8ème, 9ème et 10ème formes sont très peu représentées; quant à la 7ème, elle n'existe pas dans tous les dialectes (on la trouve chez les Jbala (Nord-Ouest du pays)). On les trouve par contre lors de l'emprunt de verbes à l'arabe classique.

1 - La 2ème forme: *FəƐƐəL*

Cette forme peut avoir plusieurs valeurs: elle a parfois un sens causatif; il s'agit d'une diathèse causative, au sens de Tesnière (1), qui augmente la valence verbale, transformant un verbe intransitif en verbe transitif:
fzəg (intransitif) se mouiller > *fəzzəg* (transitif) mouiller.

Elle peut aussi avoir une valeur dénominative, permettant de passer de la catégorie du nominal (substantif, adjectif), à celle du verbal: *ḍeyyəq* (adjectif) étroit > *ḍeyyəq* (verbe) rétrécir.

Parfois encore, il permet le passage de l'adverbe au verbe:
bəkri (adverbe) tôt > *bəkkər* (verbe) se lever tôt.

1 - Le schème *FəƐƐəL*: *fəzzəg* mouiller

- La **conjugaison suffixale**:

---

(1) Voir **Tesnière 59** p.260 et suivantes.

	Personne	Radical	Suffixe de personne
SG.	1	*fəzzəg-t*	
	2	*fəzzəg-ti*	
	3 m.	*fəzzəg* ∅	
	3 f.	*fəzzg-āt/fəzzg-ət*	
PL.	1	*fəzzəg-na*	
	2	*fəzzəg-tu*	
	3	*fəzzg-u*	

- La **conjugaison préfixale** :

	Personne	Préfixe/Indice de personne	/Radical		
SG.	1	*ka-*	*n-*	*fəzzəg* >	*kanfəzzəg*
	2 m.	*ka-*	*t-*	*fəzzəg* >	*katfəzzəg*
	2 f.	*ka-*	*t-*	*fəzzgi* >	*katfəzzgi*
	3 m.	*ka-*	*y-*	*fəzzəg* >	*kayfəzzəg*
	3 f.	*ka-*	*t-*	*fəzzəg* >	*katfəzzəg*
PL.	1	*ka-*	*n-*	*fəzzgu* >	*kanfəzzgu*
	2	*ka-*	*t-*	*fəzzgu* >	*katfəzzgu*
	3	*ka-*	*y-*	*fəzzgu* >	*kayfəzzgu*

Si la troisième radicale de la racine est une semi-consonne, la 2ème forme se construira sur le schème *FəƐƐa*:

2 - Le schème *FəƐƐa*: *bəkka* faire pleurer

- La **conjugaison suffixale** est caractérisée par l'allongement de la voyelle qui précède le suffixe de personne.

	Personne	Radical	Suffixe de personne
SG.	1	*bəkkī-t*	
	2	*bəkkī-ti*	
	3 m.	*bəkka* ∅	
	3 f.	*bəkkā-t*	
PL.	1	*bəkkī-na*	
	2	*bəkkī-tu*	
	3	*bəkkā-w*	

- Pour tous les verbes de cette sous-classe, la **conjugaison préfixale** sera du type:

	Personne	Préfixe/Indice de personne	/Radical		
SG.	1	*ka-*	*n-*	*bəkki* >	*kanbəkki*
	2 m.	*ka-*	*t-*	*bəkki* >	*katbəkki*
	2 f.	*ka-*	*t-*	*bəkki* >	*katbəkki* (1)
	3 m.	*ka-*	*y-*	*bəkki* >	*kaybəkki*
	3 f.	*ka-*	*t-*	*bəkki* >	*katbəkki*
PL.	1	*ka-*	*n-*	*bəkkīw* >	*kanbəkkīw*
	2	*ka-*	*t-*	*bəkkīw* >	*katbəkkīw*
	3	*ka-*	*y-*	*bəkkīw* >	*kaybəkkīw*

---

(1) Le radical du verbe se terminant par un *-i*, on n'ajoute pas la marque du féminin en *-i*; le masculin et le féminin sont confondus.

- **L'impératif** se forme sur la conjugaison préfixale, il est de la forme: \

	classe 1	classe 2
SG. m.	*fəzzəg*	*bəkki*
f.	*fəzzgi*	*bəkki*
PL.	*fəzzgu*	*bəkkĭw*

- En arabe marocain le **participe actif** et le **participe passif** (s'il existe) des verbes qui comptent quatre consonnes, sont identiques; ils se forment sur le schème *mFəϾəϾ* pour les quadrilitères, et, plus précisément en *mFəϾϾəL/mFəϾϾi* pour les verbes de la deuxième forme. Seul le contexte permet de savoir à quel participe on a affaire. On utilisera le verbe *kənna* surnommer:

	participe actif		participe passif	
	classe 1	classe 2	classe 1	classe 2
SG. m.	*mfəzzəg*	*mkənni*	*mfəzzəg*	*mkənni*
f.	*mfəzzga*	*mkənnya*	*mfəzzga*	*mkənnya*
PL.	*mfəzzgĭn*	*mkənnyĭn*	*mfəzzgĭn*	*mkənnyĭn*

- Pour ce qui est de la **forme passive**, si elle existe, elle constitue la **5ème forme**, avec le schème *t-FəϾϾəL/t-FəϾϾa*, *tfəzzəg* "être mouillé", *tkənna* "être surnommé" (voir le paradigme de la 5ème forme).

2 - La 3ème forme: *FāϾəL*

Cette forme se caractérise par l'existence d'un *ā* entre la 1ère et la 2ème radicale ; cette classe comporte 28 verbes. Ils ont soit la forme *FāϾəL*, soit *FāϾa*.

- **Conjugaison suffixale:**

1 - Le schème *FāϾəL*: *ṣāləḥ* réconcilier

	Personne	Radical Suffixe de personne
SG.	1	*ṣāləḥ-t*
	2	*ṣāləḥ-ti*
	3 m.	*ṣāləḥ Ø*
	3 f.	*ṣālḥ- t*
PL.	1	*ṣāləḥ-na*
	2	*ṣāləḥ-tu*
	3	*ṣālḥ-u*

2 - Le schème *FāϾa*: *dāwa* guérir

	Personne	Radical Suffixe de personne
SG.	1	*dāwĭ-t*
	2	*dāwĭ-ti*
	3 m.	*dāwa Ø*
	3 f.	*dāwā-t*
PL.	1	*dāwĭ-na*
	2	*dāwĭ-tu*
	3	*dāwā-w*

- **Conjugaison préfixale:**

1 - Le schème *FāƐəL*: *ṣāləḥ* réconcilier

Personne		Préfixe/Indice de personne	/Radical		
SG.	1	ka- n-	ṣāləḥ	>	kanṣāləḥ
	2 m.	ka- t-	ṣāləḥ	>	katṣāləḥ
	2 f.	ka- t-	ṣālḥi	>	katṣālḥi
	3 m.	ka- y-	ṣāləḥ	>	kayṣāləḥ
	3 f.	ka- t-	ṣāləḥ	>	katṣāləḥ
PL.	1	ka- n-	ṣālḥu	>	kanṣālḥu
	2	ka- t-	ṣālḥu	>	katṣālḥu
	3	ka- y-	ṣālḥu	>	kayṣālḥu

2 - Le schème *FāƐa*: *dāwa* guérir

Personne		Préfixe/Indice de personne	/Radical		
SG.	1	ka- n-	dāwi	>	kandāwi
	2 m.	ka- t-	dāwi	>	katdāwi
	2 f.	ka- t-	dāwi	>	katdāwi
	3 m.	ka- y-	dāwi	>	kaydāwi
	3 f.	ka- t-	dāwi	>	katdāwi
PL.	1	ka- n-	dāwīw	>	kandāwīw
	2	ka- t-	dāwīw	>	katdāwīw
	3	ka- y-	dāwīw	>	kaydāwīw

- **Impératif:**

		classe 1	classe 2
SG.	m.	ṣāləḥ	dāwi
	f.	ṣālḥi	dāwi
PL.		ṣālḥu	dāwīw

- Le schème *FāƐəL/FāƐa* est considéré comme quadrilitère; ses **participe actif et passif** sont donc semblables et formés sur le schème *mFāƐəL/mFāƐi*:

		participe actif		participe passif	
		classe 1	classe 2	classe 1	classe 2
SG.	m.	mṣāləḥ	mdāwi	mṣāləḥ	mdāwi
	f.	mṣālḥa	mdāwya	mṣālḥa	mdāwya
PL.		mṣālḥī	mdāwyīn	mṣālḥīn	mdāwyīn

- Quant à la **forme passive**, elle correspond à la **6ème forme**: *tFāƐəL/tFāƐa*: *tṣāləḥ* se réconcilier, *tdāwa* être guéri (voir le paradigme de la 6ème forme).

3 - La 4ème forme

Il n'y a pas de 4ème forme en arabe marocain.

4 - La 5ème forme: *tFəƐƐəL*

Cette forme correspond à la 2ème forme préfixée d'un *t-*; elle

peut constituer le passif de la 2ème forme, mais elle peut également
avoir d'autres sens, comme la réciprocité. Il y a deux formes: *tFəƐƐəL*
et *tFəƐƐa*.

- La **conjugaison suffixale**:

1 - Le schème *t-FəƐƐəL*: *tkəlləm* parler à

Personne/Préfixe/Radical/Suffixe de personne

SG.	1	*t-*	*kəlləm*	*-t*	>	*tkəlləm-t*
	2	*t-*	*kəlləm*	*-ti*	>	*tkəlləm-ti*
	3 m.	*t-*	*kəlləm*	*Ø*	>	*tkəlləm Ø*
	3 f.	*t-*	*kəllm*	*-ət*	>	*tkəllm-ət*
PL.	1	*t-*	*kəlləm*	*-na*	>	*tkəlləm-na*
	2	*t-*	*kəlləm*	*-tu*	>	*tkəlləm-tu*
	3	*t-*	*kəllm*	*-u*	>	*tkəllm-u*

2 - Le shème *tFəƐƐa*: *tkənna* être surnommé

Personne/Préfixe/Radical/Suffixe de personne

SG.	1	*t-*	*kənnī*	*-t*	>	*tkənnī-t*
	2	*t-*	*kənnī*	*-ti*	>	*tkənnī-ti*
	3 m.	*t-*	*kənna*	*Ø*	>	*tkənna Ø*
	3 f.	*t-*	*kənnā*	*-t*	>	*tkənnā-t*
PL.	1	*t-*	*kənnī*	*-na*	>	*tkənnī-na*
	2	*t-*	*kənnī*	*-tu*	>	*tkənnī-tu*
	3	*t-*	*kənnā*	*-w*	>	*tkənnā-w*

- La **conjugaison préfixale**:

1 - Le schème *tFəƐƐəL*: *tkəlləm* parler à

Personne/Préfixe/Indice de/Préfixe/Radical
                 personne préfixe

SG.	1	*ka-*	*n-*	*t-*	*kəlləm*	>	*kantkəlləm*
	2 m.	*ka-*	*t-*	*t-*	*kəlləm*	>	*kattkəlləm*
	2 f.	*ka-*	*t-*	*t-*	*kəllmi*	>	*kattkəllmi*
	3 m.	*ka-*	*y-*	*t-*	*kəlləm*	>	*kaytkəlləm*
	3 f.	*ka-*	*t-*	*t-*	*kəlləm*	>	*kattkəlləm*
PL.	1	*ka-*	*n-*	*t-*	*kəllmu*	>	*kantkəllmu*
	2	*ka-*	*t-*	*t-*	*kəllmu*	>	*kattkəllmu*
	3	*ka-*	*y-*	*t-*	*kəllmu*	>	*kaytkəllmu*

2 - Le schème *tFəƐƐa*: *tkənna* être surnommé

Personne/Préfixe/Indice de/Préfixe/Radical
                 personne préfixe

SG.	1	*ka-*	*n-*	*t-*	*kənna*	>	*kantkənna*
	2 m.	*ka-*	*t-*	*t-*	*kənna*	>	*kattkənna*
	2 f.	*ka-*	*t-*	*t-*	*kənnāy*	>	*kattkənnāy*
	3 m.	*ka-*	*y-*	*t-*	*kənna*	>	*kaytkənna*
	3 f.	*ka-*	*t-*	*t-*	*kənna*	>	*kattkənna*
PL.	1	*ka-*	*n-*	*t-*	*kənnāw*	>	*kantkənnāw*
	2	*ka-*	*t-*	*t-*	*kənnāw*	>	*kattkənnāw*
	3	*ka-*	*y-*	*t-*	*kənnāw*	>	*kaytkənnāw*

- **L'impératif** n'existe que pour les verbes qui n'ont pas un sens passif: *tkəlləm* parler à, *tfəlla* se moquer de:

	classe 1	classe 2
SG. m.	*tkəlləm*	*tfəlla*
f.	*tkəllmi*	*tfəllāy*
PL.	*tkəllmu*	*tfəllāw*

- Les **participes** sont en général les mêmes que pour la **2ème forme**: *mFəϾϾəL/mFəϾϾi*: *mkənni*; on trouve parfois des participes passifs en *mə-tFəϾϾəL/i*: *mətkənni*.

5 - La 6ème forme: *t-FāϾəL*

Comme pour la 2ème et la 5ème formes, la 3ème et la 6ème formes ne diffèrent que par le préfixe *t-*; celui-ci peut donner les sens passif ou de réciprocité.

- La **conjugaison suffixale**:

1 - Le schème *tFāϾəL*: *tṣāləḥ* se réconcilier

Personne/	Préfixe/	Radical/	Suffixe de personne		
SG.	1	*t-*	*ṣāləḥ*	*-t*	> *tṣāləḥ-t*
	2	*t-*	*ṣāləḥ*	*-ti*	> *tṣāləḥ-ti*
	3 m.	*t-*	*ṣāləḥ*	Ø	> *tṣāləḥ* Ø
	3 f.	*t-*	*ṣālḥ*	*-ət*	> *tṣālḥ-ət*
PL.	1	*t-*	*ṣāləḥ*	*-na*	> *tṣāləḥ-na*
	2	*t-*	*ṣāləḥ*	*-tu*	> *tṣāləḥ-tu*
	3	*t-*	*ṣālḥ*	*-u*	> *tṣālḥ-u*

2 - Le schème *tFāϾa*: *tdāwa* être guéri

Personne/	Préfixe/	Radical/	Suffixe de personne		
SG.	1	*t-*	*dāwī*	*-t*	> *tdāwī-t*
	2	*t-*	*dāwī*	*-t*	> *tdāwī-ti*
	3 m.	*t-*	*dāwa*	Ø	> *tdāwa* Ø
	3 f.	*t-*	*dāwā*	*-t*	> *tdāwā-t*
PL.	1	*t-*	*dāwī*	*-na*	> *tdāwī-na*
	2	*t-*	*dāwī*	*-tu*	> *tdāwī-tu*
	3	*t-*	*dāwā*	*-w*	> *tdāwā-w*

- La **conjugaison préfixale**

1 - Le schème *tFāϾəL*: *tṣāləḥ*

Personne/	Préfixe/	Indice de personne	Préfixe préfixe	Radical	
SG.	1	*ka-*	*n-*	*t-*	*ṣāləḥ* > *kāntṣāləḥ*
	2 m.	*ka-*	*t-*	*t-*	*ṣāləḥ* > *kattṣāləḥ*
	2 f.	*ka-*	*t-*	*t-*	*ṣālḥi* > *kattṣālḥi*
	3 m.	*ka-*	*y-*	*t-*	*ṣāləḥ* > *kaytṣāləḥ*
	3 f.	*ka-*	*t-*	*t-*	*ṣāləḥ* > *kattṣāləḥ*
PL.	1	*ka-*	*n-*	*t-*	*ṣālḥu* > *kantṣālḥu*
	2	*ka-*	*t-*	*t-*	*ṣālḥu* > *kattṣālḥu*
	3	*ka-*	*y-*	*t-*	*ṣālḥu* > *kaytṣālḥu*

2 - Le schème *tFāƐa: tdāwa*

Personne/Préfixe/Indice de/Préfixe/Radical
personne préfixe

SG.	1	ka-	n-	t-	dāwa	>	kantdāwa
	2 m.	ka-	t-	t-	dāwa	>	kattdāwa
	2 f.	ka-	t-	t-	dāwāy	>	kattdāwāy
	3 m.	ka-	y-	t-	dāwa	>	kaytdāwa
	3 f.	ka-	t-	t-	dāwa	>	kattdāwa
PL.	1	ka-	n-	t-	dāwāw	>	kantdāwāw
	2	ka-	t-	t-	dāwāw	>	kattdāwāw
	3	ka-	y-	t-	dāwāw	>	kaytdāwāw

- **impératif**:

		classe 1	classe 2
SG.	m.	tşāləḥ	tdāwa
	f.	tşālhi	tdāwāy
PL.		tşālhu	tdāwāw

- Les **participes** sont les mêmes que pour la **3ème forme**: *mFāƐəL*
et *mFāƐi*: *mşāləḥ*; on trouve aussi pour le participe passif une forme
mə-tFəƐƐəL/i: *mətşāləḥ*.

6 - La 7ème forme: *nFāƐəL*

Il n'y a pas de 7ème forme dans notre dialecte, comme il en
existe chez les Jbala (Nord-Ouest du pays). On en trouve cependant
dans un niveau de langue qui emprunte à l'arabe classique en "maroca-
nisant" ces formes: *intaxaba* deviendra *ntāxəb*. Et il y a quelques
traces de passifs préverbés en *n-* (voir *nətkəl* être mangé, voir p.43).

7 - La 8ème forme: *FtaƐL*

Il n'existe pas de verbe correspondant à ce schème en arabe
marocain (*iFtaƐaLa* en arabe classique). On trouve mes verbes *ŗtāḥ* "se
reposer" et *ḥtāǯ* "avoir besoin de", correspondant à des formes nominales *ŗāḥa* et *ḥāǯa*, ce qui indique que le *t* contenu dans le verbe ne
fait pas partie de la racine. En fait, ces verbes fonctionnent comme
les autres verbes en *FƐāL* (11ème forme).

8 - La 9ème forme: *FƐaLL*

Il n'existe aucun verbe ayant un schème semblable en arabe marocain; il s'agit du schème *iFƐaLLa* de l'arabe classique. Se référant à
leur valeur inchoative et non à leur forme, certains linguistes
(P.Marçais, R.S.Harrell, en particulier) classent sous cette catégorie les verbes ayant le schème *FƐāL*. Les verbes en *FƐāL* sont traités
comme une 11ème forme.

9 - La 10ème forme: *stəFƐəL*

Il s'agit du schème *istaFƐaLa* de l'arabe classique; cette forme
est ressentie comme très classique; l'exemple sera *staɛdər* "s'excu-
ser". Ce type de vocabulaire est très courant dans un niveau de langue

qui emprunte beaucoup à l'arabe classique, mais pas dans la langue de tous les jours. A noter que ces verbes, lorsqu'ils sont empruntés sont marocanisés dans leurs schèmes (suppression de l'initiale vocalique, suppression ou réduction des voyelles brèves à ə et u...).

- la **conjugaison suffixale**:

	Personne	Radical	Suffixe de personne
SG.	1	stæedər-t	
	2	stæedər-ti	
	3 m.	stæedər Ø	
	3 f.	stæedr-ət	
PL.	1	stæedər-na	
	2	stæedər-tu	
	3	stæedr-u	

- la **conjugaison préfixale**:

	Personne	Préfixe/Indice de personne	/Radical	
SG.	1	ka- n-	stæedər	> kanstæedər
	2 m.	ka- t-	stæedər	> katstæedər
	2 f.	ka- t-	stæedri	> katstæedri
	3 m.	ka- y-	stæedər	> kaystæedər
	3 f.	ka- t-	stæedər	> katstæedər
PL.	1	ka- n-	stæedru	> kanstæedru
	2	ka- t-	stæedru	> katstæedru
	3	ka- y-	stæedru	> kaystæedru

- **L'impératif** est la seule autre forme connue:

SG.	m.	stæedər
	f.	stæedri
PL.		stæedru

- Les **participes** actif et passif sont de la forme məstəfϵəL: məstaædər.

10 - La 11ème forme FϵāL

Il y a de nombreux verbes dans cette classe; ce sont à l'origine des "verbes de qualité", mais la plupart ont maintenant un sens inchoatif. Ils sont associés à tous les adjectifs de couleur et de qualité.

ḥmar > ḥmāṛ rougir, ṣfəṛ > ṣfāṛ jaunir, xḍər > xḍāṛ verdir, ḍϵīf > ḍϵāf maigrir, məzyān > zyān s'améliorer...

- La **conjugaison suffixale** se caractérise par l'allongement de la voyelle précédant le suffixe de personne: ḥmāṛ rougir:

	Personne	Radical	Suffixe de personne
SG.	1	ḥmāṛē-t (1)	
	2	ḥmāṛē-ti	
	3 m.	ḥmāṛ Ø	
	3 f.	ḥmāṛā-t	

PL. 1   ḥmār̄ē-na
    2   ḥmār̄ē-tu
    3   ḥmār̄-o (1)

- La **conjugaison préfixale**:

Personne	Préfixe/Indice de personne	/Radical		
SG. 1	ka-	n-	ḥmār̄	> kanḥmār̄
2 m.	ka-	t-	ḥmār̄	> katḥmār̄
SG. 2 f.	ka-	t-	ḥmār̄e	> katḥmār̄e
3 m.	ka-	y-	ḥmār̄	> kayḥmār̄
3 f.	ka-	t-	ḥmār̄	> katḥmār̄
PL. 1	ka-	n-	ḥmār̄o	> kanḥmār̄o
2	ka-	t-	ḥmār̄o	> katḥmār̄o
3	ka-	y-	ḥmār̄o	> kayḥmār̄o

- Peu de verbes ont un **impératif**: on citera (ḍc̄āf "devenir maigre", ĝlāḍ "devenir gros", r̄tāḥ (2) "se reposer", smān "devenir gras",
xfāf "devenir léger", xtār̄ (3) "choisir"; il est construit sur la
conjugaison préfixale. L'exemple sera le verbe xfāf "devenir léger",
qui prend ici le sens figuré de "bouge-toi":
SG. m.   xfāf
    f.   xfāfi
PL.   xfāfu

- Pour ce qui est du **participe actif**, son schème théorique, ainsi
que celui du **participe passif** est məFC̄āL; très peu de verbes possèdent
cette forme; on citera: dbāl se faner, ḍlām s'obscurcir, ktāb être
écrit, r̄tāḥ se reposer:

SG. m.   mər̄tāḥ reposé
    f.   mər̄tāḥa
PL.   mər̄tāḥīn

- Il semble qu'il n'y ait qu'un seul verbe qui ait une **forme
passive**: ttəxtār̄ être choisi

- **conjugaison suffixale**:

Personne	Préfixe	Radical	Suffixe de personne		
SG. 1	ttə-	xtār̄ē	-t	>	ttəxtār̄ēt
2	ttə-	xtār̄ē	-ti	>	ttəxtār̄ēti
3 m.	ttə-	xtār̄	∅	>	ttəxtār̄
3 f.	ttə-	xtār̄ā	-t	>	ttəxtār̄āt

---

(1) Les voyelles /ī/ et /u/ ont un timbre [ē] et [u] du fait du
contact avec l'emphatique r̄.
(2) Le verbe r̄tāḥ est souvent considéré comme appartenant à la 8ème
forme, qui infixe un t entre la 1ère et la 2ème radicale; étant donné
son schème il est classé dans la 11ème forme.
(3) Le fait que xtār̄ ait également une forme xtər̄ explique peut-être
son comportement à part: il a un impératif (xtār̄ "choisis"), un participe passif məxtār̄, et une forme passive ttəxtār̄ "être choisi".

PL.	1	ttə-	xtāɾē	-na	>	ttəxtāɾēna
	2	ttə-	xtāɾē	-tu	>	ttəxtāɾētu
	3	ttə-	xtāɾ	-u	>	ttəxtāɾu

- **conjugaison préfixale:**

Personne/Préfixe/Indice de/Préfixe/Radical							
			personne	passif			
SG.	1	ka-	n-	ttə-	xtāɾ	>	kanttəxtāɾ
	2 m.	ka-	t-	ttə-	xtāɾ	>	katttəxtāɾ
	2 f.	ka-	t-	ttə-	xtāɾi	>	katttəxtāɾi
	3 m.	ka-	y-	ttə-	xtāɾ	>	kayttəxtāɾ
	3 f.	ka-	t-	ttə-	xtāɾ	>	katttəxtāɾ
PL.	1	ka-	n-	ttə-	xtāɾu	>	kanttəxtāɾu
	2	ka-	t-	ttə-	xtāɾu	>	katttəxtāɾu
	3	ka-	y-	ttə-	xtāɾu	>	kayttəxtāɾu

2 - LES VERBES QUADRILITERES

Du point de vue morphologique, ces verbes sont formés sur deux types de schèmes: quatre radicales différentes ("saines": FəƐLəC ou semi-vocaliques: FəƐLa) ou deux radicales redoublées (FəƐFəƐ). Les verbes quadrilitères sont beaucoup moins nombreux que les tilitères simples ou dérivés.

1 - Le schème FəƐLəC

Ce schème est formé de quatre radicales différentes. David Cohen fait remarquer que le quatrième élément a souvent été rajouté à une base trilitère; ce procédé d'étoffement des racines (bilitères augmentés d'une troisième consonne et trilitères étoffés par une quatrième radicale) est courant dans les langues sémitiques. On citera: xərbəš froisser bruyamment, bəžɠəṭ babiller, ḥarnəṭ braire, zəɠrət faire des youyous, kərfəṣ maltraiter, bəhdəl humilier, gəsməṭ manger du pain grillé (gəsmāṭ), gərməš manger du cartilage (gərmīša), sərfəq gifler, hərməš couper en petits morceaux, ḥaṛbəl rouler entre les paumes pour former un boudin.

Dans cette liste, on remarque que le quatrième élément (celui qui vient étoffer la racine) est t/ṭ, š, ṣ, 1, ce qui est courant en sémitique. De plus, d'un point de vue sémantique, ces verbes sont souvent de type onomatopéique, ou désigne une action très précise. L'exemple choisi est zəɠrət faire des youyous:
    - la **conjugaison suffixale** connaît une permutation de voyelle à la 3ème personne du féminin et du pluriel, lors de l'adjonction d'un suffixe vocalique.

	Personne	Radical Suffixe de personne
SG.	1	zəɠrət-t
	2	zəɠrət-ti
	3 m.	zəɠrət Ø
	3 f.	zɠərt-ət
PL.	1	zəɠrət-na
	2	zəɠrət-tu
	3	zɠərt-u

- Conjugaison préfixale:

Personne		Préfixe/	Indice de personne	/Radical		
SG.	1	*ka-*	*n-*	*zə ̆ğrət*	>	*kanzə ̆ğrət*
	2 m.	*ka-*	*t-*	*zə ̆ğrət*	>	*katzə ̆ğrət*
	2 f.	*ka-*	*t-*	*zğərti*	>	*katzğərti*
	3 m.	*ka-*	*y-*	*zə ̆ğrət*	>	*kayzə ̆ğrət*
	3 f.	*ka-*	*t-*	*zə ̆ğrət*	>	*katzə ̆ğrət*
PL.	1	*ka-*	*n-*	*zğərtu*	>	*kanzğərtu*
	2	*ka-*	*t-*	*zğərtu*	>	*katzğərtu*
	3	*ka-*	*y-*	*zğərtu*	>	*kayzğərtu*

- **l'impératif** est formé sur la conjugaison préfixale:

SG.	m.	*zə ̆ğrət*
	f.	*zğərti*
PL.		*zğərtu*

- Comme pour tous les verbes quadrilitères, le **participe actif** et le **participe passif** (quand il existe) se forment sur le même schème: *mFəƐLəC*: le verbe choisi est *kərfəş* maltraiter:

		participe actif	participe passif
SG.	m.	*mkərfəş*	*mkərfəş*
	f.	*mkərfşa*	*mkərfşa*
PL.		*mkərfşīn*	*mkərfşīn*

- la **forme passive**, quand elle existe, est construite sur le schème *t-FəƐLəC*, et se conjugue comme la forme active:

. **conjugaison suffixale:**

Personne		Préfixe/	Radical/	Suffixe de personne		
SG.	1	*t-*	*kərfəş*	*-t*	>	*tkərfəşt*
	2	*t-*	*kərfəş*	*-ti*	>	*tkərfəşti*
	3 m.	*t-*	*kərfəş*	*Ø*	>	*tkərfəş*
	3 f.	*t-*	*kərfş*	*-ət*	>	*tkərfşət*
PL.	1	*t-*	*kərfəş*	*-na*	>	*tkərfəşna*
	2	*t-*	*kərfəş*	*-tu*	>	*tkərfəştu*
	3	*t-*	*kərfş*	*-u*	>	*tkərfşu*

. **conjugaison préfixale:**

Personne/		Préfixe/	Indice de personne	Préfixe passif	/Radical		
SG.	1	*ka-*	*n-*	*t-*	*kərfəş*	>	*kantkərfəş*
	2 m.	*ka-*	*t-*	*t-*	*kərfəş*	>	*kattkərfəş*
	2 f.	*ka-*	*t-*	*t-*	*kərfşi*	>	*kattkərfşi*
	3 m.	*ka-*	*y-*	*t-*	*kərfəş*	>	*kaytkərfəş*
	3 f.	*ka-*	*t-*	*t-*	*kərfəş*	>	*kattkərfəş*
PL.	1	*ka-*	*n-*	*t-*	*kərfşu*	>	*kantkərfşu*
	2	*ka-*	*t-*	*t-*	*kərfşu*	>	*kattkərfşu*
	3	*ka-*	*y-*	*t-*	*kərfşu*	>	*kaytkərfşu*

2 - Le schème FǝƐLa

Ce schème comporte trois consonnes et une voyelle longue (une semi-consonne dans la racine); mais, il faut noter que la plupart sont des emprunts; on citera:
ṣǝqṣa demander, *nirva* énerver, *sǝrba* faire vite.

- la **conjugaison suffixale** est marquée par l'allongement de la voyelle finale lors de l'adjonction d'un suffixe:

	Personne	Radical	Suffixe de personne
SG.	1	*nirvī-t*	
	2	*nirvī-ti*	
	3 m.	*nirva Ø*	
	3 f.	*nirvā-t*	
PL.	1	*nirvī-na*	
	2	*nirvī-tu*	
	3	*nirvā-w*	

- la **conjugaison préfixale**:

	Personne	Préfixe/Indice de /Radical			
			personne		
SG.	1	*ka-*	*n-*	*nirvi* >	*kannirvi*
	2 m.	*ka-*	*t-*	*nirvi* >	*katnirvi*
	2 f.	*ka-*	*t-*	*nirvi* >	*katnirvi* (1)
	3 m.	*ka-*	*y-*	*nirvi* >	*kaynirvi*
	3 f.	*ka-*	*t-*	*nirvi* >	*katnirvi*
PL.	1	*ka-*	*n-*	*nirvīw* >	*kannirvīw*
	2	*ka-*	*t-*	*nirvīw* >	*katnirvīw*
	3	*ka-*	*y-*	*nirvīw* >	*kaynirvīw*

- l'**impératif** est formé sur la conjugaison préfixale:

SG. m.	*nirvi*
f.	*nirvi* (1)
PL.	*nirvīw*

- le **participe actif** et le **participe passif** (s'il existe) sont de la même forme *mFǝƐLi*:

	participe actif		participe passif	
	nirva	*ṣǝqṣa*	*nirva*	*ṣǝqṣa*
SG. m.	*mnirvi*	*mṣǝqṣe*	*mnirvi*	Ø
f.	*mnirvya*	*mṣǝqṣēya*	*mnirvya*	Ø
PL.	*mnirvyīn*	*mṣǝqṣeyīn*	*mnirvyīn*	Ø

- la **forme passive** est formée sur le schème *t-FǝƐLa*: exemple *tnirva* "s'énerver" (dont le sens marque plutôt la voix moyenne que passive):

---

(1) Le radical se terminant par un -*i*, on ne rajoute pas le suffixe de féminin en -*i*; le masculin et le féminin se trouvent confondus.

. **conjugaison suffixale:**

Personne/Préfixe/Radical/Suffixe de personne

SG.	1		t-	nirvī	-t	>	tnirvīt
	2		t-	nirvī	-ti	>	tnirvīti
	3 m.		t-	nirva	Ø	>	tnirva
	3 f.		t-	nirvā	-t	>	tnirvāt
PL.	1		t-	nirvī	-na	>	tnirvīna
	2		t-	nirvī	-tu	>	tnirvītu
	3		t-	nirvā	-w	>	tnirvāw

. **conjugaison préfixale:**

Personne/Préfixe/Indice de/Préfixe/Radical
                  personne préfixe

SG.	1	ka-	n-	t-	nirva	> kantnirva
	2 m.	ka-	t-	t-	nirva	> kattnirva
	2 f.	ka-	t-	t-	nirvāy	> kattnirvāy
	3 m.	ka-	y-	t-	nirva	> kaytnirva
	3 f.	ka-	t-	t-	nirva	> kattnirva
PL.	1	ka-	n-	t-	nirvāw	> kantnirvāw
	2	ka-	t-	t-	nirvāw	> kattnirvāw
	3	ka-	y-	t-	nirvāw	> kaytnirvāw

3 - Le schème FəЄFəЄ

Ce schème est composé de quatre consonnes, mais il consiste en fait en un redoublement d'un schème bilitère, ce qui est un procédé iconique répandu en sémitique; en effet, ces verbes sont généralement des onomatopées; on citera:
kərkər hoqueter de rire, ḳərḳər ranger en tas, də ĝdəĝ laisser des marques (peau, fruits), bəḻbəḻ marmonner, ƶaЄƶaЄ crier, zaЄzaЄ ébranler/faire trembler.

Les conjugaisons sont semblables aux premiers schème: dəĝdəĝ "laisser des marques":

- la **conjugaison suffixale:**

	Personne	Radical	Suffixe de personne
SG.	1	dəĝdəĝ-t	
	2	dəĝdəĝ-ti	
	3 m.	dəĝdəĝ Ø	
	3 f.	dəĝdĝ-āt/dəĝdĝ-ət (1)	
PL.	1	dəĝdəĝ-na	
	2	dəĝdəĝ-tu	
	3	dəĝdĝ-u (1)	

- la **conjugaison préfixale:**

---

(1) Avec ce schème, seule cette permutaion est possible; en effet, elle permet de conserver clairement le redoublement que la forme *dĝədĝ-ət altèrerait.

```
       Personne    Préfixe/Indice de /Radical
                         personne
SG.  1              ka-  n-     dəĝdəĝ   >  kandəĝdəĝ
     2 m.           ka-  t-     dəĝdəĝ   >  katdəĝdəĝ
     2 f.           ka-  t-     dəĝdĝi   >  katdəĝdĝi
  .  3 m.           ka-  y-     dəĝdəĝ   >  kaydəĝdəĝ
     3 f.           ka-  t-     dəĝdəĝ   >  katdəĝdəĝ
PL.  1              ka-  n-     dəĝdĝu   >  kandəĝdĝu
     2              ka-  t-     dəĝdĝu   >  katdəĝdĝu
     3              ka-  y-     dəĝdĝu   >  kaydəĝdĝu
```

        - l'**impératif**:

```
SG.  m.   dəĝdəĝ
     f.   dəĝdĝi
PL.       dəĝdĝu
```

   - les **participes**, sont tous les deux de la forme mFəƐFəƐ:

```
            participe actif          participe passif
SG.  m.     mdəĝdəĝ                   mdəĝdəĝ
     f.     mdəĝdĝa                   mdəĝdĝa
PL.         mdəĝdĝīn                  mdəĝdĝīn
```

   - quant à la **forme passive**, lorsqu'elle existe, elle est construite sur le schème t-FəƐFəƐ: tdəĝdəĝ être touché (1).

   . **conjugaison suffixale**:

```
       Personne/Préfixe/Radical/Suffixe de personne
SG.  1        t-   dəĝdəĝ   -t    >   tdəĝdəĝt (1)
     2        t-   dəĝdəĝ   -ti   >   tdəĝdəĝti
     3 m.     t-   dəĝdəĝ   Ø     >   tdəĝdəĝ
     3 f.     t-   dəĝdĝ    -ət   >   tdəĝdĝət
PL.  1        t-   dəĝdəĝ   -na   >   tdəĝdəĝna
     2        t-   dəĝdəĝ   -tu   >   tdəĝdəĝtu
     3        t-   dəĝdĝ    -u    >   tdəĝdĝu
```

   . **conjugaison préfixale**:

```
       Personne/Préfixe/Indice de/Préfixe/Radical
                      personne  passif
SG.  1       ka-   n-     t-   dəĝdəĝ  >  kantdəĝdəĝ
     2 m.    ka-   t-     t-   dəĝdəĝ  >  kattdəĝdəĝ (1)
     2 f.    ka-   t-     t-   dəĝdĝi  >  kattdəĝdĝi
     3 m.    ka-   y-     t-   dəĝdəĝ  >  kaytdəĝdəĝ
     3 f.    ka-   t-     t-   dəĝdəĝ  >  kattdəĝdəĝ
PL.  1       ka-   n-     t-   dəĝdĝu  >  kantdəĝdĝu
     2       ka-   t-     t-   dəĝdĝu  >  kattdəĝdĝu
     3       ka-   y-     t-   dəĝdĝu  >  kaytdəĝdĝu
```

---

(1) Les groupe (t)td est généralement prononcé comme un d géminé:
[dd].

II - LES NOMINAUX

Sous ce terme on regroupera deux catégories de mots: les substantifs et les adjectifs (1). Au delà des différences lexicales, ils ont des comportements différents vis à vis de catégories comme le genre et le nombre. Les noms verbaux, ou masdar, ont aussi un statut à part pour ce qui est du nombre.

En effet, alors que chaque substantif est affecté d'un genre (masculin ou féminin), l'adjectif n'a pas de genre intrinsèque; son genre lui est imposé par accord avec un substantif.

Les adjectifs possèdent donc chacun trois formes (masculin, féminin, pluriel), qui leur permettent de s'accorder, tandis que les substantifs ont un genre qui leur est propre; la plupart des substantifs féminins ont une marque externe: le suffixe -*a(t)* (2) (3); mais il existe des substantifs, que l'on pourrait qualifier de sémantiquement (4) féminins, qui ne possèdent aucune marque extérieure de leur genre (voir le genre, page suivante).

L'appartenance des substantifs à un genre apparaît, par exemple, lors de l'accord d'un adjectif, ou d'une reprise par un pronom anaphorique.

Quant au nombre, on distingue d'abord le singulier et le pluriel, auxquels il faut ajouter la notion de collectif (forme de singulier désignant un ensemble d'individus considérés comme un tout), et le duel. Le duel est cependant cantonné dans des emplois figés réservés à des champs sémantiques particuliers tels que les unités de temps (heure, jour, mois, année...), les noms de nombre (20, 200, 2000...) ou des parties doubles du corps (yeux, mains, pieds...).

Par ailleurs, l'absence de marques casuelles est un trait commun à tous les dialectes arabes, qui les différencie de l'arabe classique.

---

(1) Cette distinction et ses implications ont été expliquées par David Cohen au cours d'une séance de son séminaire 85-86 à l'EPHE.
(2) Le suffixe -*a(t)* peut servir à marquer la forme féminine des adjectifs, le nom d'unité dérivé d'un collectif, ou certains pluriels (voir pp.61-66).
(3) Le *(t)* n'apparaît que lors de l'adjonction d'un suffixe commençant par une voyelle, ou de la liaison avec le mot qui suit (lorsqu'il commence par une voyelle).
(4) En sémitique, à côté de *bant*, "fille", on trouve l'aire sémantique des parties doubles du corps ou des objets tranchants, traditionnellement féminins en arabe: *sakkīn*, *mūs* "couteau" ont les deux genres en arabe marocain (voir **Feghali et Cuny 24**).

1 - LE GENRE

Chaque substantif a un genre qui lui est propre. Quant aux adjectifs, au singulier, ils ont tous deux formes (l'une masculine et l'autre féminine), qui leur permettent de s'accorder avec les substantifs.

A - LES SUBSTANTIFS

Le suffixe -a(t) est très généralement associé aux substantifs féminins, mais,
- d'une part, tous les substantifs féminins ne portent pas la marque -a(t), et il existe quelques substantifs masculins qui ont une terminaison -a,
- d'autre part, le suffixe -a(t) a d'autres fonctions que celle de marquer le féminin; on le trouve dans la formation des noms d'unité des collectifs, de masdar, de noms d'acte unique, et de certains pluriels masculins.

Après un rappel des cas particuliers, on abordera l'étude des emplois du suffixe -a(t), en essayant de dégager un invariant derrière la diversité de ses fonctions.

a - Les cas particuliers

1 - Les féminins sans marque:

On peut les regrouper selon des critères sémantiques, qui se retrouvent dans les langues sémitiques (voir **Feghali et Cuny 24**):

. les parties doubles (ou non) du corps:
ržəl pied, jambe, *wdən* oreille, *yidd* main, bras, *ɛīn* oeil, source, *kərš* ventre, *dāt* corps, *sənn* dent, *qəlb* coeur, *rūḥ* âme.

. les objets tranchants, qui ont les deux genres en arabe marocain: *mūs* couteau, *səkkīn* couteau.

. certains lieux familiers:
dāṛ maison, *bāb* porte, *ṭṛēq* route, voie.

. un emprunt qui est féminin dans la langue source:
ṭōmōbīl voiture.

. des êtres de sexe féminin (dont le *t* final est sans doute une marque de féminin au départ):
bənt fille, *xət* soeur.

. des mots isolés: (le soleil est féminin en arabe, c'est aussi un prénom féminin)
šəms soleil, *smən* beurre conservé, *xātəm* bague, *xādəm* servante, *zīt* huile.

2 - Les masculins se terminant en -a:

Un certain nombre de substantifs et la grande majorité des masdar en *CCa* sont de genre masculin, mais on ne peut pas considérer cette terminaison comme un suffixe; il s'agit en fait d'un 3ème radicale semi-vocalique, qui est réalisée comme une voyelle en position finale: *dwa* médicament, *ma* eau, *ĝla* cherté, *fna* extermination, *šwa* viande cuite à la vapeur, *zna* adultère.

b - Le suffixe -*a(t)*

1 - Les emplois du suffixe -*a(t)* en arabe marocain

Particularité morphologique: lors de l'adjonction d'un suffixe à initiale vocalique ou de la liaison avec le mot suivant, le -*t* du suffixe réapparaît; ce phénomène entraîne souvent la permutation ou la disparition des voyelles brèves:

mot isolé		liaison	
bəgṛ-a	vache	*bgəṛ-t-i*	ma vache
qāmīž-a	chemise	*qāmīž-t-u*	sa chemise
rīḥ-a	odeur	*rīḥ-t-əl-qahwa*	une odeur de café
līl-a	nuit	*līl-t-əl-ḥafla*	la nuit de la fête
mūl-a	maîtresse	*mūlā-t-əd-dāṛ*	la maîtresse de maison

a - Le féminin, ou les femelles par opposition aux mâles

Le suffixe -*a(t)* sert à opposer les femelles aux mâles pour certains animaux (1), ou les femmes aux hommes pour les noms de métier ou les titres:

masculin		féminin	
bĝəl	mule	*bəĝla*	mule femelle
ɛwəd	cheval	*ɛawda*	jument
kəlb	chien	*kəlba*	chienne
ḥmāṛ	âne	*ḥmāṛa*	ânesse
xrūf	mouton	*xrūfa*	brebis

les noms de métier ou les titres:

mūdīr	directeur	*mūdīra*	directrice
muɛallim	instituteur	*muɛallima*	institutrice
xiyyāṭ	couturier	*xiyyāṭa*	couturière

Le suffixe sert aussi à marquer la forme féminine des adjectifs et des participes:

masculin		féminin	
zṛəq	bleu	*zəṛqa*	bleue
ɛāṛəf	sachant	*ɛāṛfa*	sachant (au fém.)

b - Formation du nom d'unité pour les collectifs

Le suffixe -*a(t)* permet la formation d'un nom d'unité, à partir

(1) Pour les autres animaux, la femelle et le mâle sont désignés par de mots de racines différentes: *bəgṛa* vache/*tōṛ* taureau, *džāža* poule/*dīk* coq.

d'un nom collectif:

collectif		nom d'unité	
nməl	fourmis	*nəmla*	une fourmi
təffāḥ	pommes	*təffāḥa*	une pomme
lūz	amandes	*lūza*	une amande
bēḍ	oeufs	*bēḍa*	un oeuf

c – Discrétisation de certains continus-quantifiables

N'étant pas subdivisables en éléments, les substantifs continus
(1) ne permettent que le prélèvement d'un certaine quantité; la marque
de cette opération est un article *əl* en arabe marocain.

Par le biais de l'adjonction d'un suffixe *-a(t)*, combiné à un
schème de diminutif, on peut faire subir à ce continu une opération de
discrétisation, c'est-à-dire de passage à la catégorie du discontinu.
Le substantif ainsi formé se construit avec un article *Ø*, marque de
l'extraction d'un élément.

continu :   *kūl əl-ɛsəl !*
             <mange-le miel>
             Mange du miel !

discontinu : *kūl ɛsīla !*
             <mange-dim.miel>
             Mange un peu de/ du miel !

Les substantifs continus forment tous leur diminutif suffixé en
-a(t) (voir p.132). Ce type énoncé est très employé par les femmes ou
les enfants plus grands lorsqu'ils s'adressent aux petits enfants (sur
le langage bébé, voir **Caubet 85**).

d – Formation de noms abstraits: les masdar

Il existe des schèmes de masdar qui se combinent avec la présence
d'un suffixe *-a(t)*:

verbe		masdar	
qnəṭ	s'ennuyer	*qənṭa*	ennui
kəḥḥ	tousser	*koḥḥa*	toux
ǧāṛ	jalouser	*ǧēṛa*	jalousie
zɛām	être courageux	*zɛāma*	courage
zāṛ	visiter	*zyāṛa*	fait de visiter,
dbəḥ	égorger	*dbīḥa*	fait d'égorger

e – Opposition nom d'action, acte unique

Parmi les masdar, il est parfois possible d'opposer le nom abstrait général à un nom désigant une action unique, une occurrence de
procès; dans ce cas, le verbe a deux masdar; l'acte unique s'oppose au
nom d'action par l'adjonction d'un suffixe *-a(t)*:

---

(1) Pour une définition des catégories du continu et du discontinu
voir pp.65-66.

nom d'action	acte unique
ḥolm fait de rêver	ḥəlma un rêve
ḍəṛb fait de frapper	ḍəṛba un coup
zhəq fait de glisser	zəhqa une glissade
təḥmīm fait de se baigner	təḥmīma un bain
təfwāh fait de bailler	təfwīha un baillement

Ce nom d'acte unique est très employé en tant qu'objet interne:

ncast nəcsa ṭwēla !
⟨j'ai dormi-un sommeil-longue⟩
J'ai bien dormi (longtemps) !

msəṭt məsṭa məzyāna !
⟨j'ai brossé-un brossage-bonne⟩
Je me suis bien brossé les cheveux !

f - Pluriels de certains masculins

Le suffixe *-a(t)*, seul ou combiné à certains schèmes, permet de former le pluriel de certains substantifs masculins; il s'agit toujours de noms désignant des **professions** ou des **appartenances géographiques**, dont le pluriel désigne des **groupes humains**:

. les **noms de métier**:

singulier	pluriel
ṛāžəl homme	ṛəžžāla hommes (opp.à femmes)
fəllāḥ paysan	fəllāḥa paysans
ḍəbbāġ teinturier	ḍəbbāġa teinturiers
nəžžāṛ menuisier	nəžžāṛa menuisiers
zläyži carreleur	zläyžīya carreleurs

. les **ethnonymes**:

rīfi Rifain (Nord-Est) > *ryāfa*
sūsi habitant du Sous (Sud-Ouest) > *swāsa*
žəbli habitant du Nord-Ouest (litt.montagnard) > *žbāla*
bīḍāwi Casablancais > *bīḍāwa*
maġṛēbi Marocain > *mġāṛba*
tunsi Tunisien > *twānsa*

Ces pluriels peuvent avoir une connotation préjorative:

fāsi Fassi, *fāsīyīn* Fassis, *ffʷāsa* pluriel péjoratif.

2 - L'historique de ce marqueur

David Cohen (1) a retracé l'origine de ce morphème (qu'il note *-(a)t*), pour l'ensemble des langues chamito-sémitiques. Il pose l'hypothèse qu'il s'agissait au départ d'un article de type **déictique**. En tant que morphème, il n'a été amené à marquer la féminité que très

---

(1) Lors de son séminaire de sémitique comparé à l'EPHE, 87-88, notes personnelles.

tardivement; en effet, dans les langues chamito-sémitiques, la plus ancienne fonction attestée est double, et apparamment contradictoire ce suffixe est à la fois:
- une marque de **collectif** pour les groupes humains,
- un **singulatif**, qui permet de dériver un nom d'unité à partir d'un ensemble d'objets ou d'animaux non individuables, pour les inanimés (ou assimilés).
On le retrouve également pour former des **noms abstraits**, pour **nominaliser** des adjectifs, et dans des emplois **métaphoriques**.
Etant donné la pauvreté des langues sémitiques en suffixes (car il s'agit d'un procédé de dérivation secondaire, le premier étant la dérivation en schèmes, il est devenu un suffixe servant à l'équilibration formelle (en permettant de marquer des oppositions), et à la dérivation déverbative.

David Cohen lui attribue un rôle d'**actualiseur**, de **spécifieur**; en tant qu'ancien élément relevant de la deixis, il est porteur de détermination, et permet de former:
à partir d'un collectif, un nom d'unité,
à partir d'un nom de masse, un élément,
à partir d'un groupe d'individus, un pluriel,
la constitution d'une classe marquée, marquant l'opposition masculin:féminin.

On retrouve les mêmes emplois en arabe marocain aujourd'hui.

3 - Peut-on dégager un invariant derrière tous ces emplois?

David Cohen regroupe ces différentes fonctions sous une valeur de **détermination, spécification**; on remarque également à son rôle de **discrétisation**.
A quelle opération de détermination correspond ce marqueur? Peut-on dégager une opération qui leur serait commune ?

a - la discrétisation

On peut regrouper les phénomènes qui relèvent clairement d'une opération de discrétisation, c'est-à-dire de passage de la catégorie du continu (ou dense) à celle du discontinu (ou discret):
1 - La constitution du **nom d'unité** à partir d'un collectif,
2 - Le passage à la catégorie du discontinu, en association avec un schème **diminutif** pour le prélèvement d'une petite quantité,
3 - L'opposition entre le nom abstrait et l'**acte unique** (qui relève de la catégorie du discontinu), pour les masdar.

Alors que, pour les substantifs appartenant à la catégorie du continu ou pour les collectifs, l'on appréhendait la notion directement, comme un tout, la **recatégorisation** (ici, passage à la catégorie du discret) s'opère grâce à l'adjonction du suffixe $-a(t)$; il permet la **construction de la classe d'occurrences** associée au domaine notionnel, et donc d'envisager les éléments de la classe individuellement.

Une fois la classe d'occurrences construite, on peut faire porter sur ses éléments différentes opérations de détermination:

- extraction d'un élément pour le discontinu,
- prélèvement d'une petite quantité sans passer par des classifi-
cateurs, pour le continu.

Les autres emplois du suffixe -a(t) relèvent plutôt d'une opération de parcours sur du continu, de recatégorisation vers le continu.

b - Lissage, passage au continu

Il s'agit cette fois aussi de passage d'une catégorie à l'autre,
mais de l'opération inverse: passage du discontinu au continu.

L'opération qui consiste à appréhender un **groupe d'individus
humains** comme un tout, va permettre, grâce à un **lissage**, de passer de
la catégorie du discret à celle du continu.

Le lissage permet de gommer toutes les différences, d'identifier
tous les individus les uns aux autres, et de les considérer comme un
ensemble continu que l'on envisage comme un bloc.

Dans l'histoire des langues sémitiques, David Cohen fait remarquer que le suffixe -a(t) servait à la construction d'un nom collectif
(groupe d'individus); aujourd'hui, dans les dialectes arabes, il
s'agit de la formation d'un **pluriel** associé à des **groupes humains**
(ethnonymes, noms de métier...), qui sont considérés comme **toute la
classe**.

De même, pour les **noms abstraits**, il s'agit de constituer la
classe associée à la notion prédicative, et de la définir par ses
propriétés, c'est-à-dire, de façon qualitative, sans avoir recours à
une cardinalité.
Enfin, il reste l'opposition entre le féminin et le masculin.

c - L'opposition masculin-féminin

L'adjonction d'un suffixe permet, soit pour les noms de femelles
ou les substantifs féminins, soit pour les accords au féminin des
adjectifs et des participes (voir paragraphe suivant), d'opposer une
classe marquée (strictement féminin), à une classe non marquée (comprenant masculin, féminin et neutre).

En résumé, le trait commun à toutes ces valeurs peut être défini
comme la **construction de la classe**, entrainant des **recatégorisations**:
- passage à la catégorie du discontinu pour les continus et les
collectifs,
- lissage, et considération en bloc pour les continus humains ou
pour les noms abstraits,
- constitution d'une classe marquée pour le féminin.

B - LES CATEGORIES DU DISCONTINU ET DU CONTINU

Ce sont des phénomènes morphologiques qui amènent à introduire
des catégories pour permettre un classement des nominaux; il s'agit
des catégories du **discontinu** et du **continu**.

a - La catégorie du discontinu

Le discontinu recouvre des éléments individuables, dénombrables, que l'on peut manipuler en les regroupant, en les parcourant, en en extrayant un seul... On le désigne également sous le terme de **discret**.

Les nominaux qui fonctionnent selon cette catégorie ont tous une forme de singulier et une forme de pluriel; certains, qui appartiennent généralement à l'aire sémantique des unités de mesure ou de temps, ont aussi une forme de duel, mais ils sont très peu nombreux en arabe marocain.

b - La catégorie du continu

- Le continu est une catégorie plus complexe que le discontinu, en ce sens qu'elle peut recouvrir deux réalités assez différentes:
. d'une part, le **continu quantifiable**, qui désigne ce qui constitue un ensemble continu, un tout qu'on ne peut pas subdiviser en éléments dénombrables, mais dont on peut prélever une partie. On dit que ce type de continu est quantifiable dans la mesure où on peut prélever une partie de l'ensemble (un verre de lait) et faire porter sur elle des appréciations qualitatives ("un peu, beaucoup, trop, assez"...); on le désigne aussi sous le nom de **dense**;
. d'autre part, le **continu non-quantifiable** qui, lui, est insécable; c'est-à-dire que l'on ne peut considérer que l'ensemble, sans possibilité de le subdiviser en parties, ni a fortiori, en éléments; il s'agit d'un tout indivisible, que l'on désigne également par le terme de **compact**; il recouvre souvent des concepts abstraits.

- Il existe un deuxième type de substantifs qui ont un comportement semblable à celui des continus quantifiables; il s'agit des **collectifs** qui désignent des groupes ou collections d'individus ou d'objets considérés comme un ensemble.

Ces définitions appellent deux remarques:
- les catégories définies ici ne sont pas universelles, et les termes qui la composent varient d'une langue à l'autre,
- à l'intérieur des langues, il y a toujours un passage possible d'une catégorie à l'autre (nous l'appellerons recatégorisation); on parlera d'opérations de dicrétisation pour le passage du continu au discontinu et de densification pour le passage du discontinu au continu (voir les emplois du suffixe -a(t) p.60).

c - La distinction continu/discontinu

Elle permet d'expliquer plusieurs phénomènes morphologiques:
- certains substantifs ont un pluriel, d'autres, non;
- les masdar ou noms verbaux, qui désignent des concepts abstraits, n'ont généralement pas de pluriel;
- les collectifs, qui réfèrent à des ensembles d'individus ou d'objets, fonctionnent comme des singuliers (accord avec les formes verbales et les pronoms);
- la simple adjonction d'un suffixe -a(t) permet la création d'un

nom d'unité pour les collectifs,   du nom désignant un acte unique pour les masdar...(voir p.62-63).

C - LES ADJECTIFS

Les adjectifs on tous une forme pour chaque genre (masc. et fém.), pour s'accorder avec les substantifs; l'accord se fait aussi bien en position d'épithète que d'attribut.

Le féminin se forme par simple adjonction d'une désinance -a(t) à la forme masculine. Le suffixe étant vocalique, on a les contraintes d'usage en ce qui concerne la permutation des voyelles brèves.

Les participes ont un comportement semblable à celui des adjectifs.

masculin		féminin	
adjectifs:			
zṛəq	bleu	zəṛqa	bleue
kbīr	grand	kbīra	grande
yābəs	sec	yābsa	sèche
ǧāli	cher	ǧālya	chère
ṭre	frais	ṭrēya	fraiche
məskīn	pauvre	məskīna	pauvre
ḍeyyəq	étroit	ḍeyyqa	étroite
participes actifs:			
kātəb	écrivant	kātba	
šādd	fermant	šādda	
māši	allant	māšya	
ṭāyəb	cuisant	ṭāyba	
mṣāləḥ	réconciliant	mṣālḥa	
mṣəbbən	lessivant	mṣəbbna	
participes passifs:			
məktūb	écrit	məktūba	
məšdūd	fermé	məšdūda	
məlyūḫ	jeté	məlyūḥa	
mṣəbbən	lavé	mṣəbbna	
mṣāləḥ	réconcilié	mṣālḥa	

67

2 - LE SINGULIER

A - LES NOMS TRILITERES

Il s'agit des mots comptant trois consonnes radicales (consonnes, semi-voyelles ou voyelles longues). Les agencements possibles sont: $CC\partial C$, $C\partial CC$, $C_1\partial C_2C_2$, $C\partial CC\text{-}a(t)$, $CCuC$, $CuCC$, $C_1uC_2C_2$, $CuCC\text{-}a(t)$, (schèmes réguliers), $C\bar{a}C$, $C\bar{a}C\text{-}a(t)$, $C\bar{u}C$, $C\bar{u}C\text{-}a(t)$, $C\bar{\imath}C$, $C\bar{\imath}C\text{-}a(t)$, (schèmes concaves), CCa, CCi, CCu (schèmes défectueux).

a - Les schèmes réguliers à voyelle brève unique

1 La voyelle brève est entre la 1ère et la 2ème radicale

1 - Le schème régulier $C\partial CC$

Ce schème est caractéristique de la formation des nominaux; en effet, pour la catégorie des verbes, il n'est représenté que par les verbes sourds.

W.Marçais fait remarquer le rôle joué par les liquides dans l'économie syllabique (1):

"Le nom même de *liquides* donné aux lettres *l*, *n*, *r* indique la facilité qu'elles ont dans la plupart des langues à s'adjoindre à d'autres consonnes. En tlemcenien comme dans les autres dialectes maghribins, les liquides éprouvent une forte tendance à se lier à une lettre subséquente, et une autre tendance à se séparer d'une lettre antécédente: les groupements *l*c, *n*c, *r*c sont sympathiques; les groupements *cl*, *cn*, *cr* ne le sont pas en principe. (...)

Un groupement $C^1vC^2C^3$ où C^2 est une liquide passe rarement à la forme à sursaut $C^1vC^2C^3$; (...)"

a - Les substantifs féminins

Certains sont de la forme $C_1\partial C_2C_2$:
yidd main, bras, *s\partial nn* dent.

D'autres comportent trois consonnes différentes (avec parfois une liquide en position de C_2):
b\partial nt fille, *š\partial ms* soleil, *k\partial rš* ventre.

b - Les substantifs masculins

La plupart comportent trois consonnes différentes (la 2ème radicale est presque toujours une liquide):
k\partial lb chien, *g\partial rn* corne, *w\partial ld* garçon, *t\partial lž* neige, *d\partial rb* ruelle, *wa\d{h}š* bête sauvage, *ž\partial ld* peau, *farx* petit d'animal.

Certains sont des schèmes sourds, à deux radicaux identiques:
š\partial dd turban jaune, *xall* vinaigre.

---

(1) Voir **W. Marçais 02**, p.53.

c - Les collectifs

ləft navets.

d - Les masdar

Ils sont nombreux à être formés sur ce schème; certains permettent de réaliser une opposition entre le verbe et son masdar (*CCəC:CəCC*); souvent, la 2ème radicale est une liquide:

verbe		masdar	
frəq	diviser, partager	*fərq*	différence
ǯrəḥ	blesser	*ǯərḥ*	blessure
šrəṭ	imposer	*šərṭ*	condition
ṭrəz	broder	*ṭərz*	broderie
ḥrət	labourer	*ḥart*	labour, automne
mrəḍ	tomber malade	*mərḍ*	maladie

Rares sont les cas où la 2ème radicale n'est pas une liquide;

ḍḥak	rire	*ḍaḥk*	rire
ḥbəs	emprisonner	*ḥabs*	prison
wǯaɛ	faire mal	*wəǯɛ*	douleur

Pour quatre verbes sourds le masdar est de la même forme que le verbe:

šəkk	douter, soupçonner	*šəkk*	doute, soupçon
dəṛṛ	faire mal	*dəṛṛ*	douleur, mal
ḥəǯǯ	faire le pélerinage	*ḥəǯǯ*	pélerinage
ḥərr	chatouiller	*ḥərr*	chatouilles

e - Les adjectifs

Il n'existe d'adjectif que pour les formes sourdes, de type $C_1 \partial C_2 C_2$: *mərr* amer, *ḥarr* pimenté, brûlant.

En résumé, lorsque la racine est composée de trois consonnes différentes, le schème *CəCC* est spécifiquement réservé aux substantifs, aux collectifs et aux masdar; il apparait très souvent en association avec une 2ème radicale liquide. En revanche, le schème sourd $C_1 \partial C_2 C_2$ permet également la formation d'adjectifs.

2 - Le schème régulier *CuCC*

Les schèmes à voyelle brève *u* sont beaucoup moins fréquents que leur correspondants en *ə*, exception faite des masdar à la formation desquels ils sont couramment associés.

a - Les substantifs masculins

Ce schème est exclusivement attaché aux substantifs masculins et aux masdar (on remarque la présence de 2èmes radicales liquides):
ɛong cou, *šoṛt* short, *xobz* pain.

et à deux dernières radicales semblables:
fumm bouche, *muxx* cervelle, *ɛušš* nid, *dubb* ours.

b - Les masdar

La plupart des masdar sont associés à des verbes de schème régulier *CCəC* (la 2ème radicale est souvent une liquide), d'autres aux schèmes *CCāC* ou $C_1 \partial C_2 C_2$

verbe		masdar	
krəh	haïr	*korh*	haine, peine
ḍləm	opprimer	*ḍolm*	oppression
ḥkəm	juger, gouverner	*ḥokm*	jugement
ḥləm	rêver	*ḥolm*	rêve
mlək	conquérir	*mulk*	royauté
nṭəq	prononcer	*noṭq*	prononciation
škər	remercier	*šokr*	remerciement
xbəz	faire du pain	*xobz*	pain
qrəṣ	pincer	*qorṣ*	pincement
bɛād	éloigner	*buɛd*	distance, éloignement
ḍɛāf	maigrir, s'affaiblir	*ḍoɛf*	faiblesse, misère
ĝlāḍ	grossir, épaissir	*ĝolḍ*	grosseur, épaisseur

Il n'y a qu'une seule paire où s'opposent les deux voyelles brèves *ə:u*:

ḥabb aimer   *ḥobb* amour

2 La voyelle brève est après la 2ème radicale

1 - Le schème régulier *CCəC*

Ce schème régulier est largement représenté dans la formation des verbes; il existe également des substantifs et des adjectifs formés sur ce modèle, ainsi que des masdar. La plupart de ces noms sont de genre masculin. W.Marçais note la tendance qu'ont les liquides (*l, n, r*) à "se séparer d'une lettre antécédente" (1); ce qui a pour conséquence que les mots dont la troisième radicale est une liquide sont généralement formés sur le schème *CCəC*. Il existe cependant quelques substantifs féminins.

a - Les substantifs féminins

Ils comportent tous une 3ème radicale liquide:
wdən oreille, *ržəl* pied, jambe, *smən* beurre conservé.

b - Les substantifs masculins

On remarque la présence de liquides pour la troisième radicale:
žməl chameau, *dfər* ongle, *ɛḍəm* os, *sdər* poitrine, *ḥnəš* serpent, *ɛžəl* veau.

c - Les collectifs

Ce sont des substantifs qui désignent un ensemble d'individus considérés comme un tout; ils ont un fonctionnement de singulier

---

(1) Voir p.68 et **W.Marçais 02**, p.53.

(l'accord du verbe se fait au singulier, les pronoms anaphoriques sont au singulier); ils sont à rapprocher de la catégorie du continu (voir p.65), dont le comportement syntaxique est très semblable au leur. La troisième radicale est souvent une liquide:

nməl fourmis, *tmər* dattes, *ḥžəṛ* pierres, *bṣəl* oignons, *bgər* vaches, *brək* canards.

d - Les masdar

Le schème *CCəC* est très courant pour les verbes; dans ce cas, il arrive que le masdar soit identique au verbe:

verbe	masdar
eṭəš avoir soif	*eṭəš* soif
ṣbəṛ patienter	*ṣbəṛ* patience

e - Les adjectifs

Dans le cas où un verbe inchoatif correspond à l'adjectif de ce schème, il est toujours formé sur le schème *CCāC*:

adjectif	verbe
mləs lisse	*mlās* devenir lisse
xḍəṛ vert	*xḍāṛ* verdir
ṣfəṛ jaune	*ṣfāṛ* jaunir
ṭṛəš sourd	Ø
qraε chauve	Ø

2 - Le schème régulier *CCuC*

Il est très peu représenté et on remarque qu'il y a toujours une 3ème radicale liquide:

a - Substantif: *šǧol* affaire.

b - Les masdar

Ils sont associés à des verbes inchoatifs en *CCāC*:

verbe	masdar
ṣǧāṛ rapetisser	*ṣǧoṛ* petitesse
tqāl s'alourdir	*tqol* lourdeur

3 Schème régulier à voyelle brève et suffixe *-a(t)*

1 - Le schème régulier *CəCC-a(t)*

Tous les nominaux de cette forme sont féminins; ils ont plusieurs fonctions: substantif, masdar, forme féminine pour les adjectifs, et nom d'unité pour les collectifs.

a - Les substantifs féminins

bəlǧa babouches, *rəzma* baluchon, *žəfna* baquet, *zəbda* beurre, *qahwa* café.

71

schèmes sourds:
ħənna hénné, *mərṛa* fois, *qəffa* couffin.

b - Collectif

Il existe un seul collectif formé sur ce schème; il est féminin: *gərɛa* courgettes. En général, ce schème est plutôt associé à la formation des noms d'unité (1).

c - Les noms d'unité des collectifs

Le schème *CəCC-a(t)* permet de former le nom d'unité des collectifs des deux schèmes masculins *CəCC* et *CCəC*; ceci est dû au fait que la structure syllabique de l'arabe marocain exige la permutation de la voyelle brève lors de l'adjonction d'un suffixe à initiale vocalique pour le schème *CCəC*:

	collectif		**nom d'unité**	
CCəC:	*nməl*	fourmis	*nəmla*	une fourmi
	bṣəl	oignons	*bəṣla*	un oignon
	bgər	vaches	*bəgra*	une vache
	ħžər	pierres	*ħəžra*	une pierre
	brək	canards	*bərka*	un canard
CəCC:	*ləft*	navets	*ləfta*	un navet

d - Les noms féminins correspondant à des masculins en *CCəC*

Il s'agit, en particulier pour les animaux, d'opposer le mâle à la femelle; comme pour la formation du nom d'unité, l'adjonction d'un suffixe *-a(t)* entraîne des modifications de structure du mot; ainsi, le schème *CəCC-a(t)* correspond-il au féminin des deux schèmes masculins *CCəC* et *CəCC*:

	mâle		**femelle**
kəlb	chien	*kəlba*	chienne
bğel	mule	*bəğla*	mule femelle
ɛwəd	cheval	*ɛəwda*	jument
qəṭṭ	chat mâle	*qəṭṭa*	chat, chatte

Très souvent, cependant, la femelle est désignée par un substantif formé à partir d'une racine tout à fait différente de celle du mâle (ex. *dīk* coq, *džāža* poule)

e - Les masdar

De nombreux masdar sont formés sur ce schème. Il est cependant courant que les verbes aient plus d'un masdar; dans ce cas, il arrive que les masdar aient des sens différents; en particulier, la forme en *CəCC-a(t)* sert alors à désigner **un acte unique** ou "nom d'une fois", s'opposant à l'autre masdar qui correspond au nom d'action abstrait.

_____

(1) Les collectifs représentent un groupe d'individus pris comme un tout; il est cependant possible de former, à partir du collectif, un nom d'unité, qui permet la discrétisation et le dénombrement; ce nom d'unité se forme par l'adjonction d'un suffixe *-a(t)* (voir p.62).

La forme en *CəCC-a(t)* est utilisée dans les énoncés où le masdar joue le rôle d'objet interne:

> *ǧsəlt ǧəsla məzyāna* !
> <j'ai lavé-lavage-bonne>
> Je me suis bien lavé !

s'oppose à :

> *ɛyīt mən əl-ǧsīl*.
> <je suis fatigué-par-le lavage>
> J'en ai assez du nettoyage/ de me laver.

Il apparaît donc que dans ce genre de cas, le suffixe *-a(t)* a un rôle comparable à celui qu'il joue dans la formation des noms d'unité pour les collectifs, c'est-à-dire un rôle de discrétisation; il permet en effet d'opposer, au sein des masdar, un **acte unique** à une action définie de façon **abstraite**:

nom abstrait		acte unique	
ḥolm	le fait de rêver	*ḥəlma*	un rêve
ḍərb	le fait de frapper	*ḍərba*	un coup
sfər	le voyage	*səfra*	un voyage
ṭlūɛ	le fait de monter	*ṭəlɛa*	une montée
zhəq	le fait de glisser	*zəhqa*	une glissade

Pour d'autre verbes, la forme en *CəCC-a(t)* est le seul masdar possible:

verbe		masdar	
qnəṭ	s'ennuyer	*qənṭa*	l'ennui
ṛḥəm	avoir pitié	*ṛəḥma*	la pitié
ṣnaɛ	fabriquer	*ṣənɛa*	la fabrication, métier
xṭəb	demander la main de	*xəṭba*	les fiançailles
zrəb	presser quelqu'un	*zərba*	la hâte

f - Les adjectifs

Le schème *CəCC-a(t)* sert à former le féminin des deux schèmes masculins *CCəC* et *CəCC*, y compris des schèmes sourds:

zṛəq	bleu	*zəṛqa*	bleue
rṭəb	mou, doux	*rəṭba*	molle
khal	noir	*kaḥla*	noire
ḥmaṛ	rouge	*ḥamṛa*	rouge
ɛwəž	tordu	*ɛawža*	tordue

schème sourd:

mərr	amer	*merra*	amère
ḥaṛṛ	piquant, brûlant	*ḥaṛṛa*	piquante, brûlante

On remarque que le schème *CəCC-a(t)* est très productif et qu'il est associé au **féminin** et à la **discrétisation**.

2 - Le schème régulier *CuCC-a(t)*

Ce schème est lui aussi toujours associé au genre féminin; il sert à la formation de substantifs et de masdar.

a - Les substantifs féminins

noqṭa point, *nukta* blague, *ɛogda* noeud, *šoṟba* soupe (qui s'oppose
à *šəṟba*: boisson, gorgée).
racines sourdes: *mudda* moment.

b - Les masdar

C'est le nom d'action abstrait:

verbe		masdar	
qdəṟ	pouvoir	*qodra*	pouvoir
tqəb	trouer	*toqba*	trou
səxxəṟ	envoyer chercher	*soxṟa*	course
racine sourde:			
kəḥḥ	tousser	*koḥḥa*	toux

4 Les schèmes concaves

Il s'agit de mots qui ont une voyelle longue en position médiane:
CāC, *CūC*, *CīC*. Cette voyelle longue est soit un élement de la racine,
soit le résultat de la chute d'un *ɔ*, soit enfin la transformation
d'une diphtongue *āy* ou *āw* en *ī* ou *ū*. On trouve également des emprunts
au français ou à l'espagnol.

1 - Le schème concave *CāC*

Il n'est représenté que par des substantifs (féminins sans marque
ou masculins); il n'y a ni masdar, ni collectifs, ni adjectifs.

a - Les substantifs féminins

Ils ne portent pas la marque extérieure de leur genre:
dāṟ maison, *bāb* porte, *dāt* corps, *nāṟ* feu.

b - Les substantifs masculins

žāṟ voisin, *ɛām* année, *kāṟ* car, *tāž* diadème, *wād* fleuve, *sāk* sac,
fāṟ souris, rat, *ǧāṟ* terrier, *ṟās* tête, *kās* verre, *ḥāl* situation,
temps, *xāl* oncle maternel, *fās* pioche.

2 - Le schème concave *CūC*

Outre les substantifs, ce schème correspond à la formation de
collectifs et de masdar.

a - Les substantifs féminins

mūs couteau, *mūt* mort. (*mūs* peut aussi être masculin)

b - Les substantifs masculins

ḍōṟ anneau, *žūf* estomac, *yūm* jour, *ṣōf* laine, *ṣōq* marché, *ṟōz*
riz, *tōṟ* taureau, *rūf* étagère.
c - Les collectifs

dūd vers, *lūz* amandes, *qōq* artichaut, *fūl* fèves, *tūt* mûres, *ḫūt* poissons, *xōx* pêches, *ɛūd* bâtons.

d - Les masdar

Ils correspondent essentiellement à des verbes de type *CōC/yCūC*:

verbe		masdar	
bōl	uriner	*būl*	urine
gōl	dire	*gūl*	dires
ɛōm	nager	*ɛūm*	nage, baignade
xōf	avoir peur	*xūf*	peur
šōf	voir	*šūf*	vue
bōs	embrasser	*būs*	fait d'embrasser
ṣōm	jeûner	*ṣōm*	fait de jeûner
verbe défectueux:			
ḍwa	illuminer	*ḍōw*	lumière

3 - Le schème concave *CīC*

a - Les substantifs féminins sans marque

ɛīn oeil, source, *zīt* huile.

b - Les substantifs masculins

Pour certains, la voyelle longue est réalisée diphtonguée, en *äy*: *dīk* coq, *xäyṭ* fil, *tīd* lessive, *dīb* loup, *ḥäyṭ* mur, *nīf* nez, *ṭēr* oiseau, *bīt* pièce, *bīr* puits, *rīḥ* vent, *sīf* épée, *ṣēf* été, *ṭēn* argile, *līl* nuit.

c - Les collectifs

rīš plumes, *bēḍ* oeufs.

d - Les masdar

Ils correspondent essentiellement à des verbes en *CāC/yCīC*:

verbe		masdar	
ɛāš	vivre	*ɛīš*	vie
šāb	devenir gris	*šīb*	fait de grisonner
bāɛ	vendre	*bīɛ*	vente
māl	se pencher	*mīl*	fait de pencher
rāb	se démolir	*rīb*	démolition
ɛāb	mal agir	*ɛīb/ɛāyb*	acte honteux
Schème *CyāC*:			
ḍyāq	rétrécir	*ḍēq*	rétrécissement
zyān	s'améliorer, embellir	*zīn*	beauté

Il n'y a pas d'adjectif correspondant à ce schème.

75

5 Schèmes concaves suffixés en -a(t)

1 - Le schème concave Cāc-a(t)

C'est le schème féminin correspondant au précédent; il sert à la formation de substantifs féminins et de masdar (il n'y a pas de masdar en Cāc).

a - Les substantifs féminins

hūwa air, *žāža* ampoule, *ṣāḥa* cour, place, *tāqa* fenêtre intérieure, *ǧāba* forêt.

b - Les masdar

verbe	masdar
ṭāc obéir	*ṭāca* obéissance
xāwa assortir	*xāwa* fraternité
ṛtāḥ se reposer	*ṛāḥa* repos

2 - Le schème concave Cūc-a(t)

Il sert à former aussi bien des substantifs féminins, que des noms d'unité pour les collectifs, ou des masdar.

b - Les substantifs féminins:
bōṭa cuisinière à gaz, *gōma* gomme, *mūka* chouette, hibou, *ḥūta* poisson, mollet, *fōṭa* serviette, *šūka* épine.

c - Les noms d'unité des collectifs

collectif	nom d'unité
lūz amandes	*lūza* une amande
qōq artichauts	*qōqa* un artichaut
fūl fèves	*fūla* une fève
tūt mûres	*tūta* une mûre
ḥūt poissons	*ḥūta* un poisson
xōx pêches	*xōxa* une pêche
dūd vers	*dūda* un ver

d - Les masdar

Comme dans le cas de Cəcc-a(t), le suffixe -a(t) permet de distinguer deux types de masdar: ceux qui désignent l'action abstraite, et ceux qui désignent un acte ou un objet unique; il s'agit de verbe en Cāc/yCūc:

verbe	action abstraite
dāx se sentir mal	*dōxa* étourdissement
tāb se repentir	*tūba* repentir
bās embrasser	*būsa* un baiser
nāb remplacer	*nūba* un tour, une fois

3 - Le schème concave Cīc-a(t)

Il sert à former des substantifs féminins, des noms d'unité et des masdar.

a - Les substantifs féminins

mīka plastique, sac en plastique. (emprunt)

b - Les noms d'unité des collectifs

rīša une plume, *bēḍa* un oeuf.

c - Les masdar

Ils sont nombreux, et correspondent en général à des verbes de schème *CāC/yCīC*:

verbe		masdar	
ḥār	hésiter	*ḥēra*	hésitation
ġāṛ	être jaloux	*ġēṛa*	jalousie
ḍāq	étouffer	*ḍēqa*	asthme
ġab	disparaître, s'absenter	*ġēba*	absence
sāb	se révolter	*sība*	révolte
tāq	croire	*tīqa*	confiance
žāf	se noyer	*žīfa*	charogne
bāyəᶜ	faire allégeance	*bīᶜa*	allégeance

6 Les schèmes défectueux

1 - Le schème défectueux *CCa*

Les schèmes défectueux sont ceux dont la 3ème radicale est une semi-consonne. Le schème *CCa* sert uniquement à la formation de substantifs et de masdar; malgré sa finale *a*, ce schème n'est pas systématiquement associé au féminin; certains substantifs ont même les deux genres, et les informateurs hésitent. En fait, le *a* final n'a rien à voir au départ avec le suffixe -*a(t)*; il s'agit de la réalisation finale non marquée du point de vue de la longueur de la troisième radicale de la racine, mais il arrive qu'il y ait des glissements de genre.

a - Les substantifs masculins

dwa médicaments, *bla* catastrophe, *ma* eau, *xa* frère (1), *bba* père.

b - Les substantifs féminins

sma ciel, *ᶜša* dîner, *ġda* déjeûner, *bṛa* lettre, *dra* maïs, *xla* campagne, *šta* pluie, *mṛa* femme.

Il est possible de reconnaître un féminin en lui accolant un substantif ou un pronom pour former un état construit; dans ce cas, le -*t*- de liaison apparaît:

šta-t-ibrīl ⟨pluie-avril⟩ La pluie d'avril, *bṛā-t-u* ⟨lettre-lui⟩ sa lettre.

---

(1) Il s'agit de deux mots bilitères qui ont le même statut que les mots de ce schème.

c - Les masdar

Ils correspondent généralement à des verbes de schème *CCā*. Ils sont de genre masculin:

verbe		masdar	
bka	pleurer	*bka*	pleurs
ĝla	augmenter	*ĝla*	cherté
fna	exterminer	*fna*	extermination
rḍa	accepter d'épouser	*rḍa*	consentement
šqa	se fatiguer	*šqa*	fatigue
šwa	faire griller	*šwa*	viande à la vapeur
ɛya	se fatiguer	*ɛya*	fatigue
ɛma	aveugler	*ɛma*	cécité
ĝna	être riche	*ĝna*	richesse
ĝənna	chanter	*ĝna*	fait de chanter
šra	acheter	*šra*	achat
zna	être adultère	*zna*	adultère
kra	louer	*kra*	location
mḍa	aiguiser	*mḍa*	aiguisage
sqa	irriguer	*sqa*	irrigation

2 - Le schème défectueux *CCi*

Il est beaucoup moins courant que le précédent; il sert à la formation d'adjectifs et de masdar.

a - Substantif

Il n'y a qu'un mot qui avait à l'origine un *h* final qui est tombé; ce n'est donc pas un schème de substantif:
fqe enseignant d'école coranique (<*fqih*)

b - Les masdar

Il sert à former le masdar masculin de certains verbes en *CCa*.

verbe		masdar	
žra	courir	*žri*	course
žna	cueillir, récolter	*žni*	récolte
mša	aller, marcher	*mši*	marche

c - Les adjectifs: Il sont peu nombreux:

nqe propre, *ṭre* frais, *dki* intelligent.

Le féminin se forme en ajoutant une terminaison -*ya(t)*, avec une semi-consonne de liaison -*y*-: *nqēya*, *ṭrēya*.

3 - Le schème défectueux *CCu*

Il ne sert qu'à la formation de masdar et d'un adjectif.

a - Les masdar correspondant également à des verbes de schème *CCa*:

verbe	masdar
bda commencer	*bdu* fait de commencer
sha être distrait	*shu* distraction
ɛfa dispenser	*ɛfu* fait de dispenser

b - adjectifs

Il n'y a qu'un exemple: *ḥlu* sucré, doux.

Le féminin est formé en ajoutant une terminaison *-a(t)*, avec la semi-consonne *-w-* pour assurer la laison: *ḥlūwa*.

B - LES FORMES DERIVEES PAR ADJONCTION DE VOYELLES LONGUES

Elles sont classées suivant la place de la voyelle et suivant le type de consonnes radicales.

a - Les schèmes formés par adjonction d'une voyelle longue après la première radicale

Il s'agit des schèmes *CāCəC*, *CāyəC*, *CāCi*, *CīCəC* et des schèmes suffixés en *-a(t)*: *CāCC-a(t)*, *CāCy-a(t)*, *CīCC-a(t)*, *CūCC-a(t)*.

1 Schèmes non suffixés

1 - Le schème *CāCəC*

Ce schème correspond au schème du participe actif pour le schème régulier *FɛəL*; or les participes peuvent être facilement substantivés ou adjectivés; ne sont présentés ici que des nominaux ayant effectivement été recatégorisés, et n'ayant plus de fonction verbale.

a - Les substantifs féminins

Il existe deux substantifs qui ne portent pas de marque explicite de leur genre: *xātəm* bague, *xādəm* servante.

b - Les substantifs masculins

nāfəx foyer à braises, *šārəb* moustache, *ɾāžəl* homme.

c - Les adjectifs

Ils sont très nombreux :
ḥāməd acide, *qāṣəḥ* dur, *bārəd* froid, *wāsaɛ* large, *zāhəg* maladroit, *fāzəg* mouillé, *wāɛər* méchant, *ɛāmər* plein, *xāməž* pourri, *ǧārəq* profond, *tāžər* riche, *māləḥ* salé, *nāšəf* sec, *yābəs* sec, dur, *ḥādəg* travailleur, *šārəf* vieux.

2 - La variante *CāyəC*

Il s'agit du même schème que le précédent, mais la 2ème radicale est la semi-voyelle *Y*. Il correspond au schème *FāɛəL* pour les verbes concaves; il est peu représenté; on peut citer le masdar *ɾāyəb* "le caillé" du verbe *ɾāb* "cailler".

3 - La variante *CāCi*

Ce schème correspond au schème *FāɛəL* des verbes défectueux. Il peut servir à la formation de substantifs et d'adjectifs.

a - Les substantifs masculins:

qāḍi cadi, juge, *ɾāɛi* berger.

b - Les adjectifs

ǧāli cher, *ɛāli* haut, *dāfi* tiède, *bāli* usé, d'occasion, *tāli* dernier, *tāni* deuxième.
Certains ont une 2ème radicale semi-voyelle:
xāwi vide, *lāwi* mûr.

4 - Le schème *CĪCəC*

Un exemple de collectif: *ɛīnəb* raisins.

2 Les schèmes suffixé en *-a(t)*

1 - Le schème *CāCC-a(t)*

Ce schème sert à la formation de substantifs féminins et au féminin des adjectifs en *CāCəC*. L'adjonction d'un suffixe *-a(t)* entraîne la disparition de la voyelle brève.

a - Les substantifs féminins

ṭānga pendants d'oreille, *ṭaṛma* cagibi, *mākla* repas, nourriture, *šānṭa* valise, sac de voyage.

b - Les adjectifs

Il s'agit de la forme féminine des adjectifs en *CāCəC* :
ḥāmda acide, *bärda* froide, *ɛāmṛa* pleine, *mālḥa* salée.

2 - Le schème *CāCy-a(t)*

Il sert à la formation de substantifs féminins et au féminin des adjectifs en *CāCyəC*:

a - Les substantifs féminins

sāgya canal d'irrigation, *ɛāfya* feu, flamme.

b - Les adjectifs

Le féminin se forme par adjonction d'un suffixe *-a(t)*, et la transformation de la voyelle longue *ī* en semi-voyelle *y*:
ǧālya chère, *tānya* deuxième, *dāfya* tiède, *ɛālya* haute.

3 - Le schème *CĪCC-a(t)*

Il n'est représenté que par des emprunts pour les substantifs:
fīsta veste, veston, *kēṭma* survêtement.

et par le nom d'unité correspondant au collectif en *CĪCəC*:
ɛīnba un grain de raisin.

4 - Le schème *CūCC-a(t)*

Il n'est pas représenté sous sa forme *CCūC*; il assume la fonction

81

de collectif et de nom d'unité:

    xūḍṛa légumes/un légume, *lūbya* haricots/un haricot.

b - Les schèmes formés par adjonction d'une voyelle longue après la 2ème radicale

Il s'agit des schèmes *CCāC*, *CwāC*, *CyāC*, *CCīC*, *CCūC*, *CyūC* et des féminins correspondants *CCāC-a(t)*, *CCāy-a(t)*, *CCāw-a(t)*, *CwāC-a(t)*, *Cwāy-a(t)*, *CyāC-a(t)*, *CCīC-a(t)*, *CCīy-a(t)*, *CCūC-a(t)*.

Ces différents schèmes sont extrêmement productifs dans le domaine des nominaux.

1 Les schèmes non suffixés

1 - Le schème *CCāC*

Ce schème sert à la formation de substantifs masculins, de collectifs et de masdar; seule la catégorie des adjectifs ne semble pas représentée.

a - Les substantifs masculins

ġzāl gazelle (1), *ḥmār* âne (1), *žnāḥ* aile, *qlām* crayon, *nhāṛ* journée, *lsān* langue, *bzār* poivre, *ktāb* livre.

b - Les collectifs

šmāɛ bougies, *zrān* grenouilles, *ḥmām* pigeons, *džāž* poulets, *ngāṣ* poires, *dbāb* brouillard.

c - Les masdar

Ce schème est très répandu dans la formation des masdar correspondant aux schèmes verbaux, *CCəC*, *CCāC*, *CəCCəC*:

verbe		masdar	
lbəs	s'habiller	*lbās*	vêtements
fsəd	pourrir	*fsād*	débauche
drəs	battre (blé)	*drās*	battage du blé
ḥžəb	se reclure (femmes)	*ḥžāb*	réclusion
ḥsəb	compter	*ḥsāb*	calculs
skət	se taire	*skāt*	silence
ḥmāq	devenir fou	*ḥmāq*	folie
ḥmāḍ	aigrir, tourner	*ḥmāḍ*	aigreur
xmāž	pourrir	*xmāž*	pourriture

2 - Le schème *CwāC*

Il n'y a qu'un masdar correspondant à un verbe concave en *CāC/yCūC*, *nāḍ* se lever: *nwāḍ* réveil.

---

(1) Ces deux substantifs ont également des emplois adjectivaux : *ġzāl*, avec le sens de "beau", et *ḥmāṛ*, avec celui de "bête, idiot...".

3 - Le schème CyāC

Il sert à former des masdar pour des verbes en CāC/yCīC:

verbe	masdar
ṭāb cuire	ṭyāb cuisine
ṣām jeûner	ṣyām jeûne
fāq s'éveiller	fyāq éveil

4 - Le schème CCīC

On trouve quelques substantifs ou collectifs, mais il sert essentiellement à produire des adjectifs et des masdar.

a - Substantif féminin: ṭrēq route, voie.

b - Les substantifs masculins

ṭbēb médecin, xrīf automne, ḥrīr soie, ḥlīb lait.

c - Les collectifs (et continus)

zbīb raisins secs, ḥdīd fer.

ḥdīd est à l'origine un substantif continu (voir la définition p.65), mais il peut avoir un fonctionnement de collectif, dans la mesure où on peut lui associer un nom d'unité en CCīC-a(t) (un morceau de fer).

d - Les masdar

C'est le schème le plus productif pour les verbes de schème CCəC:

verbe	masdar
nbaḥ aboyer	nbīh aboiement
gbəḍ attraper	gbēḍ fait d'attraper
žbəd tirer	žbīd traction
šxəṛ ronfler	šxēṛ ronflement
dfən enterrer	dfīn enterrement
dlək masser	dlīk massage
ǧməz cligner de l'oeil	ǧmīz clin d'oeil
ǧsəl (se) laver	ǧsīl lavage
dhən graisser	dhīn graissage
frək frotter	frīk fait de frotter
mšəṭ se coiffer	mšēṭ fait de se coiffer

e - Les adjectifs

C'est également le schème qui permet la formation du plus grand nombre d'adjectifs qualificatifs:

qṣēṛ court, ḍʕīf faible, maigre, ṣḥēḥ costaud, en bonne santé, kbīr grand, beʕīd lointain, ṭwēl long, grand, xfīf léger, mṛēḍ malade, ždīd neuf, nouveau, qdīm vieux, ancien, ṣǧēṛ petit, ǧlēḍ épais.

5 - Le schème *CCūC*

On trouve quelques substantifs masculins, mais il sert surtout à la formation de masdar.

a - Les substantifs masculins

xrūf mouton, *ĝrūb* coucher de soleil, *ḍhōṛ* midi, *fṭōṛ* petit-déjeûner.

b - Collectif: *ḥbūb* boutons, petits objets ronds.

c - Les masdar

Le schème *CCūC* sert à produire des masdar de verbes en *CCəC*:

verbe		masdar	
fṭəṛ	rompre le jeûne	*fṭōṛ*	petit-déjeûner
kdəb	mentir	*kdūb*	mensonge
dxəl	entrer	*dxūl*	entrée
hbəṭ	descendre	*hbōṭ*	descente
ržaɛ	revenir	*ržūɛ*	retour
ṭlaɛ	monter	*ṭlūɛ*	montée
hṛəb	fuir	*hṛūb*	fuite
xrəž	sortir	*xrūž*	sortie

d - Les adjectifs

Il n'en existe qu'un: *sxūn* chaud.

6 - Le schème *CyūC*

Il n'est représenté que par un masdar correspondant au schème verbal concave *CāC/yCīC*: *ṭāḥ* tomber > *ṭyūḥ* chute.

2 Schèmes suffixés en *-a(t)*

1 - Le schème *CCāC-a(t)*

Il sert à former des substantifs féminins, des masdar et des noms d'unité.

a - Les substantifs féminins

sḍāfa bouton, *šnāfa* lèvre, *yqāma* menthe.

b - Les noms d'unité des collectifs

collectif		nom d'unité	
žrān	grenouilles	*žrāna*	une grenouille
ḥmām	pigeons	*ḥmāma*	un pigeon
džāž	poulets	*džāža*	un poulet
ngāṣ	poires	*ngāṣa*	une poire

c - Les masdar

Ce schème sert essentiellement à former des masdar; ils correspondent, comme le schème *CCāC*, aux schèmes verbaux, *CCāC* et *CCəC*:

verbe	masdar
qbāḥ devenir mauvais	*qbāḥa* méchanceté
smān engraisser	*smāna* fait d'être gros
xšān devenir raide	*xšāna* raideur, laideur
zeām être courageux	*zeāma* courage
smāḥ pardonner	*smāḥa* pardon
fhəm comprendre	*fhāma* compréhension
ḍbəǧ tanner	*ḍbāǧa* tannage
ḥbəl tomber enceinte	*ḥbāla* grossesse
ktəb écrire	*ktāba* écriture
sxən chauffer	*sxāna* température
ṣbəǧ peindre	*ṣbāǧa* peinture

2 - Le schème *CCāy-a(t)*

Il est très peu représenté: un substantif féminin et des masdar.

a - Le substantif: *mlāya* couverture (européenne).

b - Les masdar

Ils correspondent à des verbes défectueux en *CCa*:

verbe	masdar
ḥka raconter des histroires	*ḥkāya* histoire, conte
qra lire, étudier	*qrāya* lecture, études
sea mendier	*seāya* mendicité
ena bien traiter	*enāya* considération, chic

3 - Le schème *CCāw-a(t)*

Il sert à former un masdar correspondant à un verbe défectueux en *CCa/yCCa*: *ḥla* devenir sucré > *ḥlāwa* le fait d'être sucré.

4 - Le schème *CwāC-a(t)*

Il n'y a qu'un masdar correspondant à un verbe défectueux en *CāC/yCūC*: *dāq* goûter > *dwāqa* le fait de goûter.

5 - Le schème *Cwāy-a(t)*

Il s'agit du nom d'unité d'un collectif de schème *Cwa*: *nwāya* une amande.

6 - Le schème *CyāC-a(t)*

Il forme essentiellement des masdar pour des verbes en *CāC/yCīC*:

šāṭ rester	*šyāṭa* restes
ḥāl se vanter	*ḥyāla* vantardise
zād ajouter, continuer	*zyāda* surplus, augmentation
zār visiter	*zyāra* visite

7 - Le schème CC̄īC-a(t)

Ce schème sert à la formation de quelques substantifs féminins, des noms d'unité des collectifs, de masdar et de la forme féminine des adjectifs en CC̄īC.

a - Les substantifs féminins

sfīfa chaine pour les cheveux, *gzīra* île, *xmīsa* bijou en forme de main, *ḥṣēra* natte.

b - nom d'unité de collectifs

zbība un raisin sec, *ḥdīda* un morceau de fer.

c - Les masdar

Il y en a beaucoup moins que pour le schème masculin correspondant; ils correspondent tous à des verbes en CCəC:

verbe	masdar
dbəḥ égorger	*dbīḥa* fait d'égorger
qlaɛ tricher	*qlīɛa* triche
sṛəq voler	*sṛēqa* vol

d - Les adjectifs

Ce schème sert à la formation du féminin des adjectifs en CC̄īC, par adjonction d'un suffixe -a(t):
ṛxēṣa bon marché, *qṣēṛa* courte, *kbīra* grande, *ṣ̌ġēṛa* petite.

8 - Le schème CC̄īy-a(t)

C'est le schème de féminin correspondant au schème défectueux CCi; il sert à former des substantifs féminins, des masdar et le féminin des adjectifs en CCi.

a - Les substantifs féminins

ɛšīya après-midi, *qnīya* lapin.

b - Les masdar

Ils correspondent à des verbes en CCa ou CəCCa:

verbe	masdar
hda offrir	*hdīya* cadeau
rza faire perdre	*rzīya* perte
kənna surnommer	*knīya* surnom
səmma prénommer	*smīya* prénom (1)

---

(1) Lors de l'adjonction d'un suffixe, le suffixe -ya fait place au -t contenu dans le suffixe féminin: *smīt-u* son nom.

c - **Les adjectifs**

Il s'agit du féminin des adjectifs en *CCi*: *ṯṟēya* fraiche, *nqēya* propre, *dkīya* intelligente..

9 - Le schème *CCūc-a(t)*

A part un nom d'unité et le féminin de l'adjectif en *CCūC*, il ne sert qu'à la formation des masdar.

a - Le nom d'unité: *ḥbūb* boutons > *ḥbūba* un bouton.

b - Les masdar

Ils correspondent à des verbes en *CCāC* et *CCəC*:

verbe	masdar
ḥṟāṟ devenir piquant	*ḥṟūṟa* fait d'être piquant
mrār devenir amer	*mrūra* amertume
qṣāḥ épaissir	*qṣūḥa* épaisseur
ṟṯāb devenir doux	*ṟṯōba* douceur
shāl devenir facile	*shūla* facilité
ḥdər se pencher	*ḥdūra* pente
ḥšəm avoir honte	*ḥšūma* honte

c - **Les adjectifs**

C'est la forme de féminin de *sxūn*: *sxūna* chaude.

En résumé, au singulier, l'adjonction d'une voyelle longue, quelle qu'elle soit, après la 2ème radicale sert essentiellement à la formation de **masdar** ; en effet, en ce qui concerne les substantifs, ces schèmes sont surtout affectés à la formation des pluriels internes (22 schèmes sur 27) (voir chapitre suivant).

c – **Les schèmes formés par gémination de la 2ème radicale et adjonction d'une voyelle longue entre la 2ème et la 3ème radicale**

La voyelle longue peut être $\bar{a}$, $\bar{i}$ ou $\bar{u}$, et la voyelle brève, $ə$ ou u: $C_1əC_2C_2\bar{a}C_3$, $C_1əC_2C_2\bar{i}C_3$, $C_1əC_2C_2\bar{u}C_3$, $C_1uC_2C_2\bar{a}C_3$, $C_1uC_2C_2\bar{u}C_3$ et les féminins correspondants suffixés en *-a(t)*.

1 Schèmes non suffixés

1 - Le schème $C_1əC_2C_2\bar{a}C_3$

Il s'agit du schème intensif qui sert à la formation de noms de métier et de qualité, ainsi que de collectifs.

a - Les substantifs masculins

Ce sont essentiellement des noms de métier :
xarrāz cordonnier, *nəǰǰār* menuisier, *xiyyāṭ* couturier, *ḥaddād* forgeron, *ṣabbāġ* peintre, *fəllāḥ* paysan, *ḍabbāġ* tanneur.

Il y a également des substantifs désignant une particularité d'un individu, avec souvent l'idée d'intensité:
xuwwāf peureux, *buwwāl* pisseur, *kəddāb* menteur,

Ce schème est très productif; on peut inventer n'importe quel surnom pour ridiculiser les manies ou les habitudes de quelqu'un.

On trouve aussi des substantifs isolés (dont certains emprunts), qui ne constituent pas une classe sémantique particulière:
ḥammām bain maure, *ṣəbbāṭ* chaussures, *šəbbāk* grille de fenêtre, *səkkāṛ* sucre.

b - Les collectifs

kəbbāṛ câpres, câprier, *dəllāḥ* pastèques, *dəbbān* mouches, *təffāḥ* pommes.

2 - Le schème $C_1 \partial C_2 C_2 \bar{i} C_3$

Ce schème ne se rencontre que dans la formation de substantifs et de collectifs:

a - Les substantifs féminins

Il n'y a qu'un seul exemple, et il peut avoir les deux genres, féminin et masculin (tout comme l'autre type de couteau *mūs*): *səkkīn*: couteau.

b - Substantif masculin: *təllīs* paniers servant de selle pour les mules

c - Collectif: *bəttīx* melon.

3 - Le schème $C_1 \partial C_2 C_2 \bar{u} C_3$

Nous l'avons recensé dans la formation de substantifs masculins, de collectifs et d'adjectifs.

a - Les substantifs masculins

qannōṭ bobine, *ḥallūf* porc, *fərrūž* coq, *fəllūs* poussin.
Un emprunt comme *kəbbōṭ* pull s'est coulé dans le moule.

b - Collectif: *fəggūs* concombres.

Le nom d'unité se forme par adjonction d'un suffixe *-a(t)*:
fəggūsa un concombre.

c - adjectif

Il n'y en a qu'un seul: *məssūs* fade (peu salé ou peu sucré).

Le féminin est formé par adjonction d'un suffixe *-a(t)*: *məssūsa*.

4 - Le schème $C_1uC_2C_2\bar{a}C_3$

Les schèmes où la voyelle brève est u sont très peu nombreux. On le trouve dans la formation de substantifs et de collectifs.

a - Un substantif masculin: *kunnāš* cahier.

b - Un collectif: *ṛummān* grenades (fruit).

Son nom d'unité se forme par adjonction d'un *-a(t)*: *ṛummāna* une grenade.

5 - Le schème $C_1uC_2C_2\bar{u}C_3$

bubbūš escargots. Le nom d'unité est formé par adjonction d'un suffixe *-a(t)*: *bubbūša* un escargot.

Ce type de schème, à 1ère voyelle *u*, n'existe pas combiné à la voyelle *ī*.

2 Schèmes sufixés en *-a(t)*

1 - Le schème $C_1\partial C_2C_2\bar{a}C_3\text{-}a(t)$

Ce schème sert à la formation de substantifs féminins, de noms d'unité et de masdar. Il apparait églement dans la formation de certains noms de métier (voir chapitre sur les pluriels).

a - Les substantifs féminins

rəššāša arrosoir, *šəkkāra* cartable, *šaɛɛāla* flamme, *žəllāba* djel-laba, *kəṛṛāṭa* râteau, *ḥammāla* pièce de tissu (pour porter les bébés dans le dos).
avec une 3ème radicale vocalique:
səqqāya fontaine, *məššāya* nu-pieds, claquettes.

b - Les noms d'unité des collectifs

dəbbāna une mouche, *dəllāḥa* une pastèque, *təffāḥa* une pomme, *kəbbāṛa* un câpre/un buisson.

c - Les masdar

Ils correspondent à des verbes de la 2ème forme en $C_1\partial C_2C_2\partial C_3$:

verbe	masdar
žəffəf passer serpillère	*žəffāfa* serpillère
beyyəḍ blanchir	*beyyāḍa* argile blanchâtre ser-vant à peindre les murs

2 - Le schème $C_1\partial C_2C_2\bar{i}C_3\text{-}a(t)$

a - Les substantifs féminins: *xəddīya* coussin, *ḥəžžīla* papillon.

b - Nom d'unité: *battīxa* un melon.

d - Les schèmes à adjonction de deux voyelles longues

Les combinaisons possibles des trois voyelles longues, $\bar{a}$, $\bar{\imath}$ et $\bar{u}$: *cācāc*, *cācīc*, *cācūc*, *cīcāc*, *cīcīc*, *cīcūc*, *cūcāc*, *cūcīc* et les féminins correspondants: *cācāc-a(t)*, *cācīc-a(t)*, *cācūc-a(t)*, *cīcāc-a(t)*, *cīcīc-a(t)*, *cīcūc-a(t)*, *cūcāc-a(t)*, *cūcīc-a(t)*

Tous ces schèmes ne sont pas productifs en arabe marocain et il conviendrait sans doute de parler ici de "forme" plutôt que de "schème"; en effet, les nominaux qui ont cette forme sont généralement empruntés à une langue étrangère (français ou espagnol) ou au registre arabe classique.

1 Schèmes non suffixés

1 - *cācāc*

Il ne s'agit pas véritablement d'un schème de l'arabe marocain, puisqu'il n'est représenté que par un emprunt, qui a pris la forme d'un collectif: *bānān* "bananes"; et par un masdar, emprunté à l'arabe classique, venant du verbe *nžəḥ* "réussir": *nāžāḥ* "succès, réussite".

2 - *cācīc*

kāġēṭ papier, *ṭāžīn* plat (récipient et contenu).

3 - *cācūc*

Il sert essentiellement à former des substantifs masculins, dont certains sont d'origine étrangère ou arabe classique.

a - Les substantifs masculins

ḥānūt boutique, *kāmūn* cumin, *šākūš* sacoche, sac, *ṣālōn* salon, *kānūn* fourneau à braises, *qānūn* loi, *bābōṛ* bâteau, samovar.

b - Un collectif: *nāmūs* moustiques.

4 - *cīcāc*

Il n'est représenté que dans un emprunt au classique: *žīhād* guerre sainte.

5 - *cīcīc*: il existe un collectif d'origine étrangère: *ḍēṣēṛ* fruits.

6 - *cīcūc*

La plupart des mots de cette forme sont des emprunts:

a - Les substqntifs masculins

ṭēfōṛ grand plateau servant de table, *šīfōṛ* chauffeur, *nīlōn* synthétique, *ẓēẓōn* muet.

b - Les collectifs: *līmūn* citrons, *zītūn* olives, oliviers.

7 - *CūCōC*

On trouve les collectifs: *sūsān* lys, *būbāl* fleur de fenouil sauvage (légume).

8 - *CūCīC*

Comme pour les formes précédentes, ce sont des substantifs masculins d'origine étrangère: *ṭōbīs* autobus, *būlīs* police.

2 Schèmes suffixés en *-a(t)*

1 - *CāCāC-a(t)* On ne le trouve que dans des emprunts.

a - Les substantifs féminins:
ḥālāqa pendants d'oreille, *māgāna* montre, réveil.

b - Collectif empprunté: *bāṭāṭa* pommes de terre, patates.

c - Noms d'unité: *bānāna* une banane, *bāṭāṭa* une pomme de terre.

2 - *CāCīC-a(t)*

La plupart des mots sont d'origine étrangère.

a - Les substantifs féminins

qāmīža chemise, *vālīza* valise, *žākēṭa* veste, *fārīna* farine. *bākīya* paquet.

b - Un collectif emprunté: *māṭēša* tomates/une tomate.

3 - *CāCūC-a(t)*

a - Un substantif féminin: *nāeōṛa* noria, rouet.

b - Un nom d'unité: *nāmūsa* un moustique.

4 - *CīCāC-a(t)*

La plupart des mots sont des emprunts:
bīṣāra plat de fèves sèches, *bīžāma* robe d'intérieur, *sīmāna* semaine.

5 - *CīCīC-a(t)*

On le trouve dans un substantif féminin emprunté: *sīnīma* cinéma, et dans un substantif où la 3ème radicale est *y*: *ṣēnīya* plateau.

6 - *CīCūC-a(t)*

Il n'est utilisé que pour former le nom d'unité des collectifs en *CīCūC*: *līmūna* un citron, *zītūna* une olive.

7 - $C\bar{u}C\bar{a}C$-a(t)

Un nom d'unité: *sūsāna* un lys.

8 - $C\bar{u}C\bar{\imath}C$-a(t)

On trouve des substantifs empruntés féminins: *kūzīna* cuisine, *mūsīqa* musique.

En résumé, ce qui caractérise ces schèmes trilitères à deux consonnes longues, c'est qu'ils ne sont pas productifs en arabe marocain; on ne peut donc pas parler de schème, mais d'un moule, d'une forme dans lequel peuvent se couler des mots d'emprunt à des langues étrangères (français, espagnol, berbère) ou au vocabulaire de l'arabe classique.

C - LES NOMS QUADRILITERES

Contrairement à ce qui se passe pour les formes dérivées, la racine correspondant aux noms quadrilitères est formée de **quatre consonnes radicales** distinctes.

a - Les schèmes à deux voyelles brèves

Pour les schèmes non suffixés, on trouve les formes *CəCCəC* et *CCəCC*; les schèmes suffixés correspondants sont *CəCCC-a(t)* et *CCəCC-a(t)*.

1 Schèmes son suffixés

1 - Le schème *CəCCəC*

Il sert à former des substantifs masculins:

šəržəm fenêtre, *taeləb* renard, *eanbəṛ* ambre, *zaeṭəṛ* marjolaine.

2 - Le schème *CCəCC* se trouve dans le mot: *sfənž* beignet.

2 Schèmes suffixés en *-a(t)*

1 - Le schème *CəCCC-a(t)*

a - Les substantifs féminins:
səlsla chaîne, fermeture éclair (1), *məsṭṛa* règle.

b - Les collectifs

Le collectif et le nom d'unité sont tous les deux suffixés en *-a(t)*: *fəlfla* poivrons, piments/un poivron, un piment (1)

2 - Le schème *CCəCC-a(t)*: *mrəmma* cadre à broder.

b - Les schèmes à une voyelle longue entre la 3ème et la 4ème radicale

Ils comportent une voyelle brève (*ə* ou *u*), qui se trouve insérée entre la 1ère et la 2ème radicale. Ces schèmes sont très courants en arabe marocain:
CəCCāC, *CəCCūC*, *CəCCīC*, *CuCCāC*, *CuCCīC*, et les schèmes en *-a(t)* correspondants: *CəCCāC-a(t)*, *CəCCūC-a(t)*, *CəCCīC-a(t)*.

1 Schèmes non suffixés

1 - Le schème *CəCCāC*

Les quatre consonnes radicales sont distinctes. Il sert à la formation de substantifs masculins, de collectifs et d'adjectifs.

---

(1) La racine est de type $C_1C_2C_1C_2$, mais seule l'occurrence de la forme suffixée en *-a(t)* a été relevée.

a - Les substantifs masculins

qəfṭān caftan, *məsmār* clou, *sətwān* entrée (maison), *məžmār* fourneau à braises, *sərwāl* pantalon, séroual, *bərṭāl* moineau, *kəskās*
couscoussier (1), *ġərbāl* tamis.

b - Les collectifs

məšmāš abricot (1), *gərgāɛ* noix, *bəsbās* fenouil (1), *dənžāl*
aubergines.

c - Un adjectif qui peut aussi s'employer comme substantif:
maɛgāz paresseux.

2 - Le schème *CəCCūC*

Il est beaucoup plus productif que le schème comprenant un *ā*.

a - Les substantifs masculins

ɛatrūs bouc, *tərbūš* calot, *şəndūq* coffre, *qəsbōr* coriandre,
qənfūd hérisson, *zənbōr* bourdon, *ḍəblōn* pendentif (monnaie),
bəzbūz : robinet, *fərqūš* sabot (animal), *fəkrōn* tortue, *zaɛlūk*
purée d'aubergines et tomates.

b - Les collectifs: *bərqōq* prunes, pruneaux, *ḥammōş* pois chiches.

3 - Le schème *CəCCīC*

a - Les substantifs masculins

məndīl torchon, *bəndīr* bendir, tambour, *səḥrīž* bassin, *dəmlīž*
bracelet, *məskīn* pauvre (emploi substantival d'un adjectif).

b - Un collectif emprunté avec l'article: *lətšīn* oranges.
(ce mot vient de l'espagnol "La China" la Chine).

4 - Le schème *CuCCāC*: substantifs masculins:
xulxāl bracelet de cheville, *şolṭān* sultan.

5 - Le schème *CuCCīC*

On trouve le substantif masculin: *ṭobşēl* plat, assiette.

2 Schèmes suffixés en *-a(t)*

1 - Le schème *CəCCāC-a(t)*

Il sert à la formation de noms d'unité des collectifs, de masdar
et du féminin des adjectifs; parfois, les mots formés sur ce schème
sont des emprunts.

---

(1) La racine est de type $C_1C_2C_1C_2$.

a - Les substantifs féminins sont des emprunts:

saṇḍāla sandales, *təlfāza* télévision.

b - Le collectif et le nom d'unité

On trouve un exemple qui est à la fois un collectif et un nom d'unité: *ẑəlbāna* petits pois/une cosse de petit-pois:
Si l'on veut désigner un petit-pois, on utilise le classificateur *ḥabba* grain:
ḥabba d-əẑ-ẑəlbāna ‹grain-de-les petits-pois› un petit pois.

c - Les noms d'unité

Ce sont ceux qui correspondent aux collectifs en *CəCCāC*:
məšmāša un abricot, *gərgāɛa* une noix, *bəsbāsa* un fenouil, *dənžāla* une aubergine.

c - adjectif féminin: *maɛgāza* paresseuse.

2 - Le schème *CəCCūC-a(t)*

a - Les substantifs féminins

xənfōṛa museau, *šəṛmūla* marinade, *gəržūm/ṭ-a* gorge.

b - Les noms d'unité

bəṛqōqa une prune, pruneau, *ḥammōsa* une cosse de pois chiche.
Pour désigner un pois, on utilise le classificateur *ḥabba*:
ḥabba d-əl-ḥammōṣ un grain de pois chiche.

3 - Le schème *CəCCīC-a(t)*

a - les substantifs féminins:

təlmēṭa housse de matelas, *təqšīra* chaussette, *zərbīya* tapis, *səbnīya* foulard et l'emprunt: *baṛwēṭa* brouette.

b - Le noms d'unité est un emprunt: *lətšīna* une orange.

c - Les schèmes à deux voyelles longues: après la 2ème et après la 3ème radicale

Ces schèmes sont très peu nombreux. Il ne s'agit pas vraiment de schèmes, mais de formes de mot, qui correspondent à des emprunts; sont représentés: *CCāCCīCa(t)* et *CCūCCāC*.

1 - Les emprunts en *CCāCīC-a(t)*

klākēṭa nu-pieds en bois, *ɛmālīya* opération (chirurgie).

**2 - Un emprunt en *CCūCāC*: *fṛōmāž* fromage.

d - Les schèmes à deux voyelles longues: après la 1ère et la 3ème radicale

Comme les précédents, il s'agit de moules qui servent à intégrer des emprunts dans la langue: *CāCCāC, CīCCūC*.

1 - *CāCCāC*

Il s'agit d'un collectif formé sur une racine $C_1C_2C_1C_2$: *kāwkāw* cacahuètes.

2 - *CīCCūC*

un emprunt: *šīflōṛ* choux-fleurs, dont le nom d'unité est *šīflōṛa* un choux-fleur.

e - Les schèmes quadrilitères à trois voyelles longues

Ces formes ne sont pas des schèmes productifs, mais permettent l'intégration de mots d'origine étrangère: *CūCūCīC, CāCūCīya*.

1 - *CūCūCīC*: *ṭōm/nōbīl* voiture.

2 - *CāCūCīy-a(t)*: *nāmūsīya* lit.

D - LES MOTS SUPERIEURS A 4 CONSONNES

Ces mots sont très peu représentés en arabe marocain; il s'agit essentiellement d'emprunts.

1 - Le schème *CCəCCəC* (5 consonnes)

Il est représenté par le collectif: *sfəržəl* coings, avec son nom d'unité: *sfəržla* un coing.

2 - Le schème *CCəCCāC* (5 consonnes): *zɛafrān* safran.

3 - Le schème *CəCCCūC* (5 consonnes): *qarqṭōn* banquettes, *maɛdnūs* persil

4 - Le schème *CəCCāCīC* (5 consonnes)

Il existe un collectif d'origine étrangère: *mandārīn* mandarines dont le nom d'unité est: *mandārīya* une mandarine. (La chute du *-n* final signifie que la terminaison *-īn* a probablement été assimilée à un suffixe de pluriel).

5 - Le schème *CCiCCCīC* (6 consonnes)

Un mot d'origine étrangère: *skinžbīr* gingembre.

	pas de suffixe	suffixe *-a(t)*

TABLEAU DES SCHEMES ET FORMES DE SINGULIER

TRILITERES SIMPLES

	pas de suffixe	suffixe *-a(t)*
Régulier	*CCəC*	*CəCC-a(t)*
Régulier	*CəCC*	
Régulier	*CuCC*	*CuCC-a(t)*
Régulier	*CuCC*	
Concave	*CāC*	*CāC-a(t)*
Concave	*CūC*	*CūC-a(t)*
Concave	*CīC*	*CīC-a(t)*
Défectueux	*CCa*	*CCāy-a(t)*
Défectueux	*CCi*	*CCīy-a(t)*
Défectueux	*CCu*	*CCūw-a(t)*

TRILITERES DERIVES

Adjonction d'une voyelle longue après la 1ère radicale:

	pas de suffixe	suffixe *-a(t)*
	CāCəC	*CāCC-a(t)*
	CāyəC	
	CāCi	*CāCy-a(t)*
	CīCəC	*CīCC-a(t)*
		CūCC-a(t)

Adjonction d'une voyelle longue après la 2ème radicale:

	pas de suffixe	suffixe *-a(t)*
	CCāC	*CCāC-a(t)*
	CwāC	*CwāC-a(t)*
	CyāC	*CyāC-a(t)*
	CCīC	*CCīC-a(t)*
	CCūC	*CCūC-a(t)*
	CyūC	

Gémination de la 2ème radicale, suivie d'une voyelle longue:

	pas de suffixe	suffixe *-a(t)*
	CəCCāC	*CəCCāC-a(t)*
	CəCCīC	*CəCCīC-a*(t)
	CəCCūC	
	CuCCāC	
	CuCCūC	

Adjonction de 2 voyelles longues: essentiellement des emprunts:

cācāc	*cācāc-a(t)*
cācīc	*cācīc-a(t)*
cācūc	*cācūc-a(t)*
cīcāc	*cīcāc-a(t)*
cīcīc	*cīcīc-a(t)*
cīcūc	*cīcūc-a(t)*
cūcāc	
cūcīc	*cūcīc-a*(t)

QUADRILITERES
à voyelles brèves:

cəccəc	*cəccc-a(t)*
ccəcc	*ccəcc-a*(t)

Adjonction d'une voyelle longue après la 3ème radicale (emprunts):

cəccāc	*cəccāc-a(t)*
cəccūc	*cəccūc-a(t)*
cəccīc	*cəccīc-a(t)*
cuccāc	
cuccīc	

Adjonction de 2 voyelles longues après la 2éme et la 3ème radicales (emprunts):

	ccācīc-a(t)
ccūcāc	*cūccāc-a(t)*
ccīcāc	

Adjonction de 2 voyelles longues après la 1ère et la 3ème radicales (emprunts):

cāccāc	*cāccāc-a(t)*
cāccīc	*cāccīc-a(t)*
cīccūc	

Adjonction de 3 voyelles longues (emprunts):

cūcūcīc

E - LES PREFIXES

Il s'agit en fait d'un procédé complexe de formation, qui associe un schème et un préfixe. En arabe marocain, il n'existe que deux préfixes déverbatifs: *m-* et *t-*.

a - Le préfixe *m-*

On dit traditionnellement que le préfixe *m-* a une valeur déverbative, c'est-à-dire qu'il sert à former des nominaux à partir de verbes. Le suffixe *m-* entre également dans la formation des participes: participe passif pour les verbes trilitères simples, forme unique de participe actif et de participe passif, pour les verbes dérivés et les quadrilitères.

Les nominaux préfixés en *m-* peuvent être de trois types: anciens participes adjectivés, masdar ou noms d'instruments.

1 - Les anciens participes devenus des adjectifs

verbe	participe/adjectif
wussəx salir	*mwussəx* sale
zyān améliorer	*məzyān* bon, bien

2 - Les noms d'instruments

Ce sont des substantifs masculins formés sur le schème *məCCəC*; ils servent aussi à désigner les parties du corps: *məfṣəl* articulation, *məqbəṭ* barrette, *mərfəq* coude.

3 - Les masdar

Le préfixe *m-* entre dans la formation du masdar des verbes trilitères ayant une voyelle longue après la 1ère radicale (schèmes *Fāɛəl* et *Fāɛa*).

a - Le schème *m-CāCCa*

Il s'agit du masdar correspondant au schème verbal *CāCəC*, c'est-à-dire à des verbes de la 3ème forme:

verbe	masdar
gābəl s'occuper de	*mgābla* fait de s'occuper de
ḥawəl essayer de	*mḥāwla* essai réussi
nāzaɛ râler, gémir	*mnāzɛa* gémissement
wāfəq être d'accord	*mwāfqa* fait d'être d'accord

b - Le schème *m-CāCya*

Ce sont des masdar correspondant au schème verbal *CāCa*, appartenant à la 3ème forme des verbes défectueux:

verbe	masdar
lāqa rassembler	*mlāqya* rencontre
qāḍa terminer	*mqāḍya* fait de terminer
sāla finir	*msālya* fait de finir
sāma se rapprocher	*msāmya* rapprochement

c - Les exceptions

Le verbe *kla* "manger", qui est un faux verbe défectueux (voir p. 41), forme son masdar en *māCCa*: *mākla* "repas, nourriture".

Le verbe bilitère défectueux *ža* "venir" a un masdar en *mCi*: *mži* venue; il est probablement calqué sur celui du verbe *mša*, *mši* "aller, fait de marcher" (*əl-mši w-əl-mži* "le fait d'aller et venir").

b - Le préfixe *t-*

Le préfixe *t-* n'est utilisé que dans la formation de masdar.

1 - Le schème *tə-$C_1C_2\bar{a}C_3$*

La plupart des masdar correspondant aux verbes de la 2ème forme, de type $C_1 \partial C_2 C_2 \partial C_3$, sont construits selon ce modèle; il en est de même pour les verbes de la 5ème forme, en *t-$C \partial C_2 C_2 \partial C$*.

verbe	masdar
2ème forme:	
bəddəl changer	*təbdāl* changement
bəzzəq saliver	*təbzāq* fait de saliver
fəttət émietter	*təftāt* émiettage
fəzzəg mouiller	*təfzāg* fait de mouiller
5ème forme:	
tgəlləb se renverser	*təglāb* renversement
txəbbaɛ se cacher	*təxbāɛ* fait de se cacher
tfuwwəh bailler	*təfwāh* baillement

2 - Le schème *tə-$C_1C_2\bar{i}C_3$*

Il sert également à la formation des masdar des verbes de la 2ème et de la 5ème forme tout en étant moins courant que le précédent:

verbe	masdar
2ème forme:	
dəbbər débrouiller	*tədbīr* fait de débrouiller
fəkkər réfléchir	*təfkīr* réflexion
şəbbən faire la lessive	*təşbēn* lessive
məttəl jouer (acteur)	*təmtīl* fait de jouer
5ème forme:	
thammam se baigner	*təhmīm* fait de se baigner

3 - Le schème *tə-$C_1C_2\bar{i}C_3$-a(t)*

Ce schème suffixé an *-a(t)* permet de former le masdar marquant un **acte unique** pour les verbes de la 2ème et de la 5ème forme. Il oppose donc deux types de masdar, l'un marquant l'action abstraite, l'autre un acte unique:

verbe	nom abstrait	acte unique
2ème forme:		
şowwər photographier	*təşwīr* fait de...	*tşwēṛa* une photo
5ème forme:		
thammam se baigner	*təhmīm* fait de...	*təhmīma* un bain
tfuwwəh bailler	*təfwāh* fait de ...	*təfwīha* un baillement

Le suffixe -a(t) retrouve son rôle de discrétiseur, comme pour la formation du nom d'unité des collectifs (voir p.62).

4 - Le schème $t\text{-}C_1\partial C_2 C_3 \bar{\imath} C_4$

Ce schème correspond au masdar de verbes quadrilitères à voyelles brèves $C\partial CC\partial C$ ou aux racines bilitères géminées $C_1\partial C_2 C_1\partial C_2$:

verbe	masdar
bəhdəl humilier	tbəhdīl humiliation
bəžģəṭ babiller	tbəžģēṭ babillage
ẓaɛẓaɛ ébranler	tẓaɛẓēɛ fait d'ébranler

5 - Le schème $t\text{-}C\partial Cy\text{-}a(t)$

Il correspond aux masdar des verbes défectueux de la 2ème et de la 5ème forme, c'est-à-dire, des schèmes verbaux $C_1\partial C_2 C_2 a$ et $t\text{-}C_1\partial C_2 C_2 a$; le masdar sert à désigner aussi bien l'action abstraite que l'acte unique :

verbe	masdar
qalla confire (huile)	tqəlya fait de confire
nəqqa peler	tnəqya fait de peler
tfəlla se moquer	tfəlya fait de se moquer

6 - Le schème $t\partial\text{-}Cw\bar{a}C$

Il sert à la formation du masdar de certains verbes du schème concave $C\bar{a}C/yC\bar{u}C/yC\bar{\imath}C$:

verbe	masdar
ṛām bien s'entendre	təṛwām bonne entente
lāḥ jeter	təlwāḥ fait de jeter
ṛāb cailler	təṛwāb fait de cailler

Le dernier verbe, dont la conjugaison préfixale est en $yC\bar{\imath}C$, a deux masdar possibles: təṛwāb et təṛyāb.

En résumé, ce procédé de formation par préfixe (m- ou t-) est lié aux déverbatifs (qu'il s'agisse de la formation d'anciens participes ou de masdar, ou de noms d'instruments).

F - LES SUFFIXES

Certains suffixes sont plus particulièrement destinés à la forma-
tion d'adjectifs, comme -i, -$\bar{a}wi$, -$\bar{a}ni$, et d'autres, comme -$\bar{a}n$, en
combinaison avec certains schèmes, à celle de masdar.

1 - Le suffixe -i

Ce suffixe, appelé "nisba" dans la tradition grammaticale arabe,
permet, dans un premier temps, de former un adjectif à partir d'un
substantif ou d'un adverbe. Par la suite, ces adjectifs peuvent devenir des substantifs; il existe, par ailleurs, des substantifs qui ont
une terminaison -i, sans pour autant avoir été des adjectifs.

a - Les adjectifs

Il suffit d'ajouter le suffixe -i au substantif, avec les permutations que l'adjonction d'un suffixe vocalique peut entraîner pour
les voyelles brèves:

- $CC\partial C + i > C\partial CCi$ $b\underline{h}ar$ mer > $ba\underline{h}ri$ marin
- $C\partial CC + i > C\partial CCi$ $w\partial rd$ rose > $w\partial rdi$ rose (couleur)
- $C\bar{a}C + i > C\bar{a}Ci$ $f\bar{a}s$ Fès > $f\bar{a}si$ de Fès, Fassi
- $C\bar{I}C + i > C\bar{I}Ci$ ∂r-$r\bar{I}f$ Le Rif > $r\bar{I}fi$ du Rif, Rifain
- $C\bar{U}C + i > C\bar{U}Ci$ ∂s-$s\bar{u}s$ Le Sous > $s\bar{u}si$ du Sous, Soussi

Les habitants du Sous (Sud-Ouest du Maroc) exercent traditionnellement la profession d'épicier; le $s\bar{u}si$ "Soussi" désigne couramment
l'épicier à Fès.

Certains adjectifs n'ont plus de substantif correspondant; c'est
le cas de $r\bar{u}mi$ "occidental, non-marocain"; seul l'adjectif est usité à
l'heure actuelle.

- $CC\bar{a}C + i > CC\bar{a}Ci$ $\underline{r}m\bar{a}d$ cendres > $\underline{r}m\bar{a}di$ gris

Il y a une exception: $bl\bar{a}d$ pays, région > $b\partial ldi$ traditionnel (1)

- $C\partial CC\bar{I}C + i > C\partial CC\bar{I}Ci$ ∂l-$ma\underline{\dot{g}}\underline{r}\bar{e}b$ Le Maroc > $ma\underline{\dot{g}}\underline{r}\bar{e}bi$ marocain

---

(1) Le terme $b\partial ldi$ a une portée très large, puisqu'il désigne tout ce
qui est traditionnel, artisanal, s'opposant à tout ce qui est importé,
industriel, d'origine étrangère, et qui est désigné par $r\bar{u}mi$ (voir ci-
dessus). Ainsi:
∂z-$z\bar{I}t$ ∂l-$b\partial ld\bar{I}ya$ signifie l'huile d'olive,
⟨l'huile-la traditionnelle⟩
par rapport à:
∂z-$z\bar{I}t$ ∂r-$r\bar{u}m\bar{I}ya$, l'huile d'arachide, de colza, de tournesol.
⟨l'huile-la non-marocaine⟩
$s\partial rw\bar{a}l$ $b\partial ldi$ ⟨pantalon-traditionnel⟩ désigne le séroual traditionnel (large, arrivant aux genoux), s'opposant aux pantalons occi-
dentaux.

b - Le substantifs

Il faut distinguer ceux qui, d'évidence, sont des adjectifs substantivés, de ceux dont l'origine adjectivale n'apparaît pas clairement.

- Ainsi, on peut citer l'origine adjectivale de:
fūq sur > *əl-fūqi* le haut, l'étage
əs-sūdān le Soudan > *əs-sūdāni* le piment fort.

- Certains substantifs ont une terminaison en *-i*, sans qu'il s'agisse apparemment d'un suffixe; ce sont souvent des emprunts:
ḥāwli mouton, *kursi* chaise, fauteuil, *təbrūri* grêle *r̝ōȥe* guêpes (collectif), *səddāri* salon marocain, *bībi* dinde (collectif).

2 - Le suffixe *-īya(t)*

C'est la forme féminine correspondant au suffixe *-i*; ce suffixe sert à la formation du féminin des adjectifs; il peut également permettre de former des substantifs, ainsi que le nom d'unité des collectifs se terminant en *-i*.

a - Les adjectifs

Le féminin se forme par l'adjonction au substantif d'un suffixe *-īya(t)/-iyya(t)* (les deux prononciations se trouvent):
fāsīya Fassie, de Fès, *rīfīya* Rifaine, du Rif, *baḥrīya* marine, *maġrēbīya* marocaine, *bəldīya* traditionnelle, *rūmīya* occidentale.

b - Les substantifs féminins

Ce sont des substantifs qui ont une terminaison *-īya*, sans avoir d'origine adjectivale:
šəxsīya personalité, *nāmūsīya* lit, *bəttānīya* couverture tissée, *xəddīya* coussin, *zərbīya* tapis, *qāḍēya* affaire.

Il y a aussi toute une série de termes qui désignent les différents types de caftans:
bədɛīya caftan sans manches, *fūqīya/mənṣōrīya* caftan de dessus.

c - Les noms d'unité des collectifs

r̝ōȥe guêpes > *r̝ōȥēya* une guêpe.

Pour *bībi* "dinde", l'adjonction du suffixe *-a(t)* permet d'opposer la femelle au mâle: *bībīya* "une dinde femelle".

3 - Le suffixe *-āni*

Il sert à la formation de certains adjectifs, en particulier ceux qui désignent des emplacements dans l'espace (Tous les adjectifs ont une forme féminine en *-ānīy-a(t)*):

substantif		adjectif	
wust	milieu	*wustāni*	du milieu, médian
taht	bas	*tahtāni*	du bas
bərra	extérieur	*bərrāni*	du dehors, étranger

Ces adjectifs peuvent aussi être utilisés comme substantifs, de même que deux autres termes construits sur le même modèle: *šībāni* vieux, vieillard, *nəsrāni* chrétien, non-musulman, étranger

4 - Le suffixe *-āwi*

Il peut servir à former les adjectifs correspondant à des substantifs se terminant en *-a(t)* :

substantif		adjectif	
franşa	la France	*franşāwi*	français
fōḍa/fāwḍa	désordre, anarchie	*fōḍāwi/fāwḍāwi*	désordonné, anarchiste

Le féminin de ces adjectifs se forme en *-āwīya(t)*.

5 - Le suffixe *-ān*

Il sert à la formation de certains adjectifs, et, en combinaison avec différents schèmes, à celle de masdar. On le trouve également dans la formation des pluriels externes (voir p.113).

a - Les adjectifs d'état

Il s'agit d'adjectifs décrivant un état physique ou moral:

etəš	soif	*eatšān*	assoiffé
ereq	transpiration	*earqān*	en sueur
səkra	ivresse	*səkrān*	ivre
ġəḍba	bouderie	*ġəḍbān*	fâché
žūe	faim	*žiean*	affamé (la voyelle *i* fait partie du registre arabe classique)

Ils forment leur féminin en *-ān-a(t)*.

b - Les masdar

Certains schèmes de masdar comprennent un suffixe *-ān*:
- Quelques verbes en *CāC/yCūC*, forment un masdar sur le schème *CūCān*:

verbe		masdar	
šāf	voir	*šūfān*	fait de regarder
dāz	passer	*dūzān*	passage
sās	secouer	*sūsān*	fait de secouer
şāg	conduire (voiture)	*şōgān*	conduite

- La plupart des verbes sourds en $C\partial C_2C_2$, forment un masdar en $C_1\partial C_2C_2\bar{a}n$:

verbe		masdar	
šəmm	sentir (odeur)	*šəmmān*	fait de sentir
kəbb	verser	*kəbbān*	fait de verser
žərr	ruminer	*žərrān*	ruminement
səbb	insulter	*səbbān*	fait d'insulter

- La plupart des verbes défectueux en *CCa/yCCi*, ont un masdar en *CəCyān*:

verbe		masdar	
bṛa	guérir	*bəṛyān*	guérison
bǧa	vouloir, aimer	*bəǧyān*	volonté, amour
kma	fumer	*kəmyān*	fait de fumer
ṛma	jeter	*ṛəmyān*	fait de jeter

6 - La terminaison -*u*

On ne peut pas parler de suffixe pour cette terminaison, parce qu'elle n'apparaît que dans des noms d'emprunts:
foṛno brûleur, *ṭṛenbo* toupie, *māṛīyo* placard, armoire, *bīṛo* bureau, *gaṛṛo* cigarettes, *xēzzu* carottes (coll.), *rādyo* radio, *tīyo* tuyau, *bābəǧǧīyo* perroquet, *rīḍo* rideau.

7 - La terminaison -*ūy-a(t)*

Elle sert à former le nom d'unité correspondant au collectif en -*u*: *xēzzu* carottes > *xēzzūya* une carotte.

3 - LE NOMBRE

Avant de passer à l'étude des schèmes de pluriel, il faut analyser le fonctionnement de la catégorie du nombre en arabe marocain.

Il existe essentiellement deux nombres: le singulier et le pluriel. Cependant, tous les nominaux ne sont pas réductibles à ce fonctionnement binaire; en effet, d'une part, un certain nombre de substantifs ont un système ternaire dû à l'existence d'une forme de duel; d'autre part, toute un série de nominaux n'ont qu'une seule forme possible: le singulier.

A - LES NOMINAUX SANS PLURIEL

Sont exclus de ce groupe les adjectifs, qui ont toujours une forme de pluriel et de féminin. On trouve, par contre, une grande partie des masdar, et les substantifs appartenant à la catégorie du continu (voir p.65-66) et les collectifs.

1 - Les collectifs

Les collectifs se comportent comme des singuliers (accord au singulier avec les verbes et les pronoms anaphoriques). Ils sont souvent masculins, mais il en existe un certain nombre qui sont féminins. Ils désignent des ensembles d'individus ou d'objets appréhendés comme un tout, comme une collection d'éléments: légumes, fruits, animaux vivant en groupe ou en troupeau, insectes.

- légumes:
$m\bar{a}\underline{t}\bar{e}\check{s}a$ tomates, $sfər\check{z}əl$ coings, $l\bar{u}bya$ haricots blancs, $b\underline{s}əl$ oignons, $gərεa$ courgettes, $fəlfla$ poivrons.

- fruits:
$ng\bar{a}\underline{s}$ poires, $b\bar{a}n\bar{a}n$ bananes, $bətt\bar{i}x$ melons, $dəll\bar{a}\underline{h}$ pastèques, $x\bar{o}x$ pêches, $mə\check{s}m\bar{a}\check{s}$ abricots.

- animaux en groupe:
$bgər$ vaches, $d\check{z}\bar{a}\check{z}$ poules, $b\bar{i}bi$ dindes, $\underline{h}m\bar{a}m$ pigeons.

- insectes:
$nməl$ fourmis, $n\underline{h}al$ abeilles, $r\underline{z}\bar{o}\underline{z}e$ guêpes, $n\bar{a}m\bar{u}s$ moustiques...

Les collectifs peuvent être discrétisés, par la formation d'un nom d'unité (suffixation d'un $-a(t)$, voir p.62), qui permet d'appréhender un élément du groupe.

Les collectifs ont aussi une forme de pluriel externe, formé par la suffixation d'un $-\bar{a}t$, utilisée en particulier avec les quantificateurs numéraux ou pour désigner un petit groupe d'individus (une dizaine maximum (voir les pluriels pp.111-12).

2 - Les substantifs continus quantifiables

Ils réfèrent à des ensembles indénombrables; ils correspondent plus particulièrement aux aires sémantiques de la nourriture, des matériaux, des matières premières ou des éléments naturels.

- **nourriture:**
zəbda beurre, *smən* beurre rance, *zṛaɛ* blé, *qəsbōṛ* coriandre,
kāmūn cumin, *šəhma* graisse, *zīt* huile, *ḥlīb* lait, *ɛsəl* miel,
səkkāṛ sucre.

- **matériaux, matières premières:**
ṭēn argile, *qṭən* coton, *ṣōf* laine, *ḥrīr* soie, *nəqra* argent, *dhəb*
or, *nḥāṣ* cuivre, *ḥdīd* fer.

- **éléments naturels:**
təlž neige, *rīḥ* vent, *šəms* soleil, *hāwa* air, *šta* pluie, *gəmṛa*
lune, *təbrūri* grêle, *ṛɛad* tonnerre.

Certains de ces substantifs (continus ou collectifs) ont une
forme morphologique de pluriel, mais cette forme a un sens très particulier: elle sert à marquer l'intensité. Il s'agit d'emplois très
restreints, qu'on rencontre dans un contexte exclamatif (voir ci-
dessous).

3 - Les pluriels intensifs

Les pluriels intensifs existent pour les collectifs et pour les
continus quantifiables; ils s'utilisent en général avec la quantificateur exclamatif *šḥāl* "combien":

šḥāl-d-əz-zyūt *dərti* !
<combien-de-les huiles-tu as mis>
Qu'est-ce que tu as mis comme huile !

Les collectifs et les continus ne sont pas normalement pluralisables; ici, le pluriel est utilisé pour marquer l'intensité (p.121-22).

4 - Les masdar et les noms abstraits

La plupart des masdar désignent une action liée à un verbe, et
sont des noms abstraits; on s'aperçoit effectivement qu'ils ne sont
pas quantifiables et qu'ils n'ont en général pas de forme de pluriel:
bəṛyān guérison, *kəmyān* fait de fumer, *ṛaḥma* pitié, *xāwa*
fraternité, *ḍbāġa* tannage, *sxāna* température, *nɛās* sommeil, *ṭlāq*
répudiation, *ḥfāḍa* fait d'apprendre par coeur.

B - LES NOMINAUX AYANT UN SYSTEME TERNAIRE: SINGULIER DUEL PLURIEL

Ils sont très peu nombreux, désignant uniquement des unités de
temps ou de mesure, des noms de nombre et certaines parties doubles du
corps. Ce ne sont en fait que des emplois figés, qui apparaissent
comme des survivances.

Le duel se forme en ajoutant un suffixe *-āyn* au masculin, avec
les permutations habituelles de voyelles brèves au sein du mot. Il est
parfois figé en une forme *-īn* qui ne permet plus de le distinguer d'un
pluriel externe en *-īn* (c'est le cas de certaines parties doubles du
corps).

- **parties doubles du corps** (tous ces substantifs sont des féminins sans marque):

nom		duel et pluriel confondus	
εīn	oeil	*εīnīn*	(deux) yeux
yidd	main, bras	*yiddīn*	(deux) mains, bras
wdən	oreille	*wədnīn*	(deux) oreilles
ržəl	pied, jambe	*ržlīn*	(deux) pieds, jambes

- **unités de temps:**

nom		duel		pluriels
qṣəm	5 minutes	*qəṣmäyn*	10 min.	*qṣām/qṣōma*
sāεa	heure	*sāεtäyn*	2 heures	*swēyεa*
yōm	jour	*yōmäyn*	2 jours	*īyām*
šhaṟ	mois	*šaḫräyn*	2 mois	*šhūṟ*
εām	année	*εāmäyn*	2 ans	*snīn/εwām*
məṟṟa	une fois	*məṟṟtäyn*	2 fois	*məṟṟāt*

- **noms de nombre:** (Ils n'ont pas tous une forme de pluriel)

nom		duel		pluriels
εašṟa	10	*εəšrīn*	20 (1)	*εašṟāwāt*
mya	100	*myātäyn*	200	*myāwāt*
āləf	1000	*ālfäyn*	2000	*ālāf/ūlūfāt*
tūlūt	1/3	*tūlūtäyn*	2/3	Ø

- **unités de mesure:**

Pour ce qui est des unités d'origine étrangère, il n'y a pas de forme de duel (*kīlo* "kilo", *yīṭṟo* "litre", *mēṭər* "mètre", *sāntim* "centimètre", *grām* "gramme", *g^uṭāṟ* "hectare"); le duel n'existe que pour certaines mesures traditionnelles qui n'ont plus cours, et qui sont surtout connues des personnes âgées:
- pour le poids:
ūqīya once   *ūqīytäyn* 2 onces
- pour mesurer l'huile:
qolla 10 1.   *qolltäyn* 20 1.
(*nəṣṣ qolla* ⟨demi-10 1.⟩ 5 1., *təlt qlūl* ⟨3-10 1.⟩ 30 1.)
- pour le ruban:
sbər empan (16 cm.) *šəbräyn* 2 empans (32 cm.)
(*tlāta d-əš-šbūra* = *nəṣṣ mēṭər* 3 empans = 1/2 m.)
- pour le tissu:
draε coudée (50 cm.) *dərεäyn* 2 coudées (= 1 m.)

---

(1) *εəšrīn* a un suffixe *-īn* semblable à celui des parties du corps; c'est le mêm suffixe qui sert à former les noms de dizaine de 30 à 90 (*tlātīn* 30).

C - LA FORMATION DES PLURIELS

Il existe trois moyens de former des pluriels en arabe, les
pluriels externes, formés par simple adjonction d'un suffixe, les
pluriels internes, formés par modification du schème, c'est-à-dire par
formation d'un autre mot, et les **pluriels mixtes**, qui sont une combinaison des deux.

a - Les pluriels externes

Il y a plusieurs suffixes qui permettent la formation des pluriels externes: *-īn, -a(t), -āt, -ān*.

1 - Le suffixe *-īn*

Il sert presque exclusivement à former le pluriel des adjectifs
et des participes. Les adjectifs (et les participes) ont deux formes
au singulier (masculin et féminin), par contre, ils n'ont qu'un seul
pluriel pour les deux genres. Cependant, tous les adjectifs n'ont pas
un pluriel externe.

a - Les adjectifs et les participes

adjectifs:
mərr amer > *mərrīn*, *məzyān* bon > *məzyānīn*, *mwussəx* sale >
mwussxēn, *qāṣəḥ* dur > *qāṣḥēn*, *māləḥ* salé > *mālḥēn*, *maɛgāz* paresseux > *maɛgāzīn*, *ḥlu* sucré > *ḥlūwīn* (1), *ṭṛe* frais > *ṭṛēyīn* (1),
ǧāli cher > *ǧālyīn* (1), *dāfi* tiède > *dāfyīn* (1).

participes passifs :
məktūb écrit > *məktūbīn*, *məšdūd* fermé > *məšdūdīn*, *məlyūḥ* jeté >
məlyūḥēn.

participes actifs :
kātəb écrivant > *kātbīn*, *māši* allant > *māšyīn* (1), *šādd* fermant >
šāddīn.

b - Les substantifs

Ils sont peu nombreux à former leur pluriel avec le suffixe *-īn*;
il y a certaines parties doubles du corps (de genre féminin), dont le
pluriel se confond avec le duel (voir p.109), certains noms de métier
masculins, formés sur le schème *CəCCāC* et des emprunts à l'arabe
classique.

- **Les parties du corps** (de genre féminin) :

singulier		duel/pluriel
yidd	main, bras	*yiddīn*
wdən	oreille	*wədnīn* etc...

---

(1) Pour les mots se terminant par une voyelle, on ajoute une semi-
consonne pour permettre la liaison avec le suffixe vocalique; la semi-
consonne est *y*, si la voyelle finale est *i*, et *w*, si la voyelle finale
est *u*; pour les schèmes en *CāCi*, le suffixe pluriel est *-yīn*, et il se
substitue au suffixe singulier *-i*.

- **Les noms de métier:**

Le pluriel habituel des noms de métier formés sur ce schème se fait par adjonction du suffixe -a(t) (voir paragraphe suivant); le pluriel en -īn est réservé à Fès pour la désignation des quartiers de la médina (vieille ville) où exercent ces artisans:

nəžžār	menuisier	*nəžžārīn*
ɛaṭṭaɾ	marchand d'épices	*ɛaṭṭaɾēn*
ḍəbbāġ	teinturier	*ḍabbāġēn*
ṣəbbāġ	peintre	*ṣəbbāġēn*

Certains substantifs ne s'emploient plus que pour désigner des quartiers de Fès:

ɛaššābīn	le quartier des petits restaurants, des herbes
šəṛṛāṭēn	le quartier des marchands de vêtements, des cordiers

emprunts au classique:

muɛallim	instituteur	*muɛallimīn*
mūdīr	directeur	*mūdīrīn*

2 - Le suffixe -a(t)

Ce suffixe sert exclusivement à la formation de pluriels de substantifs masculins qui désignent des groupes humains (voir le paragraphe sur le suffixe -a(t), p.63)): essentiellement noms de métier en *CəCCāC* ou ethnonymes:

noms de métiers:

ḥaddād	maréchal ferrand	*ḥaddāda*
fəllāḥ	paysan	*fəllāḥa*
xiyyāṭ	tailleur	*xiyyāṭa*
ḍəbbāġ	teinturier	*ḍəbbāġa*
zlāyži (1)	carreleur	*zlāyžīya*

ethnonymes:

wəždi	habitant d'Oujda	*wžāda* (2)
rīfi	rifain	*ryāfa*
maġrēbi/mġəṛbi	marocain	*mġāṛba*
bīḍāwi	habitant de Casablanca	*biḍāwa*
tūnsi	Tunisien	*twānsa*

Ces nominaux ont une terminaison en -i, c'est-à-dire qu'ils peuvent être aussi bien adjectifs que substantifs. En tant qu'adjectifs, ils ont un pluriel externe en -īn; par contre, quand ils sont substantivés, leur pluriel est généralement mixte (comme la plupart des exemples qui précèdent): schème *CCāC/CCāCC* + suffixe -a(t).

3 - Le suffixe -āt

Ce suffixe entre exclusivement dans la formation de pluriels de substantifs: substantifs féminins en -a(t), substantifs masculins se terminant par une consonne ou par une voyelle -u (emprunts), et noms d'unité des collectifs.

---

(1) Si le singulier se termine en -i, on utilise une semi-consonne de liaison -y-.
(2) Voir aussi les pluriels mixtes p.121.

a - Les substantifs féminins en -a(t):

bāla	bêche	*bālāt*
eša	dîner	*ešāwāt*
nāmūsīya	lit	*nāmūsīyāt*
mlāya	couverture	*mlāyāt*
ǧāba	forêt	*ǧābāt* (1)
kūzīna	cuisine	*kūzīnāt*
lāmḅa	lampe à pétrole	*lāmḅāt*

b - Les substantifs masculins

Le suffixe *-āt* sert également à la formation de pluriels de substantifs masculins; il s'agit souvent de substantifs formés sur le schème *CCāC* ou des emprunts (généralement avec une terminaison en *-u*). Il sert aussi à la formation des pluriels des diminutifs (voir p.146).

- Le schème *CCāC*:

lžām	mords	*lžāmāt*
ṭwāl	corde	*ṭwālāt*
nhāṛ	jour	*nhāṛāt*
ḥzām	taille	*ḥzāmāt*

- Les emprunts

Certains ont une terminaison en *-u*; dans ce cas, on rajoute une semi-voyelle de liaison *y* ou la consonne *n*; on remarque un certain flottement dans l'adjonction du suffixe pluriel:

ṣālōn	salon	*ṣālōnāt*
ṭōbīs	autobus	*ṭōbīsāt*
šorṭ	short	*šorṭāt*
rīḍo	rideau	*rīḍō-yāt*
tīyo	tuyau	*tīyō-yāt/-nāt*
forno	brûleur	*fornō-yāt/-wāt*
rādyo	radio	*rādyō-nāt*
bānyo	cuvette	*bānyō-yāt/-nāt*
mārīyo	placard	*mārīyō-yāt/-nāt*

c - Le pluriel des noms d'unité

Le nom d'unité des collectifs, suffixé en *-a(t)* peut avoir une forme de pluriel externe en *-āt*. Ce pluriel ne sera employé que lors de l'utilisation de quantificateurs numéraux ou pour désigner une petite quantité d'éléments (au maximum 10).

collectif		nom d'unité	pluriel
ngāṣ	poires	*ngāṣa*	*ngāṣāt*
nməl	fourmis	*nəmla*	*nəmlāt*
bgəṛ	vaches	*bəgṛā*	*bəgṛāt*

---

(1) Il arrive que le pluriel en *-āt* soit l'une des deux ou trois formes possibles de pluriel qu'a le substantif; c'est le cas de *ǧāba*, qui a un autre pluriel interne en *ǧyəb*.

tlāta d-ən-ngāṣāt   mais   *ən-ngāṣ bəzzäf*
<trois-de-les poires>   <poires-beaucoup>
trois poires   beaucoup de poires

4 - Le suffixe *-ān*

Le suffixe *-ān*, au singulier, sert à la formation d'adjectifs et de masdar (voir p.105); on le retrouve également dans la formation de pluriels, toujours de la forme *CəCC-ān*:

draɛ	avant-bras	*dərɛān*
sbaɛ	doigt	*səbɛān*
dfər	ongle	*dəfrān*
ɛwəd	cheval	*ɛawdān*

Pour certains mots, il s'agit en fait d'un pluriel mixte, avec changement de schème (voir p.122):

ĝzāl	gazelle	*ĝəzlān*
xṛōf	mouton	*xərfān*
ṭṛēq (fém.)	route	*ṭərqān*

b - Les pluriels internes

Ils sont extrêmement nombreux et concernent aussi bien les sub-stantifs continus que les adjectifs. Tout en conservant la racine du mot singulier, il y a modification complète du schème, et donc, du point de vue lexical, formation d'un mot nouveau.

Il n'y a pas correspondance bi-univoque entre un schème de singulier et un schème de pluriel; cependant, on peut dégager des régularités, et c'est ce qui apparaitra dans le tableau récapitulatif.

Tout comme pour les pluriels externes, le genre est en rapport avec la forme que prendra le pluriel du mot. Aussi, pour chaque schème de pluriel, les schèmes singuliers seront regroupés selon leur genre.

En ce qui concerne les schèmes de pluriel eux-mêmes, on peut aussi dégager des régularités:

- pour les trilitères, l'adjonction d'une voyelle *ā* longue entre la 2ème et la 3ème radicale:
CCāC, CwāC, CyāC, CCāCa, CwāCa, CCāCi, CwāCi, CyāCi.

- pour les quadrilitères, on a un phénomène semblable, avec introduction d'un *ə* entre la 3ème et la 4ème radicale:
CCāCəC, CCāwəC, CCāyəC, CwāCəC, CyāCəC, CwāyəC, CwāCəC.

- pour les trilitères, on trouve également, l'introduction d'une voyelle *ū* longue entre la 2ème et 3ème radicale:
CCūC, CwūC, CyūC, CCūCa, CyūCa.

1 - Le schème *CCāC*

Ce pluriel concerne essentiellement des substantifs masculins (mais il y a aussi des féminins), et des adjectifs trilitères.

a - Les substantifs masculins

Les singuliers sont construits sur deux schèmes esentiellement ($CC\partial C$ et $C\partial CC$); il y a aussi deux substantifs en CuC_2C_2, et l'exception que constitue:

ɾāžəl homme > ɾžāl

- schème singulier $CC\partial C$:
žməl chameau > žmāl, bǧəl mule > bǧāl, ktəf épaule > ktāf.

- schème singulier $C\partial CC$:
ɛarš branche > ɛrāš, kəlb chien > klāb, wuld garçon > wlād.

- schème singulier CuC_2C_2:
ɛušš nid > ɛšāš, muxx cervelle > mxāx.

b - Les substantifs féminins

Ce sont les schèmes réguliers comme pour le masculin: $C\partial CC$ et $C\partial CCa$:

- schème singulier $C\partial CC$:
bənt fille > bnāt.

- schème singulier $C\partial CCa$:
kaɛba cheville > kɛāb, wəɾqa feuille > wɾāq.

c - les adjectifs

Tous les adjectifs en $CC\bar{I}C$ ont un pluriel en $CC\bar{a}C$; la plupart du temps, ils ont un deuxième pluriel mixte (schème $CC\bar{a}C$ + suffixe $-\bar{I}n$: $CC\bar{a}C\bar{I}n$):

- schème singulier $CC\bar{I}C$:
kbīr grand > kbār, qbī mauvais > qbā, tqēl lourd >tqāl.

2 - Le schème $Cw\bar{a}C$

C'est une variante du schème précédent, due à la présence d'une semi-voyelle w en 2ème radicale.

Cette forme est réservée au pluriel des substantifs (essentielle-ment masculins), groupés selon trois schèmes de singulier: $C\bar{u}C$, $CuCC$, $C\bar{a}C$.

- schème singulier $C\bar{u}C$ (masc.):
dōɾ anneau > dwāɾ, ṣōq marché > ṣwāq, rūf étagère > rwāf.

substantif ayant les deux genres: mūs couteau > mwās;

- schème singulier CuC_2C_2:
fumm bouche > fwām.

- schème singulier $C\bar{a}C$:
ɛām année > ɛwām.

3 - Le schème *CyāC*

Il correspond aux singuliers masculins en *CīC*:

- schème singulier *CīC*:
bīr puits > *byār*, *rīḥ* vent > *ryāḥ*.

4 - Le schème *CCāC-a(t)*

Il correspond à des substantifs réguliers se terminant en *-i* ou en *-īya*:

- schème singulier *CəCCi* (masc.):
fərdi pistolet > *frāda*, *kursi* siège > *krāsa*.

- schème singulier *CəCCīy-a(t)* (fém.):
bədɛīya caftan, boléro >*bdāɛa*.

5 - Le schème *CwāC-a(t)*

C'est le correspondant du précédent pour les substantifs ayant une 2ème radicale en *w*; il est réservé aux singuliers en *Cūci*, *Cūcīy-a(t)*:

- schème singuliier *Cūci* (masc.):
fūqi étage > *fwāqa*.

- schème singulier *Cūcīy-a(t)* (fém.):
fūqīya caftan de dessus > *fwāqa* (1).

6 - Le schème *CCāci*

Ce schème est exclusivement réservé aux substantifs **féminins**; le singulier est généralement de la forme *CəCC-a(t)*, mais on trouve aussi d'autres schèmes:

- schème singulier *CəCC-a(t)*:
bəlĝa babouches (une paire) > *blāĝe*, *žərḥa* blessure > *žṛāḥe*, *məqla* poêle > *mqāli*.

- schème singulier *CəCCīy-a(t)*:
xəddīya coussin > *xdādi*, *səbniya* foulard > *sbāni*, *zərbīya* tapis > *zrābi*.

- schème singulieer *CəCCāy-a(t)*:
məššāya nu-pieds (paires) > *māši*.

7 - Le schème *CwāCi*

Il est réservé à des substantifs **féminins** ayant une voyelle longue après la 1ère radicale:

---

(1) La séquence *fw* est réalisée, avec une emphatisation et un arrondissement [ff^w]: *ff^wāqa*.

115

- schème singulier *CāCīy-a(t)/CāCy-a(t)*:
sāgya canal d'irrigation > *swāgi*, *tāgīya* calot > *twāgi*, *xāmīya* tenture > *xwāmi*, *ɛāfya* feu > *ɛwāfi*.

- schème singulier *CīCīy-a(t)*:
ṣēnīya plateau > *ṣwāni*.

8 – Le schème *CyāCi*

Il sert à former le pluriel d'un substantif féminin en *CīC*:
līl nuit > *lyāli*.

9 – Le schème quadrilitère *CCāCəC*

Ce schème, qui se caractérise par la présence d'une voyelle longue après la 2ème radicale, sert à former le pluriel de nombreux schèmes quadrilitères qui ont une caractéristique commune au singulier: la présence d'une voyelle longue après la 3ème radicale:

masculin: *CəCCūC, CəCCāC, CəCCāCi, CəCCīC, CuCCāC, CuCCīC.*
féminin: *CəCCūCa, CəCCūCīya, CəCCāCa, CəCCāCīya, CəCCīCa.*

Il y a aussi quelques exemples de quadriltères à voyelles brèves:
CəCCəC, CCəCCa, CəCCCa.

- schème singulier *CəCCūC* (masc.):
qannōṭ bobine > *qnānəṭ*, *qənfūd* hérisson > *qnāfəd*, *bəzbūz* robinet > *bzābəz*.

- schème *CəCCūC-a(t)* (fém.):
xənfōṛa museau > *xnāfəṛ*.

- schème singuliier *CəCCūCīy-a(t)* (fém.):
mənṣōrīya caftan > *mnāṣər*.

- schème singulier *CəCCāC* (masc.):
qəfṭān caftan > *qfāṭən*, *šəbbāk* grille de fenêtre > *šbābək*, *məsmār* clou > *msāmər*.

- schème singulier *CəCCāC-a(t)* (fém.):
šəkkāra cartable > *škākər*, *sanḍāla* sandales (paires) > *snāḍəl*, *kərrāṭa* râteau > *krārəṭ*.

- schème singulier *CəCCāCi* (masc.):
səddāri matelas, banquette > *sdādər*.

- schème singulier *CəCCāCīy-a(t)* (fém.):
bəttānīya couverture tissée > *btātən*.

- schème singulier *CəCCīC* (masc. et fém.):
masculin: *dəmlīž* bracelet > *dmāləž*, *məndīl* torchon, pièce d'étoffe > *mnādəl*, *səḥrīž* bassin > *sḥārəž*.

les deux genres sont possibles:
səkkīn couteau > *skākən*.

- schème singulier *CəCCĪC-a(t)* (fém.):
təlmēṭa housse de matelas > *tlāməṭ*, *təqšĪra* chaussette > *tqāšər*.

- schème singulier *CuCCāC* (masc.):
xulxāl bracelet de cheville > *xlāxəl*, *kunnāš* cahier > *knānəš*.

- schème singulier *CuCCĪC* (masc.):
ṭobṣēl assiette, plat > *ṭbāsəl*.

- schème *CəCCəC* (masc.):
mərfəq coude > *mrāfəq*, *šəržəm* fenêtre > *šṛāžəm*,
taɛləb renard > *tɛāləb*.

- schème singulier *CCəCC-a(t)* (fém.):
mrəmma cadre à broder > *mrāməm*.

- schème singulier *CəCCC-a(t)* (fém.):
səlsla chaîne > *slāsəl*, *ṭanžra* cocotte > *ṭnāžəṛ*.

10 - Le schème *CCāwəC*

žnāḥ aile > *žnāwəḥ*.

11 - Le schème *CCāyəC*

Il sert essentiellement à former des pluriels de féminins; on trouve aussi quelques masculins:

- schème singulier *CCĪC* (masc.): *qmĪs* chemise > *qmāyəs*.

- schème singulier *CCĪC-a(t)* (fém.):
ḥṣēra natte (sol) > *ḥṣāyər*, *sfĪfa* diadème > *sfāyəf*,
gzĪra île > *gzāyər*.

- schème singulier *CCāC-a(t)* (fém.):
sḍāfa bouton > *sḍāyəf*, *šnāfa* lèvre > *šnāyəf*,
yqāma menthe > *yqāyəm* (intensif).

12 - Le schème *CwāCəC*

Ce schème sert à la formation du pluriel des schèmes singuliers ayant une voyelle *ā* longue après la 1ème radicale:

masculin: *CāCəC, CāCūC, CāCĪC.*
féminin: *CāCC-a(t), CāCəC, CāCūC-a(t), CāCūCĪy-a(t), CāCĪC-a(t), CāCāC-a(t)*

- schème singulier *CāCəC* (masc. et fém.):

masculin: *nāfəx* feu de braises > *nwāfəx*.
féminin: *xātəm* bague > *xwātəm*.

- schème singulier *CāCC-a(t)* (fém.):
ṭānga boucles d'oreille > *ṭwānəg*, *šānṭa* valise > *šwānəṭ*, *mākla* repas > *mwākəl* (prononcé *ṃṃʷākəl*).

117

- schème singulier *CāCūC* (masc. et fém.):
ḥānūt (1) boutique > *ḥwānəṯ*, *šākūš* sacoche > *šwākəš*,
kāmūn cumin > *kwāmən* (intensif).

- schème singulier *CāCūC-a(t)* (fém.):
nāɛōṛa dévidoir, roue > *nwāɛəṛ*.

- schème singulier *CāCūCīy-a(t)* (fém.):
nāmūsīya lit > *nwāməs*.

- schème singulier *CāCīC* (masc.):
kāġēṯ papier > *kwāġəṯ*.

- schème singulier *CāCīC-a(t)* (fém.):
qāmīža chemise > *qwāməž*, *māṯēša* tomate > *mwāṯəš* (intensif) (prononcé *m̩m̩ʷātəš*).

- schème singulier *CāCāC-a(t)* (fém.):
ḥālāqa pendants d'oreille > *ḥwāləq*.

13 - Le schème *CyāCəC*

Il ne sert que pour les substantifs masculins de schème *CīCūC*:
ṯēfōṛ plateau > *ṯyāfəṛ*, *ẓēẓōn* sourd > *ẓyāẓən*.

Il existe des schèmes de pluriel où deux des radicales sont des
semi-voyelles: *Cwāyəc* et *Cwāwəc*.

14 - Le schème *Cwāyəc* pluriel des féminins en *CāyCa*:

gāyza poutre > *gwāyəz*.

15 - Le schème *Cwāwəc*

Il concerne des substantifs masculins et féminins contenant une
semi-voyelle *w* géminée en 2ème radicale:
duwwāṛ village > *dwāwəṛ*, *ṯowwāṣa* queue > *ṯwāwəṣ*.

16 - Le schème *CCūC*

Il marque le pluriel de substantifs masculins et féminins; il est
surtout lié à des schèmes singuliers réguliers: *CCəC*, *CəCC*, *CəCCa*.

- schème singulier *CəCC* (masc./fém.):

masculin: *gəṛn* corne > *gṛōn*, *qərd* singe > *qrūd*,
qəlb coeur > *qlūb*.
féminin: *šəms* soleil > *šmūš*, *kərš* ventre > *krūš*.

- schème singulier *CCəC* (masc.):
dlaɛ côte > *dlūɛ*, *ɛžəl* veau > *ɛžūl*, *wžəh* visage > *wžūh*.

_____

(1) *ḥānūt* est en général féminin.

- schème singulier CəCC-a(t) (fém.):
qəṭṭā chat > qṭōṭ, qəffa couffin > qfūf, kəbda foie > kbūd.

- schème singulier CuC₂C₂ (masc.):
muxx cervelle > mxūx (également mxāx et mxūxa).

- schème singulier CCāC (masc.):
ktāb livre > ktūb, yzāṛ drap > yzōṛ.

17 - Le schème CCūC-a(t)

Ce schème a le même champ d'application que le précédent; il sert à former les pluriels des schèmes CCəC, CəCC, CuCC, CāCC.

A part deux exceptions, les substantifs concernés sont **masculins**.

- schème singulier CCəC (masc.):
fžər aube > fžūra, mqəs ciseaux > mqūsa, εḍəm os > εḍōma.

- schème singulier CəCC (masc./fém.):
masculin: dərb ruelle > drūba, qəṛn siècle > qṛōna,
fəṛx petit d'oiseau, de jument (mulet, poulin...) > fṛōxa.
féminin: kərš ventre > krūša.

- schème singulier CəCC-a(t) (fém.): kəbda foie > kbūda.

- schème singulier CuCC (masc.):
εong cou > εnūga, muxx cervelle > mxūxa (également mxūx et mxāx).

- schème singulier CāCC (masc.):
qlām crayon > qlūma, lsān langue > lsūna, ktāb livre > ktūba (aussi ktūb).

- schème singulier CCūC (masc.):
ḍhōṛ midi (heure de prière) > ḍhōṛa.

18 - Le schème CwūC

Il ne concerne que des substantifs féminins ayant un ū long après la 1ère radicale :
fōṭa serviette > fwōṭ (1), šūka épine, piqûre > šwūk (1).

19 - Le schème CyūC

Il concerne des substantifs concaves de forme CīC ou CāC.

- schème singulier CīC (masc./fém.):

masculin: ṭēṛ oiseau > ṭyōṛ, bīt chambre, pièce > byūt,
ḥayṭ mur > ḥyōṭ.
féminin: εīn oeil, source > εyūn, zīt huile > zyūt (intensif).

---

(1) La séquence fw se prononce [ffʷ], avec une emphatisation; la séquence šw se réalise [ššʷ], avec une très légère emphase.

- schème singulier $C\bar{o}C$ (masc./fém.):

masculin: $r\bar{a}s$ tête > $ry\bar{u}s$.
féminin: $d\bar{o}r̦$ maison > $dy\bar{o}r̦$.

20 - Le schème $Cy\bar{u}C$-$a(t)$

Il sert à former les pluriels de substantifs masculins en $C\bar{\imath}C$:
$d\bar{\imath}k$ coq > $dy\bar{u}ka$, $d\bar{\imath}b$ loup > $dy\bar{u}ba$, $s\bar{\imath}f$ épée > $sy\bar{u}fa$.

21 - Le schème $CC\bar{\imath}C$

Il sert à former le pluriel de substantifs masculin et féminin.
masculin: $ḥm\bar{o}r̦$ âne > $ḥm\bar{\imath}r$.
féminin: $maeza$ chèvre > $me\bar{\imath}z$.

22 - Le schème $Cy\bar{\imath}C$

Il sert pour les substantifs concaves féminins:
$t\bar{a}qa$ fenêtre intérieure > $ty\bar{\imath}q$.

Les schèmes précédents ont un caractère beaucoup plus marginal que les groupes en $CC\bar{a}C$, $CC\bar{a}C\partial C$ ou $CC\bar{u}C$. Il existe également des schèmes de pluriels à voyelle brève.

23 - Le schème $C_1C_2\partial C_2$

Il n'est utilisé que pour les schèmes singuliers sourds (avec une 2ème et une 3ème radicale géminées).

- schème singulier $C\partial C_2C_2$ (masc.):
$\check{s}\partial dd$ turban jaune > $\check{s}d\partial d$.

- schème $C\partial C_2C_2a$ (fém.):
$d\partial rra$ foulard > $dr\partial r$, $r\partial zza$ turban blanc > $rz\partial z$,
$x\partial ṣṣa$ fontaine > $xṣ\partial ṣ$.

24 - Le schème $Cy\partial C$

Il forme le pluriel d'un féminin en $C\bar{o}C$-$a(t)$:
$ĝ\bar{a}ba$ forêt > $ĝy\partial b$ (aussi $ĝ\bar{a}b\bar{a}t$).

25 - Le schème $C\partial CC$-$a(t)$

Il correpond à des singuliers masculins en $CC\bar{\imath}C$:
$ṭb\bar{e}b$ médecin > $ṭabba/ṭobba$, $bṣ\bar{e}r̦$ non-voyant > $b\partial ṣr̦a$.

Les deux schèmes de pluriel qui suivent, avec une voyelle longue après la 1ère radicale, sont réservés aux adjectifs.

26 - Le schème $C\bar{u}C\partial C$

Il sert à la formation du pluriel des **adjectifs** en $CC\partial C$:
$zr̦\partial q$ bleu > $z\bar{o}r̦\partial q$, $ṣf\partial r̦$ jaune > $ṣ\bar{o}f\partial r̦$, $ml\partial s$ lisse > $m\bar{u}l\partial s$.

27 - Le schème $C\bar{\imath}C\partial C/C\bar{\imath}w\partial C$

Ce schème sert pour le pluriel des **adjectifs** en $Cw\partial C$:
$\varepsilon w\partial \check{z}$ tordu > $\varepsilon\bar{\imath}w\partial\check{z}$, $\hbar w\partial l$ bigleux > $\hbar\bar{\imath}w\partial l$, $\varepsilon w\partial r$ aveugle > $\varepsilon\bar{\imath}w\partial r$.

Il reste à voir le troisième procédé de formation des pluriels:
les pluriels mixtes.

c - Les pluriels mixtes

Il s'agit de la combinaison des deux procédés (pluriel interne +
suffixation); ce sont des **pluriels internes suffixés** qui ressemblent
aux pluriels internes, à cette différence près qu'ils portent en plus
un suffixe.

Par exemple, à côté du pluriel interne $CC\bar{a}C$, on trouve un pluriel
mixte $CC\bar{a}C$-$\bar{\imath}n$; de même pour $CC\bar{u}C$ et $CC\bar{u}C$-$\bar{a}t$:

- **suffixe** -$\bar{\imath}n$: $CC\bar{a}C\bar{\imath}n$
- **suffixe** -$a(t)$: $CC\bar{a}Ca$, $CC\bar{a}CCa$
- **suffixe** -$\bar{a}t$: $CC\bar{u}C\bar{a}t$, $Cy\bar{u}C\bar{a}t$
- **suffixe** -$\bar{a}n$: $C\partial CC\bar{a}n$, $C\bar{\imath}C\bar{a}n$.

1 - Le schème $CC\bar{a}C$-$\bar{\imath}n$

On le toujours en doublet avec le pluriel interne $CC\bar{a}C$; mais,
alors que $CC\bar{a}C$ pouvait marquer le pluriel de substantifs aussi bien
que d'adjectifs, $CC\bar{a}C\bar{\imath}n$, lui, ne se trouve que pour les adjectifs en
$CC\bar{\imath}C$.

La plupart des adjectifs ayant un pluriel en $CC\bar{a}C$, ont une 2ème
forme possible en $CC\bar{a}C\bar{\imath}n$:

$d\varepsilon\bar{\imath}f$ faible $d\varepsilon\bar{a}f$ / $d\varepsilon\bar{a}f\bar{\imath}n$
$xf\bar{\imath}f$ léger $xf\bar{a}f$ / $xf\bar{a}f\bar{\imath}n$
$tw\bar{e}l$ long $tw\bar{a}l$ / $tw\bar{a}l\bar{\imath}n$

2 - Le schème $CC\bar{a}C$-$a(t)$ / $CC\bar{a}CC$-$a(t)$

Il est caractéristique des ethnonymes; pour les schèmes trilitères, quelle que soit la forme du masculin singulier, le pluriel se
forme selon le schème $CC\bar{a}C$-$a(t)$; et pour les quadrilitères, selon le
schème $CC\bar{a}CC$-$a(t)$:

trilitères $CC\bar{a}C$-$a(t)$:
$r\bar{\imath}fi$ rifain > $ry\bar{a}fa$, $s\bar{u}si$ soussi > $sw\bar{a}sa$, $\check{z}\partial bli$ Jebli > $\check{z}b\bar{a}la$,
$w\check{z}di$ habitant d'Oujda > $w\check{z}\bar{a}da$.

quadrilitères $CC\bar{a}CC$-$a(t)$:
$t\bar{u}nsi$ Tnisien > $tw\bar{a}nsa$, $ma\dot{g}\bar{r}ebi$ Marocain > $m\dot{g}\bar{a}rba$.

3 - Le schème $CC\bar{u}C$-$\bar{a}t$

Alors que les pluriels internes en $CC\bar{u}C$, $CC\bar{u}C$-$a(t)$ étaient associés aux schèmes réguliers, le schème $CC\bar{u}C\bar{a}t$ semble réservé aux
pluriels intensifs à valeur exclamative des substantifs **continus** quan-

tifiables ayant un schème régulier *CCəC*, *CəCC*, *CəCC-a(t)*; il y a cependant une exception qui marque un véritable pluriel:
fṭōṛ petit-déjeûner › *fṭōṛāt*.

- schème singulier *CCəC* (masc./fém.):

masculin: *dhəb* or › *dhūbāt*, *zraɛ* blé › *zrūɛāt*,
lḥam viande › *lḥūmāt*.
féminin: *ɛsəl* miel › *ɛsūlāt*, *smən* beurre conservé › *smūnāt*.

- schème singulier *CəCC* (masc.):
təlž neige › *tlūžāt*, *bərd* froid › *brūdāt*.

- schème singulieer *CəCCa* (fém.):
šəhma graisse › *šhūmāt*, *məlḥa* sel › *mlūḥāt*,
kəfta viande hachée › *kfūtāt*.

4 - Le schème *CyūC-āt*

Ce schème suffixé en *-āt* est associé à un **continu** quantifiable de schème concave *CĪC*; il s'agit d'un emprunt venant de la marque de lessive "Tide"; il a lui aussi une valeur de pluriel **intensif**:
tīd lessive › *tyūdāt*.

Le suffixe *-āt* a un rôle spécifique, puisqu'il est réservé aux **valeurs intensives** pour des substantifs **continus**, et donc, non pluralisables.

5 - Le schème *CĪC-ān*

Il sert à former le pluriel de schèmes concaves en *CāC*, *CūC*:

- schème singulier *CāC* (masc./fém.):
masculin: *kāṛ* car › *kīṛān*, *wād* fleuve, rivière › *wīdān*,
kās verre › *kīsān*.
féminin: *bāb* porte › *bībān*.

- schème singulier *CūC* (masc.):
ṭōṛ taureau › *tīrān*. (noter la perte d'emphase au pluriel)

6 - Le schème *CəCC-ān*

Ce schème est un pluriel externe possible pour des substantifs réguliers en *CCəC*, avec ajout du suffixe *-ān* (*ɛwəd* cheval › *ɛawdān*) (voir p.105); c'est également un pluriel mixte pour des schèmes singuliers en *CCāC*, *CCĪC*, *CCūC*:
- schème *CCāC* (masc.):
ġzāl gazelle › *ġəzlān*.

- schème singulier *CCūC* (masc.):
xṛōf mouton › *xəṛfān* (voir p.113).

- schème singulier *CCĪC* (fém.):
ṭrēq route › *ṭəṛqān* (voir p.113).

Des tableaux récapitulatifs permettent de mettre en évidence des régularités dans la correspondance entre les schèmes de pluriel et de singulier:

Le tableau A montre, à partir de la forme du pluriel, quels sont les singuliers qui peuvent lui correspondre.

Le tableau B indique, pour les schèmes singuliers, les différents pluriels possibles.

PLURIELS	SINGULIERS

TRILITERES

1 - Adjonction d'un $\bar{a}$ après la 2ème radicale:

		masculin	féminin	adjectif
$CC\bar{a}C$		$CC\partial C$, $C\partial CC$, $CuCC$,	$C\partial CC-a(t)$, $C\partial CC$	$CC\bar{\imath}C$
$CC\bar{a}C-(t)a$		$C\partial CCi$,	$C\partial CC\bar{\imath}y-a(t)$	
$CC\bar{a}Ci$			$C\partial CC-a(t)$, $C\partial CC\bar{\imath}y-a(t)$	
$CC\bar{a}C-\bar{\imath}n$				$CC\bar{\imath}C$

2ème radicale semi-vocalique:

$Cw\bar{a}C$		$C\bar{u}C$, $C\bar{a}C$, $CuCC$		
$Cw\bar{a}C-a(t)$		$C\bar{u}Ci$,	$C\bar{u}C\bar{\imath}y-a(t)$	
$Cw\bar{a}Ci$			$C\bar{a}C(\bar{\imath})y-a(t)$, $C\bar{\imath}C\bar{\imath}y-a(t)$	
$Cy\bar{a}C$		$C\bar{\imath}C$		
$Cy\bar{a}Ci$			$C\bar{\imath}C$	

2 - Adjonction d'un $\bar{u}$ après la 2ème radicale:

	masculin	féminin	adjectif
$CC\bar{u}C$	$CC\partial C$, $C\partial CC$, $CuCC$, $CC\bar{a}C$	$C\partial CC-a(t)$, $C\partial CC$	
$CC\bar{u}C-a(t)$	$CC\partial C$, $C\partial CC$, $CuCC$, $CC\bar{a}C$, $CC\bar{u}C$	$C\partial CC-a(t)$, $C\partial CC$	
$CC\bar{u}C-\bar{a}t$	$CC\partial C$, $C\partial CC$,	$C\partial CC-a(t)$, $C\partial CC$	

(pluriel mixte réservé aux substantifs continus)

2ème radicale semi-vocalique:

$Cw\bar{u}C$		$C\bar{u}C-a(t)$
$Cy\bar{u}C$	$C\bar{\imath}C$, $C\bar{a}C$	$C\bar{\imath}C$, $C\bar{a}C$
$Cy\bar{u}C-a(t)$	$C\bar{\imath}C$	
$Cy\bar{u}C-\bar{a}t$	$C\bar{\imath}C$ (continus)	

3 - Adjonction d'un $\bar{\imath}$ après la 2ème radicale:

	masculin	féminin
$CC\bar{\imath}C$	$CC\bar{a}C$	$C\partial CC-a(t)$
$Cy\bar{\imath}C$		$C\bar{a}C-a(t)$

4 – Schèmes de pluriels à voyelles brèves:

	masculin	féminin
$CC_2\partial C_2$		$C\partial C_2C_2$, $C\partial C_2C_2\text{-}a(t)$
$Cy\partial C$		$C\bar{a}\bar{c}\text{-}a(t)$
$C\partial CC\text{-}a(t)$	$CC\bar{\imath}C$	

5 – Adjonction d'une longue après la 1ère radicale:

	masculin	féminin	adjectif
$C\bar{u}c\partial c$			$CC\partial C$
$C\bar{\imath}w\partial c$			$Cw\partial c$

6 – Pluriel mixte concave:

	masculin	féminin
$C\bar{\imath}c\text{-}\bar{a}n$	$C\bar{a}c$, $C\bar{u}c$	$C\bar{a}c$

QUADRILITERES

Toujours adjonction d'un $\bar{a}$ après la 2ème radicale:

$CC\bar{a}C\partial C$		$C\partial CC\bar{a}C$	$C\partial CC\bar{u}C$	$C\partial CC\bar{\imath}C$	$CuCC\bar{a}C$	$CuCC\bar{\imath}C$	$C\partial CC\partial C$
	masc.	$C\partial CC\bar{a}C$	$C\partial CC\bar{u}C$	$C\partial CC\bar{\imath}C$	$CuCC\bar{a}C$	$CuCC\bar{\imath}C$	$C\partial CC\partial C$
	fém	$C\partial CC\bar{a}C\text{-}a(t)$	$C\partial CC\bar{u}C\text{-}a(t)$	$C\partial CC\bar{\imath}C\text{-}a(t)$	∅	∅	$CC\partial CC\text{-}a(t)$
	masc.	$C\partial CC\bar{a}Ci$	∅	∅	∅	∅	∅
	fém.	$C\partial CC\bar{u}C\bar{\imath}y\text{-}a(t)$	∅	∅	∅	∅	$C\partial CCCC\text{-}a(t)$
	fém.	$C\partial CC\bar{a}C\bar{\imath}y\text{-}a(t)$	∅	∅	∅	∅	∅

	masculin	féminin	adjectif
$CC\bar{a}w\partial C$	$CC\bar{a}C$		
$CC\bar{a}y\partial C$	$CC\bar{\imath}C$	$CC\bar{\imath}C\text{-}a(t)$ $CC\bar{a}C\text{-}a(t)$	
$Cw\bar{a}C\partial C$	$C\bar{a}C\partial C$, $C\bar{a}C\bar{u}C$, $C\bar{a}C\bar{\imath}C$	$C\bar{a}CC\text{-}a(t)$ $C\bar{a}C\bar{u}C\text{-}a(t)$	$C\bar{a}C\bar{u}C\bar{\imath}y\text{-}a(t)$
		$C\bar{a}C\bar{\imath}C\text{-}a(t)$ $C\bar{a}C\bar{a}C\text{-}a(t)$	
$Cy\bar{a}C\partial C$	$C\bar{\imath}c\bar{u}c$		
$Cw\bar{a}y\partial C$		$C\bar{a}yC\text{-}a(t)$	
$Cw\bar{a}w\partial C$	$Cuww\bar{a}C$	$Cuww\bar{a}C\text{-}a(t)$	

```
                            TABLEAU B


SINGULIERS                      PLURIELS POSSIBLES


TRILITERES SIMPLES

Réguliers

1 . CCəC              CCāC, CCūC, CCūC-a(t)
2 . CəCC             CCāC, CCāCi, CCūC, CCūC-a(t), CCīC
2'. CəC₂C₂           CC₂əC₂
2". CəCC-a(t)        CCāC, CCāCi, CCūC, CCūC-a(t), CCīC
3 . CəCCi/īy-a(t)    CCāC-a(t), CCāCi
4 . CuCC             CCūC, CCūC-a(t), CwāC


Concaves

1 . CāC              CwāC, CyūC, CīC-ān
1'. CāC-a(t)         CyīC, CyəC
2 . CūC              CwāC, CīC-ān
2'. CūCi/īy-a(t)     CwāC-a(t)
3 . CīC              CyāC, CyāCi, CyūC, CyūC-a(t)


Défectueux : pluriels externes, quand ils existent


TRILITERES DERIVES

1 - Adjonction d'une voyelle longue après la 2ème radicale:

1 . CCāC             CCūC, CCūC-a(t), CCīC, CəCC-ān
1'. CCāC-a(t)        CCāyəC
2 . CCīC (sub.)      CCāC, CəCC-a(t), CəCC-ān, CCāyəC
2'. CCīC (adj.)      CCāC, CCāC-īn
2". CCīC-a(t)        CCāyəC
3 . CCūC             CCūC-a(t), CəCC-ān

2 - Existence d'une voyelle longue après la 1ère radicale:
1 . CāCəC            CwāCəC
1'. CāCC-a(t)        CwāCəC
2 . CāCāC-a(t)       CwāCəC
3 . CāCīC/-a(t)      CwāCəC
3'. CāCy-a(t)/īy-a(t) CwāCi
4 . CāCūC/-a(t)/īy-a(t) CwāCəC
5 . CīCūC            CyāCəC
6 . CīCīy-a(t)       CwāCi
```

```
┌─────────────────────────────────────────────────────────────────────┐
│                        TABLEAU B (suite)                              │
├─────────────────────────────────────────────────────────────────────┤
│                                                                       │
│  SINGULIERS                    PLURIELS POSSIBLES                      │
├─────────────────────────────────────────────────────────────────────┤
│                                                                       │
│  QUADRILITERES                                                        │
│                                                                       │
│  1 - Existence d'une voyelle longue après la 3ème radicale:           │
│                                                                       │
│   1 . CəCCāC/-a(t)/īy-a(t)     CCāCəC                                  │
│   1'. CəCCāCi/īy-a(t)          CCāCəC                                  │
│   2 . CəCCūC/-a(t)             CCāCəC                                  │
│   3 . CəCCīC/-a(t)             CCāCəC                                  │
│   4 . CuCCāC                   CCāCəC                                  │
│   5 . CuCCīC                   CCāCəC                                  │
│                                                                       │
│  2 - Schèmes à voyelles brèves:                                       │
│                                                                       │
│   1 . CəCCəC                   CCāCəC                                  │
│   2 . CCəCC-a(t)               CCāCəC                                  │
│   3 . CəCCC-a(t)               CCāCəC                                  │
│                                                                       │
└─────────────────────────────────────────────────────────────────────┘
```

Note: Les schèmes de singuliers non représentés dans le tableau forment des pluriels suffixés.

4 - LES DEGRES DE COMPARAISONS

Marcel Cohen, dans sa description du parler des Juifs d'Alger, définit les degrés de comparaison comme étant "les procédés qui permettent d'exprimer au moyen d'une modification de la forme nominale le degré de qualité ou la mesure de l'objet désigné par cette forme" (1).

Il s'agit essentiellement d'étudier le fonctionnement des comparatifs et des superlatifs pour les adjectifs, et des diminutifs pour tous les nominaux (2).

A - LES COMPARATIFS

Il y a plusieurs façons d'exprimer le comparatif en arabe marocain. D'une part, il existe une forme spécifique pour un certain nombre d'adjectifs qualificatifs; d'autre part, l'adjectif lui-même peut servir à cet effet.

a - Les schèmes de comparatifs

Le comparatif se caractérise essentiellement par la **réduction des longueurs vocaliques**; lorsque l'adjectif ne comporte pas de voyelle longue, il arrive que la forme de l'adjectif et celle du comparatif soit confondues. Le schème de comparatif est **invariable** en genre et en nombre.

1 - Le schème comparatif *CCəC*

Il concerne les adjectifs en *CCəC*, *CəCC*, *CCīC*, *CCūC*, *CəCCəC*, *CāCəC*.

a - Le schème d'adjectif *CCəC*

Pour toute une série d'adjectifs, le schème de comparatif est le même que celui de l'adjectif, et seule la construction syntaxique permet de les distinguer:
- adjectif:
šɑɛr-i ḥṛəš.
<cheveux-moi-crépu>
Mes cheveux sont crépus. /J'ai les cheveux crépus.
- comparatif:
šɑɛr-i ḥṛəš mən šɑɛr-ək.
<cheveux-moi-plus crépu-de-cheveux-toi>
Mes cheveux sont plus crépus que tes cheveux.
J'ai les cheveux plus crépus que toi.

La comparaison se marque au moyen de la préposition *mən*.

ɛwəž tordu > *ɛwəž*		*byəḍ* blanc > *byəḍ*,	
ṛṭəb mou > *ṛṭəb*		*ḥməṛ* rouge > *ḥməṛ*,	
ḥṛəš râpeux, crépu > *ḥṛəš*		*mləs* lisse > *mləs*.	

---

(1) **M.Cohen 12**, p.314.
(2) Certains dialectes arabes ont des diminutifs pour les verbes, voir **Taine-Cheikh 88**.

b - Le schème d'adjectif $C\partial C_2 C_2$

Le comparatif a également la même forme que l'adjectif :

mərr amer > *mərr*   *ḥarr̩* pimenté, brûlant > *ḥərr*

Pour ce qui est de *ḥarr̩*, il y a cependant une différence, puisque le *r̩* se désemphatise et prend la forme *r*.

c - Le schème d'adjectif $CC\bar{\iota}C$

r̩xēṣ bon marché > *r̩xaṣ*   *qṣēr̩* court > *qṣar̩*
ḍɛīf faible > *ḍɛaf*   *ṣ̌ġēr̩* petit > *ṣ̌ġər̩*

Parfois le *r* se change en *r̩* :
kbīr grand > *kbər̩*   *ktīr* nombreux > *ktər̩* (1)

d - Le schème d'adjectif $CC\bar{u}C$

sxūn chaud > *sxən*.

e - Le schème d'adjectif $C\bar{a}C\partial C$

Ce sont tous les adjectifs à schème de participe actif; leur comparatif est aussi formé sur le schème $CC\partial C$:

ġār̩əq profond > *ġr̩əq*   *bärəd* froid > *brəd*,
māləḥ salé > *mləḥ*   *ṣ̌ärəf* vieux > *ṣ̌rəf*.

f - Le schème d'adjectif $C\partial CC\partial C$

ḍeyyəq étroit > *ḍyəq*.

2 - Le schème comparatif $C\partial C_2 C_2$

Cette forme sourde est réservée aux adjectifs de schème $CC\bar{\iota}C$ dont les deux dernières radicales sont identiques ($CC_2\bar{\iota}C_2$):

xfīf léger > *xəff*   *r̩qēq* maigre > *r̩əqq*,
ṣḥēḥ fort > *ṣaḥḥ*   *qlīl* peu nombreux > *qəll*. (2)

3 - Le schème comparatif CCa

Il sert à former les comparatifs des adjectifs en CCu, CCi, $C\bar{a}Ci$.

a - Le schème d'adjectif $C\bar{a}Ci$

ɛāli haut > *ɛla*   *ġāli* cher > *ġla*,
lāwi mûr > *lwa*   *dāfi* tiède > *dfa*,
bāli usé, d'occasion > *bla*

b - Le schème d'adjectif CCu

ḥlu sucré, doux > *ḥla*.

---

(1) *ktər̩* peut également être adverbe avec le sens de "plus".
(2) *qəll* est utilisé comme adverbe avec le sens de "moins".

c - Le schème d'adjectif *CCi*

nqe propre > *nqa.*

4 - Le changement lexical

Parfois le comparatif a une racine différente de celle de l'adjectif; il s'agit en fait d'un archaïsme, l'adjectif correspondant n'étant plus utilisé:
məzyān bon, bien > *ḥsən* mieux.

Tous ces comparatifs se construisent avec la préposition *mən*:
ḥərr   mən...   plus piquant que...
šrəf   mən...   plus vieux que...
ḥsən   mən...   meilleur que...

La comparaison peut aussi se former à l'aide de l'adjectif lui-même.

b - Le schème de l'adjectif

Il suffit en effet de construire l'adjectif avec la préposition *ɛla*; contrairement au comparatif, l'adjectif s'accorde en genre et en nombre avec le C_0:
hūwa <u>kbīr ɛlī-ya</u>. / hīya <u>kbīra ɛlī-ya</u>.
‹lui-grand-sur-moi/elle-grande-sur-moi›
Il est plus grand que moi. / Elle est plus grande que moi.
(mais aussi: Il est trop grand pour moi.)

Cette construction est généralisable à tous les adjectifs qui, sémantiquement, acceptent la comparaison, même s'ils n'ont pas une forme spécifique pour le comparatif:
ṭāžər   ɛla...   plus riche que...
ǧāli   ɛla...   plus cher que...
māləḥ   ɛla...   plus salé que...

Il existe une troisième construction analytique qui combine les deux procédés précédents.

c - La construction analytique

Il s'agit d'utiliser le comparatif *ktər*, "plus" en tant qu'adverbe, et de le placer après l'adjectif; l'adjectif s'accorde en genre et en nombre avec le C_0; la proposition utilisée est *mən*:
hūwa <u>mṛēd ktəṛ mənn-i</u>.
‹lui-malade-plus-de-moi›
Il est plus malade que moi.

Il est également possible d'utiliser l'adverbe *ktəṛ* dans le cas où le terme à comparer est exprimé par un "verbe de qualité":

- verbe:
kayzɛam <u>ktəṛ mənn-i</u>.
‹il est courageux-plus-de-moi›
Il est plus courageux que moi.

- adjectif:
hūwa zeīm elī-ya.
<lui-courageux-sur-moi>
Il est plus courageux que moi.

B - LES SUPERLATIFS

Contrairement aux comparatifs, les superlatifs n'ont pas de forme spécifique; il s'agit uniquement d'une construction syntaxique.

Pour former le superlatif relatif, on utilise l'adjectif (qui s'accorde en genre et en nombre), déterminé par l'article *əl*, et la préposition *fi/f*, "dans":
hūwa əl-kbīr fī-hum.
<lui-le grand-dans-eux>
Il est le plus grand d'entre eux.

əl-kbīra f-əd-drāri, hīya ḥanān.
<la grande-dans-les enfants-elle-Hanan>
L'aînée (la plus âgée) des enfants, c'est Hanan.

Cette construction est possible avec tous les adjectifs qui, sémantiquement, sont compatibles avec la comparaison.

C - LES DIMINUTIFS

Les diminutifs servent, en premier lieu, à désigner une taille inférieure pour les substantifs; mais, leur emploi ne se limite pas à celà, et touche en réalité à la dimension modale.

Surtout employés par les femmes ou les enfants petits, les diminutifs doivent souvent s'analyser au niveau du discours: ton condescendant, langage s'adressant aux petits enfants, évaluation péjorative de la qualité pour les adjectifs, ou encore complicité, c'est, en fait, d'un type de discours qu'il s'agit.

Il peuvent en effet exprimer un ton de complicité; on le retrouve souvent associé au déterminant *ši*, "un petit, un certain", déjà fortement chargé modalement:
> *ṣowwbi l-na ši kwīyəs-d-ātäy* !
> ‹prépare-à nous-un petit-petit verre-de-thé›
> Prépare nous un petit verre de thé !

Enfin, les diminutifs sont utilisés, en combinaison avec l'adjonction du suffixe *-a(t)*, pour une opération de discrétisation (*lḥam* viande > *lḥīm-a(t)* un peu de viande, voir ci-dessous et p.62).

a - Les diminutifs singuliers

Alors que dans la formation des pluriels, le schème du singulier parait déterminant pour prédire celui du pluriel, en dehors de toute condition de genre, le diminutif, lui, est très soucieux de conserver une trace du **genre** du mot.

Ainsi, même si un féminin n'a pas de marque explicite de son genre au singulier, le diminutif lui, est toujours suffixé en *-a(t)*:
> *bənt* fille > *bnīta*, *səkkīn* couteau > *skīkna* (mot ayant les deux genres, mais toujours féminin au diminutif)

Il faut également tenir compte de la nature du substantif; en effet, les substantifs **continus quantifiables** ont également un diminutif suffixé en *-a(t)*, parce que l'emploi du diminutif correspond, pour ces substantifs, à une opération de **discrétisation** (sémantiquement, le diminutif permet le prélèvement d'une petite quantité, voir p.62). Ce phénomène est à rapprocher de la formation des noms d'unité pour les collectifs, opération de discrétisation elle aussi marquée par le suffixe *-a(t)*.

Cette discrétisation opère au niveau syntaxique, puisque les substantifs ainsi obtenus (diminutifs et noms d'unité) fonctionnent comme des discrets, comme on peut l'observer au niveau de la détermination nominale; en effet, le prélèvement d'une petite quantité est marquée au niveau de la détermination nominale pour les continus, par la présence d'un article *əl*:
> *kūl əl-ɛsəl* !
> ‹mange-le miel›
> Mange du miel !

Mais si l'on utilise le diminutif (suffixé en *-a(t)*), il sera déterminé par un article Ø, marque du prélèvement pour la catégorie du discontinu:

kūl ɛsīla !

<mange-dim. miel>

Mange du miel ! (le sens est le même, c'est le ton du discours qui a changé: langage bébé, condescendance, complicité...)

Au niveau morphologique, le diminutif se caractérise par l'adjonction d'un voyelle *ī* longue après la 2ème radicale. Qu'il s'agisse de trilitères ou de quadrilitères, les diminutifs sont presque tous construits sur le même modèle **quadrilitère**: soit on ajoute une semi-consonne aux trois radicales de base, soit on redouble l'une des radicales pour aboutir à un schème quadrilitère:

masculin	féminin
CCīyəC	*CCī(y)C-a(t)*
Cwīyəc	*Cwī(y)C-a(t)*
CwīCəC	*CwīCC-a(t)/CwīCīC-a(t)*
CCīCəC	*CCīCC-a(t)/CCīCīC-a(t)*
CCīwəC	Ø

On peut dégager des correspondances régulières entre schèmes de diminutif et schèmes de singulier.

Avant de traiter de ces schèmes, il sera fait mention d'une survivance signalée par David Cohen (1); il s'agit d'un diminutif **mixte**, qui combine un schème et l'emploi d'un **suffixe diminutif** *-ūn*, très répandu dans le pourtour méditerranéen (2). Il faut noter que cette composante méditerranéenne est également présente dans le langage bébé, où certains termes se retrouvent dans tous ces pays (Romania, dialectes berbères et arabes) (3).

1 - Le suffixe diminutif *-ūn*

En arabe marocain, ces termes ont parfois aussi une valeur d'**augmentatif**; il existe parfois une forme féminine en *-ūna(t)*:

adjectif/substantif		diminutif/augmentatif
zɛar blond, clair de peau	>	*zaɛrūn/-a* blondinet, très blond
kəlb chien, mauvais	>	*kəlbūn/-a* petit méchant
kḥal noir, foncé de peau	>	*kəḥlūn* noirot
bləq très blanc de peau	>	*bəlqūn* très très blanc (albinos)
smər brun (cheveux, peau)	>	*səmrūn* petit brun
sbaɛ lion	>	*səbɛūn* lion énorme
dbaɛ hyène	>	*dəbɛūn* très bête et méchant
šəms soleil	>	*šəmsūn* soleil très fort
ḥmar rouge	>	*ḥəmrūn* très rouge (4)
ẓləṭ pauvreté	>	*ẓəlṭūn* très démuni
kaɛba mauvaise chance	>	*kaɛbūn* faiseur de catastrophes.

---

(1) Dans son séminaire de l'EPHE 87-88, et dans une communication au G.L.E.C.S, en Juin 1988 (notes personnelles).

(2) On trouve en particulier des diminutifs en "-ounet" en français.

(3) Pour le langage bébé, voir **Bynon** 68 et **Caubet** 85.

(4) On le retrouve dans le nom de la rougeole: *bu-ḥəmṛūn* <père-très rouge>.

On remarque que ce suffixe s'applique aussi bien aux substantifs qu'aux adjectifs, il sert aussi pour les prénoms:

prénom		**diminutif**
saɛd Saad	>	*saɛdūn*
ḥməd Ahmed	>	*ḥəmdūn*
hind Hind	>	*hindūn*
yāsīr Yassir	>	*yisrūn*

Dans ce dernier exemple il ne s'agit pas seulement de l'adjonction d'un suffixe; il y a eu modification du schème du mot. Il en est de même pour l'adjectif:

    zeīm courageux   >   *zaɛmūn* très courageux

Comme le faisait remarquer David Cohen dans sa communication au G.L.E.C.S., il s'agit en fait d'une dérivation mixte, schème *CəCC* + suffixe *-ūn*, qui s'applique directement à la racine; en effet, le schème peut être formé à partir d'une racine verbale, qui n'a pas d'adjectif correspondant:

    ṭləq laisser aller   >   *ṭəlqūn* très libre (célibataire)

2 - Le schème augmentatif *CəCCūC*

Il existe par ailleurs un schème augmentatif:
byəḍ blanc   >   *bəyyōḍ* très blanc

3 - Le schème de diminutif *CCīəC*

Il est exclusivement employé pour le **masculin**: substantifs discontinus en grande majorité, et parfois adjectifs.

Ce schème est généralement associé aux schèmes trilitères réguliers *CCəC*, *CəCC*, *CuCC*; on le trouve aussi avec le trilitère dérivé *CCōC*.

a - Les substantifs masculins en *CCəC*

Formeront leur diminutif en *CCīəC* des substantifs **discontinus** de genre **masculin** (les féminins auront un diminutif suffixé en *-a(t)*):

mqəs ciseaux	>	*mqīəs*
ɛḍəm os	>	*ɛḍēyəm*
sṭaḥ terrasse	>	*sṭēyəḥ*
wžəh visage	>	*wžīyəh*

b - Les substantifs masculins en *CəCC*

Comme pour le schème précédent, il ne s'agit que des substantifs **masculins et discontinus**:

kəlb chien	>	*kliyəb*
wuld garçon	>	*wliyəd*
qəlb coeur	>	*qliyəb*
ɛarš branche	>	*ɛrīyəš*

c - **Les substantifs masculins en** $CuCC$

muxx cervelle	>	*mxīyəx*
ɛong cou	>	*ɛnīyəg*
xobz pain (1)	>	*xbīyəz*

d - **Les substantifs masculins en** $CC\bar{a}C$

Ils appartiennent tous à la catégorie du **discontinu:**

lsān langue	>	*lsīyən*
qlām crayon	>	*qlīyəm*
ktāb livre	>	*ktīyəb*
ġzāl gazelle	>	*ġzīyəl*

e - **Certains adjectifs en** $CC\bar{\imath}C$

Il ne s'agit que d'un très petit nombre d'adjectifs de ce schème; la majorité de leurs diminutifs sont formés selon le schème $CC_2\bar{\imath}C_2\partial C$ ou $CC\bar{\imath}wəC$:

ṣḥēḥ fort	>	*ṣḥēyəḥ*
ždīd neuf	>	*ždīyəd*

4 - Le schème de diminutif $CC\bar{\imath}(y)C\text{-}a(t)$

Il se distingue du groupe précédent par le fait qu'il est associé de façon privilégiée aux schèmes réguliers **féminins ou continus** $CəCC\text{-}a(t)$, $CCəC$, $CCəC$ et aux schèmes dérivés $CC\bar{a}C$ et $CC\bar{a}C\text{-}a(t)$. La forme $CC\bar{\imath}C\text{-}a(t)$ est un abrègement d'une forme $CC\bar{\imath}yC\text{-}a(t)$; en général le $\bar{\imath}$ est prononcé très long ou diphtongué $\bar{\imath}y$.

a - **Le schème régulier féminin** $CəCC\text{-}a(t)$

On note une grande régularité puisque tous les substantifs féminins construits sur ce schème forment leur diminutif selon le schème $CC\bar{\imath}(y)C\text{-}a(t)$:

rəzma baluchon	>	*rzīma*
qahwa café	>	*qhīwa*
qəṭṭa chat	>	*qṭēṭa*
ṭəbla table	>	*ṭbēla*

b - **Les substantifs féminins en** $CCəC$ **ou** $CəCC$

Le genre est essentiel en ce qui concerne la forme du diminutif: un substantif féminin, quelle que soit sa forme au singulier, forme **obligatoirement** un diminutif suffixé en -*a(t)*:

wdən oreille	>	*wdīna*
ržəl pied, jambe	>	*ržīla*
kərš ventre	>	*krīša*
sənn dent	>	*snīna*
bənt fille	>	*bnī(y)ta*

---

(1) *xobz* est un substantif continu; il forme cependant son diminutif en *xbīyəz*; et, bien qu'il ne soit pas suffixé en -*a(t)*, ce diminutif a une fonction discrétisante.

c - **Les substantifs continus ou collectifs en** *CCəC* **ou** *CCəC*

Les deux schèmes sont réunis dans le même modèle de diminutif *CCīC-a(t)*; certains continus sont de genre féminin, mais la plupart sont masculins et forment malgré tout un diminutif en *-a(t)*.

masculin :

lḥam viande	>	*lḥima*
zṛaɛ blé	>	*zṛēɛa*
ṭməṛ dattes	>	*ṭmēṛa*
žməṛ braise	>	*žmīṛa*

féminin :

smən beurre rance	>	*smīna*
ɛsəl miel	>	*ɛsīla*

Pour les substantifs féminins ou continus qui ont une voyelle longue entre la 2ème et la 3ème radicale (*CCāC/CCāC-a(t)*, *CCīC/CCīC-a(t)*), le diminutif est généralement réalisé avec la diphtongue: *CCīyC-a(t)*:

d - **Les substantifs féminins en** *CCāC-a(t)* **et** *CCīC-a(t)*

Sont formés sur ce schème les diminutifs de substantifs discontinus et de noms d'unité issus de collectifs:

sḍāfa bouton	>	*sḍēyfa*
šnāfa lèvre	>	*šnīyfa*
džăža poule	>	*džīyža*
smāɛa bougie	>	*smīyɛa* (une petite bougie)
ḥrīra soupe de ramadan	>	*ḥrīyra*

f - **Les substantifs continus ou collectifs en** *CCāC* **et** *CCīC*

Comme les autres continus, leur diminutif est suffixé en *-a(t)*:

ngāṣ poires	>	*ngēyṣa*
tṛāb terre	>	*tṛēyba*
ḥlīb lait	>	*ḥlīyba*

Les schèmes de diminutifs sont beaucoup moins nombreux que ceux des pluriels, et également beaucoup plus prévisibles; en général, un schème de singulier ne peut avoir qu'une seule forme de diminutif.

5 - Le schème de diminutif *CwīyəC*

Le schème *CwīyəC* sert à former les diminutifs des substantifs masculins à schèmes concaves, *CāC*, *CīC*, *CūC*.
Seuls les **substantifs masculins** appartenant à la catégorie du **discontinu** forment leur diminutif en *CwīyəC*.

a - **Le schème concave masculin** *CāC*

Tous les substantifs masculins discontinus de ce schème forment leur diminutif en *CwīyəC*:

kās verre	>	*kwīyəs*
fāṛ souris, rat	>	*fwīyəṛ*
ṛās tête	>	*ṛwīyəs*

136

b - Le schème concave masculin C̄ūC

dōṛ anneau	>	*dwīyǝr*
žūf estomac	>	*žwīyǝf*
ṛūf étagère	>	*ṛwīyǝf*

c - Le schème concave masculin C̄īC

nīf nez	>	*nwīyǝf*
xēyṭ fil	>	*xwīyǝṭ*
ḥēyṭ mur	>	*ḥwīyǝṭ*
bīt pièce, chambre	>	*bwīyǝt*

6 - Le schème de diminutif Cwī(y)C-a(t)

Il est utilisé pour les féminins et pour les substantifs continus ou collectifs.

a - Les substantifs féminins en C̄āC

Il existe quelques substantifs féminins sans marque en C̄āC; leur diminutif est suffixé en -*a(t)*:

bāb porte	>	*bwī(y)ba*
dāṛ maison	>	*dwēṛa*

b - Les substantifs féminins en C̄āC-a(t)

žāža ampoule	>	*žwīža*
ṭāqa fenêtre intérieure	>	*ṭwēqa*
ġāba forêt	>	*ġwība*
sāḥa cour, place	>	*swīḥa*

c - Les substantifs féminins en C̄ūC

Le mot *mūs* couteau peut avoir les deux genres; il a deux diminutifs, l'un suffixé en -*a(t)*, et l'autre de genre masculin (*mwīyǝs*).

mūs couteau	>	*mwīsa*

d - Les substantifs continus et collectifs en C̄ūC

Ils ont un diminutif suffixé en -*a(t)*, qui marque le prélèvement d'une petite quantité (voir p.62):

ṣōf laine	>	*ṣwēfa* (un peu) de laine
ṛōz riz	>	*ṛwēza* (un peu) de riz
ḥūt poissons (coll.)	>	*ḥwēta* un petit (peu de) poisson

e - Les substantifs féminins en C̄ūC-a(t)

gōma gomme	>	*gwīma*
fōṭa serviette	>	*fwēṭa* (1)
šūka épine, aiguille	>	*šwīka*

---

(1) La séquence *fw* se prononce [*ff^w*], avec emphatisation de la consonne et arrondissement.

g - Les substantifs discontinus féminins $C\bar{\imath}C$

$\varepsilon\bar{\imath}n$ oeil, source > $\varepsilon w\bar{\imath}na$.

h - Les substantifs continus masculins en $C\bar{\imath}C$

Le diminutif, suffixé en $-a(t)$, opère le prélèvement d'une petite quantité:

$t\bar{\imath}d$ lessive > $tw\bar{\imath}da$ un peu de lessive
$z\bar{\imath}t$ huile > $zw\bar{\imath}ta$ un peu d'huile

i - Les substantifs féminins en $C\bar{\imath}C$-$a(t)$

$m\bar{\imath}ka$ sac en plastique > $mw\bar{\imath}ka$

7 - Le schème de diminutif $CC\bar{\imath}w$-$a(t)$

Ce schème forme le diminutif des schèmes défectueux, en particulier CCa; seuls les substantifs féminins ont une forme de diminutif; tous les masdar construits sur ce modèle, et qui sont de genre masculin, ne semblent pas avoir de diminutif.

- **discontinu féminin:**
$bṛa$ lettre > $bṛ\bar{e}wa$

- **continu féminin:**
$\check{s}ta$ pluie > $\check{s}t\bar{\imath}wa$
$dṛa$ maïs > $dṛ\bar{e}wa$

Les substantifs en CCi, CCu sont très rares et n'ont pas de diminutifs; par contre les adjectifs (Ils ne sont que trois) de ces schèmes ont un diminutif construit sur le schème qui suit.

8 - Les schèmes de diminutif $CC_2\bar{\imath}C_2i$ et $CC_2\bar{\imath}C_2u$

Ils correspondent aux adjectifs en CCi et CCu:

nqe propre   > $nq\bar{e}qe$
$ṭre$ frais   > $ṭr\bar{e}ṛe$
$ḥlu$ sucré, doux   > $ḥl\bar{\imath}lu$

On a un étoffement du schème grâce au redoublement de la 2ème radicale; il en est de même pour le schème suivant.

9 - Le schème de diminutif $CC_2\bar{\imath}C_2\partial C$

Ce schème est lui aussi, réservé aux adjectifs; on le trouve dans la formation des diminutifs des schèmes $CC\partial C$, $CC\bar{\imath}C$ et $CC\bar{u}C$.

a - Le schème d'adjectif $CC\partial C$

Tous les adjectifs en $CC\partial C$ forment leur diminutif par redoublement de la 2ème radicale:

$ṣfəṛ$ jaune   > $ṣf\bar{e}fəṛ$
$ṭṛə\check{s}$ sourd   > $ṭr\bar{e}ṛə\check{s}$
$mləs$ lisse   > $ml\bar{\imath}ləs$

b - Le schème d'adjectif *CCīC*

Seulement une partie de ces adjectifs ont un diminutif en *CC₂īC₂əC*; il existe en effet, trois schèmes différents pour la formation des diminutifs des adjectifs en *CCīC* (les deux autres sont *CCīyəC* et *CCīwəC*):

kbīr grand	>	*kbībər*
ṭwēl long	>	*ṭwēwəl*
ǧlēḍ épais	>	*ǧlēləḍ*

c - Le schème d'adjectif *CCūC* (un seul adjectif)

sxūn chaud	>	*sxēxən*

10 - Le schème de diminutif *CCīwəC*

Lui aussi ne sert que pour les adjectifs; il correspond aux schèmes *CCīC* et *CCōC*:

a - Le schème d'adjectif *CCōC*

Il ne s'agit pas, à proprement parler, d'un schème d'adjectif, mais plutôt, de l'emploi adjectival d'un substantif. En effet, *ǧzāl*, qui signifie "gazelle", a un emploi adjectival avec le sens de "beau, joli..."; selon qu'il est substantif ou adjectif, il n'a pas le même diminutif:

substantif:	*ǧzāl* gazelle	>	*ǧzīyəl*
adjectif:	*ǧzāl* beau	>	*ǧzīwəl*

b - Le schème d'adjectif *CCīC*

qṣēṛ court	>	*qṣēwəṛ*
ṛqēq maigre	>	*ṛqēwəq*
ṣǧēṛ petit	>	*ṣǧēwəṛ*

11 - Le schème de diminutif masculin *CwīCəC*

Il sert à former le diminutif de tous les schèmes dérivés masculins, comportant une voyelle longue après la 1ère radicale, c'est-à-dire: *CāCəC*, *CāCīC*, *CāCūC*.

a - Le schème *CāCəC*

Ce schème est à l'origine un schème de participe actif; pour ce qui est des nominaux, il sert à fabriquer des adjectifs, mais aussi des substantifs; le diminutif a la même forme pour les adjectifs et les substantifs:

1 - Les substantifs masculins

šārəb moustaches	>	*šwīrəb*
ṛāžəl homme	>	*ṛwīžəl*

2 - Les adjectifs (très nombreux)

qāṣəḥ dur	>	qwīṣəḥ	
māləḥ salé	>	mwīləḥ	
šärəf vieux	>	šwīrəf	

b - Le schème masculin CāCīC

Il ne s'agit que de substantifs masculins discontinus:

kāğēṭ papier	>	kwīğəṭ	
ṭāžīn plat	>	ṭwēžən	

c - Le schème masculin CāCūC

šākūš sac	>	šwīkəš	
kāmūn cumin	>	kwīmən (1)	

12 - Les schèmes de diminutif CwĪ(y)CC-a(t) - CwĪCĪC-a(t)

Le schème à une seule voyelle longue, CwĪCC-a(t), est utilisé pour les schèmes féminins CāCəC et CāCC-a(t).

Le schème CwĪC(Ī)C-a(t) s'applique aux substantifs qui comptent deux longues, après la 1ère et la 2ème radicale: CāCāC-a(t), CāCĪC-a(t), CāCĪy-a(t), CāCūC-a(t), CĪCāC-a(t), CĪCĪy-a(t).

a - Le schème féminin CāCəC

xātəm bague	>	xwītma	
xādəm servante	>	xwīdma	

b - Le schème féminin CāCC-a(t)

ṭānga boucles d'oreille	>	ṭwēnga	
šānṭa valise	>	šwēnṭa	
mākla repas	>	mwīkla	

Les schèmes suivants sont des schèmes à deux voyelles longues qui forment leur diminutif en CwĪC(Ī)Ca; le deuxième Ī long n'est pas toujours réalisé.

c - Le schème féminin CāCāC-a(t)

māgāna montre	>	mwīgīna	
bānāna banane	>	bwīnīna	
ḥālāqa pendants d'oreille	>	ḥwīl(ī)qa	

d - Le schème féminin CāCĪC-a(t)

qāmīža chemise	>	qwīmža	
žākēṭa veste	>	žwēkṭa	

---

(1) Le substantif kāmūn appartient à la catégorie du continu, mais son diminutif reste masculin.

vālīza valise > *vwīlīza* (1)
māṭēša tomates (coll.) > *mwīṭēša* (1)

e - Le schème féminin *CāCūC-a(t)*

nāɛōṛa dévidoir, rouet > *nwēɛṛa*

f- Le schème féminin *CīCāC-a(t)*

bīžāma robe d'intérieur > *bwīžma*

g - Le schème féminin *CāCīy-a(t)*

Ce schème comporte une 3ème radicale semi-vocalique; il forme son diminutif en *CwīCīy-a(t)*:
ṭāgīya bonnet > *ṭwēgīya*
bākīya paquet > *bwīkīya*
xāmīya tenture > *xwīm(ī)ya*

h - Le schème féminin *CīCīy-a(t)*

Le diminutif est de la forme *CwīCīy-a(t)*:
ṣēnīya plateau > *ṣwēnīya*

Aussi bien pour les schèmes trilitères concaves, que pour les trilitères dérivés, la présence d'une voyelle longue après la 1ère radicale entraîne l'apparition d'une semi-voyelle *w* suivie d'un *ī* (voir les tableaux récapitulatifs pour les correspondances régulières).

Tous les quadrilitères forment leur diminutif sur un seul modèle: *CCīCəC/CCīCīC*, pour les masculins, *CCī(y)CC-a(t)/CCīCīC-a(t)*, pour les féminins et les continus quantifiables.

13 - Les schèmes de diminutif masculins *CCīCəC/CCīCīC*

C'est le schème de diminutif des quadrilitères **masculins** ayant une voyelle brève après la 1ère radicale et une longue après la 3ème radicale.

a - Le schème *CəCCāC*

discontinus masculins:
bərṭāl moineau > *bṛēṭəl*
qəfṭān caftan > *qfēṭən*
məṣmār clou > *mṣēmər*

b - Le schème *CəCCūC*

discontinus masculins:
ɛatrūs bouc > *ɛtīrīs*
qənfūd hérisson > *qnīfəd*

---

(1) Les séquences *vw* et *mw* se réalisent avec une emphatisation de la consonne et un arrondissement [*VVʷ*, *m̩m̩ʷ*].

bəzbūz robinnet   >   *bzībīz*

c - Le schème *CəCCīC*

discontinus masculins:
məndīl torchon, pièce de tissu > *mnīdəl*
səḥrīž bassin   >   *sḥīrəž*
dəmlīž bracelet   >   *dmīləž*
məskīn pauvre   >   *msīkən* (adj.et subst.)

d - Le schème *CuCCāC*

kunnāš cahier   >   *knīnīš*
xulxāl bracelet de chevilles >   *xlīxēl*

e - Le schème *CuCCīC*

ṭobṣēl plat, assiette   >   *ṭbēṣəl*

f - Le schème à voyelles brèves *CəCCəC*

šəržəm fenêtre   >   *šŗēžəm*
məqbəṭ barette   >   *mqēbəṭ*
taɛləb renard   >   *tɛīləb*

14 - Le schème de diminutif *CCī(y)C(ī)C-a(t)*

Il s'applique aux substantifs **féminins**, ainsi qu'aux **masculins continus**.

a - Le schème continu ou collectif masculin *CəCCāC*

səkkāŗ sucre   >   *skēkŗa*
təffāḥ pommes   >   *tfīfḥa*

b - Le schème féminin *CəCCāC-a(t)*

šəkkāra cartable   >   *škīkra*
ṣanḍāla sandales   >   *ṣnēḍ(ē)la*
žəllāba djellaba   >   *žlīl(ī)ba*

c - Le schème féminin *CəCCīC-a(t)*

təqšīra chaussette   >   *tqēšīra*
təlmēṭa housse   >   *tlēm(ē)ṭa*

Pour les substantifs en *CəCCīy-a(t)*, le diminutif est *CCī(y)Cīy-a(t)*:
zərbīya tapis   >   *zrībīya*
səbnīya foulard   >   *sbīnīya*

d - Le schème collectif masculin *CuCCāC*

collectifs masculins: *ŗummān* grenades (fruits) >   *ŗmēm(ē)na*

e - Schèmes féminins à voyelles brèves *CCəCC-a(t)* et *CəCCC-a(t)*

mṛəmma cadre à broder	>	*mṛēmma*
səlsla chaîne	>	*slīsla*
məsṭṛa règle	>	*msēṭṛa*

Un tableau récapitulatif permet de prédire , à partir des singuliers, le schème de diminutif. Mais, avant de déterminer le schème de son diminutif, une forme de singulier doit être analysée pour connaître sa catégorie, continu (ou collectif) ou discontinu, adjectif ou substantif, et son genre.

Par ailleurs, on forme toujours les diminutifs à partir de la forme de singulier, qui peut ensuite se pluraliser par suffixation (voir p.146).

SINGULIERS	DIMINUTIFS

TRILITERES SIMPLES

Réguliers

	masculins	féminins	continus	adjectifs
1 . $CCəC$	$CC\bar{i}yəC$	$CC\bar{i}(y)C\text{-}a(t)$	$CC\bar{i}(y)C\text{-}a(t)$	$CC_2\bar{i}C_2əC$
2 . $CəCC$	$CC\bar{i}yəC$	$CC\bar{i}(y)C\text{-}a(t)$	$CC\bar{i}(y)C\text{-}a(t)$	$\emptyset$
3 . $CuCC$	$CC\bar{i}yəC$	$\emptyset$	$\emptyset$	$\emptyset$
4 . $CəCC\text{-}a(t)$	$\emptyset$	$CC\bar{i}(y)C\text{-}a(t)$	$\emptyset$	$\emptyset$

Concaves

	masculins	féminins	continus	adjectifs
1 . $C\bar{a}C$	$Cw\bar{i}yəC$	$Cw\bar{i}(y)C\text{-}a(t)$	$\emptyset$	$\emptyset$
1'. $C\bar{a}C\text{-}a(t)$	$\emptyset$	$Cw\bar{i}(y)C\text{-}a(t)$	$\emptyset$	$\emptyset$
2 . $C\bar{u}C$	$Cw\bar{i}yəC$	$Cw\bar{i}(y)C\text{-}a(t)$	$Cw\bar{i}(y)C\text{-}a(t)$	$\emptyset$
2'. $C\bar{u}C\text{-}a(t)$	$\emptyset$	$Cw\bar{i}(y)C\text{-}a(t)$	$\emptyset$	$\emptyset$
3 . $C\bar{i}C$	$Cw\bar{i}yəC$	$Cw\bar{i}(y)C\text{-}a(t)$	$Cw\bar{i}(y)C\text{-}a(t)$	$\emptyset$
3'. $C\bar{i}C\text{-}a(t)$	$\emptyset$	$Cw\bar{i}(y)C\text{-}a(t)$	$\emptyset$	$\emptyset$

Défectueux

	masculins	féminins	continus	adjectifs
1 . CCa	$\emptyset$	$CC\bar{i}(y)w\text{-}a(t)$	$CC\bar{i}(y)w\text{-}a(t)$	$\emptyset$
2 . CCi	$\emptyset$	$\emptyset$	$\emptyset$	$CC_2\bar{i}C_2i$
3 . CCu	$\emptyset$	$\emptyset$	$\emptyset$	$CC_2\bar{i}C_2u$

TRILITERES DERIVES

1 - Adjonction d'une voyelle longue après la 2ème radicale:

	masculins	féminins	continus	adjectifs
1 . $CC\bar{a}C$	$CC\bar{i}yəC$	$\emptyset$	$CC\bar{i}(y)C\text{-}a(t)$	$CC\bar{i}wəC$
1'. $CC\bar{a}C\text{-}a(t)$	$\emptyset$	$CC\bar{i}(y)C\text{-}a(t)$	$\emptyset$	$\emptyset$
2 . $CC\bar{i}C$	$\emptyset$	$\emptyset$	$\emptyset$	$CC\bar{i}yəC$
	$\emptyset$	$\emptyset$	$\emptyset$	$CC\bar{i}wəC$
	$\emptyset$	$\emptyset$	$\emptyset$	$CC_2\bar{i}C_2əC$
3 . $CC\bar{u}C$	$\emptyset$	$\emptyset$	$\emptyset$	$CC_2\bar{i}C_2əC$

2 - Présence d'une voyelle longue après la 1ère radicale:

	masculins	féminins	continus	adjectifs
1 . $C\bar{a}CəC$	$Cw\bar{i}CəC$	$Cw\bar{i}(y)CC\text{-}a(t)$	$\emptyset$	$Cw\bar{i}CəC$
1'. $C\bar{a}CC\text{-}a(t)$	$\emptyset$	$Cw\bar{i}(y)CC\text{-}a(t)$	$\emptyset$	$\emptyset$
2 . $C\bar{a}C\bar{a}C\text{-}a(t)$	$\emptyset$	$Cw\bar{i}(y)C(\bar{i})C\text{-}a(t)$	$\emptyset$	$\emptyset$
3 . $C\bar{a}C\bar{i}C$	$Cw\bar{i}CəC$	$\emptyset$	$\emptyset$	$\emptyset$

TRILITERES DERIVES (suite)

SINGULIERS · DIMINUTIFS

	masculins	féminins	continus	adjectifs
3'. $C\bar{a}C\bar{\imath}C\text{-}a(t)$	ø	$Cw\bar{\imath}(y)C(\bar{\imath})C\text{-}a(t)$	ø	ø
3". $C\bar{a}C\bar{\imath}y\text{-}a(t)$	ø	$Cw\bar{\imath}(y)C\bar{\imath}y\text{-}a(t)$	ø	ø
4 . $C\bar{a}C\bar{u}C$	$Cw\bar{\imath}C\partial C$	ø	ø	ø
4'. $C\bar{a}C\bar{u}C\text{-}a(t)$	ø	$Cw\bar{\imath}(y)C(\bar{\imath})C\text{-}a(t)$	ø	ø
5 . $C\bar{\imath}C\bar{a}C\text{-}a(t)$	ø	$Cw\bar{\imath}(y)C(\bar{\imath})C\text{-}a(t)$	ø	ø
6 . $C\bar{\imath}C\bar{\imath}y\text{-}a(t)$	ø	$Cw\bar{\imath}(y)C\bar{\imath}y\text{-}a(t)$	ø	ø

QUADRILITERES

1 - Présence d'une voyelle longue après la 3ème radicale:

	masculins	féminins	continus	adjectifs
1 . $C\partial CC\bar{a}C/i$	$CC\bar{\imath}C\partial C/CC\bar{\imath}C\bar{\imath}C$	ø	$CC\bar{\imath}(y)C(\bar{\imath})C\text{-}a(t)$	ø
1'. $C\partial CC\bar{a}C\text{-}a(t)$	ø	$CC\bar{\imath}(y)C(\bar{\imath})C\text{-}a(t)$	ø	ø
2 . $C\partial CC\bar{u}C$	$CC\bar{\imath}C\partial C/CC\bar{\imath}C\bar{\imath}C$	ø	$CC\bar{\imath}(y)C(\bar{\imath})C\text{-}a(t)$	ø
3 . $C\partial CC\bar{\imath}C$	$CC\bar{\imath}C\partial C/CC\bar{\imath}C\bar{\imath}C$	ø	ø	$CC\bar{\imath}C\partial C$
3'. $C\partial CC\bar{\imath}C\text{-}a(t)$	ø	$CC\bar{\imath}(y)C(\bar{\imath})C\text{-}a(t)$	ø	ø
3". $C\partial CC\bar{\imath}y\text{-}a(t)$	ø	$CC\bar{\imath}(y)C\bar{\imath}y\text{-}a(t)$	ø	ø
4 . $CuCC\bar{a}C$	$CC\bar{\imath}C\partial C/CC\bar{\imath}C\bar{\imath}C$	ø	ø	ø
4'. $CuCC\bar{a}C\text{-}a(t)$	ø	$CC\bar{\imath}(y)C(\bar{\imath})C\text{-}a(t)$	ø	ø
5 . $CuCC\bar{\imath}C$	$CC\bar{\imath}C\partial C/CC\bar{\imath}C\bar{\imath}C$	ø	ø	ø

2 - Schèmes à voyelles brèves:

	masculins	féminins	continus	adjectifs
1 . $C\partial CC\partial C$	$CC\bar{\imath}C\partial C/CC\bar{\imath}C\bar{\imath}C$	ø	$CC\bar{\imath}(y)C(\bar{\imath})C\text{-}a(t)$	ø
2 . $CC\partial CC\text{-}a(t)$	ø	$CC\bar{\imath}(y)C(\bar{\imath})C\text{-}a(t)$	ø	ø
3 . $C\partial CCC\text{-}a(t)$	ø	$CC\bar{\imath}(y)C(\bar{\imath})C\text{-}a(t)$	ø	ø

b - Le pluriel des diminutifs

On ne forme jamùais de diminutifs à partir d'un schème de pluriel, mais à partir du singulier, qui est ensuite pluralisé.

Le pluriel des diminutifs varie selon qu'il s'agit de **substantifs** ou d'**adjectifs**; les adjectifs sont tous suffixés en $-\bar{\imath}n$, et les substantifs en $-\bar{a}t$, quel que soit leur genre.

1 - Les adjectifs

Les adjectifs diminutifs forment un pluriel externe par adjonction d'un suffixe $-\bar{\imath}n$, avec les permutations de voyelles brèves qu'entraîne l'adjonction d'un suffixe à initiale vocalique:

$\d{s}f\bar{e}f\partial\underline{r}$ jaunet	>	$\d{s}f\bar{e}f\underline{r}\bar{e}n$
$\dot{g}z\bar{\imath}w\partial l$ joliet	>	$\dot{g}z\bar{\imath}wl\bar{\imath}n$
$\d{h}l\bar{\imath}lu$ douceâtre	>	$\d{h}l\bar{\imath}lw\bar{\imath}n$

Un tableau présente le pluriel de chaque schème d'adjectif diminutif:

singulier	pluriel
$CC_2\bar{\imath}C_2\partial C$	$CC_2\bar{\imath}C_2C\bar{\imath}n$
$CC\bar{\imath}w\partial C$	$CC\bar{\imath}wC\bar{\imath}n$
$CCiy\partial C$	$CC\bar{\imath}(y)C\bar{\imath}n$
$CC_2\bar{\imath}C_2\bar{\imath}$	$CC_2\bar{\imath}(y)C_2\bar{\imath}n$
$CC_2\bar{\imath}C_2u$	$CC_2\bar{\imath}(y)C_2w\bar{\imath}n$

2 - Les substantifs

Tous les substantifs diminutifs, quel que soit leur genre, ont un pluriel externe suffixé en $-\bar{a}t$:

$dr\bar{\imath}y\partial\varepsilon$ (masc.) petit bras	>	$dr\bar{\imath}(y)\varepsilon\bar{a}t$
$s\d{d}\bar{e}fa$ (fém.) petit bouton	>	$s\d{d}\bar{e}(y)f\bar{a}t$

Un tableau résume le pluriel des différents schèmes de diminutifs:

singulier	pluriel
$CC\bar{\imath}y\partial C - CC\bar{\imath}C-a(t)$	$CC\bar{\imath}(y)C\bar{a}t$
$Cw\bar{\imath}y\partial C - Cw\bar{\imath}C-a(t)$	$Cw\bar{\imath}(y)C\bar{a}t$
$CC\bar{\imath}w-a(t)$	$CC\bar{\imath}(y)w\bar{a}t$
$Cw\bar{\imath}C\partial C - Cw\bar{\imath}C(\bar{\imath})C-a(t)$	$Cw\bar{\imath}(y)C(\bar{\imath})C\bar{a}t$
$Cw\bar{\imath}C(\bar{\imath})y-a(t)$	$Cw\bar{\imath}(y)C(\bar{\imath})y\bar{a}t$
$CC\bar{\imath}C\partial C - CC\bar{\imath}CC(a(t)$	$CC\bar{\imath}(y)CC\bar{a}t$
$CC\bar{\imath}C\bar{\imath}C - CC\bar{\imath}C\bar{\imath}C-a(t)$	$CC\bar{\imath}(y)C\bar{\imath}C\bar{a}t$

D - LES NOMS DE NOMBRE

On traitera successivement des cardinaux à l'état absolu et à l'état construit, des ordinaux et des différents emplois des noms de nombre.

a - Les cardinaux

1 - L'état absolu

Les noms de nombre ont une forme différente selon qu'ils sont employés à l'état absolu ou à l'état construit.

1	*wāḥed*
2	*žūž*
3	*tlāta*
4	*ṛəbεa*
5	*xamsa*
6	*sətta*
7	*səbεa*
8	*tmənya*
9	*təsεūd* (1)
10	*εašṛa*
11	*ḥdāš* (2)
12	*ṭnāš*
13	*təlṭāš* (3)
14	*ṛbaεṭāš*
15	*xəmsṭāš*
16	*səṭṭāš*
17	*sbaεṭāš*
18	*tmənṭāš*
19	*tsaεṭāš*
20	*εəšrīn* (4)
21	*wāḥed u εəšrīn* ⟨un et vingt⟩
22	*tnäyn u εəšrīn* (5)
23	*tlāta u εəšrīn*
24	*ṛəbεa u εəšrīn*
25	*xamsa u εəšrīn*
26	*sətta u εəšrīn*
27	*səbεa u εəšrīn*
28	*tmənya u εəšrin*
29	*təsεūd u εəšrīn*

(1) Le vrai nom de 9 est *təsεa* qui n'est pas utilisé en arabe marocain à cause d'un sens caché: une forme verbale *təsεa* du verbe *sεa*, qui signifie "qu'il mendie!"; on emploie *təsεūd* ("qu'il soit heureux!").
(2) L'origine de ces morphèmes de 11 à 19 sera étudiée dans le paragraphe consacré à l'état construit des noms de nombre.
(3) Le *t*, qui fait partie du suffixe féminin *-a(t)*, est emphatisé dans toutes les noms de nombre composés de 13 à 19.
(4) Le suffixe *-īn* sert à former tous les noms de dizaines.
(5) Dans les combinaisons avec les dizaines, pour le chiffre 2, c'est une ancienne forme de duel *tnäyn* que l'on utilise, à la place de *žūž*, employé isolément.

30	*tlātīn*
40	*rəbeīn*
50	*xamsīn*
60	*səttīn*
70	*səbeīn*
80˙	*tmānīn*
90	*təseīn*
100	*mya*
120	*mya u eəšrīn* ‹cent et vingt›
200	*myātäyn* (1)
300	*təlt-mya* ‹trois-cent› (2)
400	*ṛəbe-mya*
500	*xams-mya*
600	*sətt-mya*
700	*səbe-mya*
800	*təmn-mya*
900	*təse-mya*
1000	*āləf*
2000	*ālfäyn* (2)
3000	*təlt-ālāf* ‹trois-mille pl.)› (2)
4000	*ṛəbe-ālāf*...
...	
9000	*təse-ālāf*
10 000	*eəšṛ-ālāf*
11 000	*ḥdāšəl-āləf* ‹onze-mille pl.)› (2)
12 000	*ṭnāšəl-āləf*...
...	
20 000	*eəšrīn-āləf*...
...	
100 000	*myāt-āləf* (3)
200 000	*myātäyn-āləf* ‹trois-cent-mille pl.›
300 000	*təlt-myāt-āləf* (3)...
900 000	*təse-myāt-āləf*
1 000 000	*məlyōn*
2 000 000	*žūž-d-əl-mḷāyən/žūž-d-əl-məlyōn* (4)
	‹deux-de-les millions› /‹deux-de-le million›
3 000 000	*tlāta-d-əl-mḷāyən/ tlāta-d-əl-məlyōn*
	‹trois-de-les millions› ‹trois-de-le million›
...	

---

(1) Il s'agit d'une forme de duel; on note la réapparition du *-t-* final de *mya(t)* devant un suffixe vocalique.
(2) Les noms de centaines et de milliers sont formés comme s'il s'agissait de noms de mesures à l'état construit (voir pp.150-1).
(3) Le *-t-* du suffixe féminin *-a(t)* réapparaît pour la liaison avec un nom à initiale vocalique.
(4) Il s'agit d'une construction de type analytique réservée aux numéraux de 2 à 10; ici, le substantif peut être au singulier ou au pluriel pour les emprunts QUE SONT *məlyōn* et *məlyāṛ*.

20 000 000	*eašrīn məlyōn*
100 000 000	*myāt məlyōn*
1 000 000 000	*məlyāṛ*
2 000 000 000	*žūž-d-əl-məlyāṛ*
	⟨deux-de-le-milliard⟩
	žūž-d-əl-mlāyəṛ
	⟨deux-de-les-milliards⟩

Commentaires:

Les noms de nombre composés se forment à l'aide de la conjonction *u/w*, "et", les unités précédant les dizaines: *wāḥed u eašrīn* 21.

Pour ce qui est de la formation des nombres composés plus complexes, on procède par groupe: les milliers, puis les centaines, les unités précédant les dizaines:

1986 *āləf u təse-mya u sətta u tmānīn*
⟨mille-et-neuf cent-et-six-et-quatre vingt⟩

256 954 *myātäyn u sətta u xamsīn āləf u təse-mya u*
⟨deux cents-et-six-et-cinquante-maille-et neuf-cent-et⟩
ṛəbea u xamsīn
⟨quatre-et-cinquante⟩

2 - L'état construit

Il y a deux types de constructions possibles:
- l'une pour une petite classe de substantifs qui comprend les noms d'unité et de mesures et les noms de nombre (ils ont également conservé une forme de duel, voir p.109); cette classe constitue une survivance de formes archaïques (exemple: *cām* "année/an").
- l'autre pour tous les autres substantifs dénombrables (exemple: *ktōb* "livre").

Il y a trois types de constructions, selon les groupes de nombres (de 1 à 10, de 11 à 19, 20 et au-delà).

a - Les nombres de 1 à 10

- 1 se construit avec une marque Ø pour les deux types de substantifs:
   ktōb un livre   *cām* une année

- De 2 à 10, l'objet compté est au pluriel:

. Pour les substantifs ordinaires, on a une construction de type analytique qui rappelle la construction marquant la possession:

On trouve: *tlāta-d-əl-ktūb*   trois livres
                ⟨trois-de-les livres⟩
comme on a, pour la possession:
                əl-bīt-d-əd-drāri la chambre des enfants
                ⟨la chambre-de-les enfants⟩

. Pour la classe des noms de mesure, on a une construction proche de ce que l'on appelle traditionnellement "l'état construit":

On a: *təlt snīn*   trois ans
          ⟨trois-années⟩
par simple apposition, comme avec les substantifs:
          bīt-ən-ncās   la chambre à coucher
          ⟨chambre-le dormir⟩

La construction des noms de mesure appelle les commentaires suivants:
- le nom compté est simplement apposé au nom de nombre, dans une construction synthétique proche de l'état construit,
- le nom de nombre change de forme; il y a réduction de la quantité vocalique, puis permutation de la voyelle, pour des raisons de structure syllabique, (*tlāta* > *təlt*).
On utilise comme exemple un couple de substantifs qui n'ont pas la même racine au singulier et au pluriel: sg.*cām* pl.*snīn*. Ceci est particulier à cet exemple; habituellement, on passe simplement du singulier au pluriel: *yūm* > *iyām* jour, *šhaṛ* > *šhūṛ* mois.

Un tableau permettra de comparer l'état absolu aux deux constructions possibles à l'état construit:

	ETAT ABSOLU	CONSTRUCTION 1	CONSTRUCTION 2
1	wāḥed	ktāb	ɛām
2	žūž	žūž(d-əl)-ktūb	ɛāmäyn (1)
3	tlāta	tlāta-d-əl-ktūb	təlt snīn
4	ṛabɛa	ṛabɛa-d-əl-ktūb	ṛabɛ snīn
5	xamsa	xamsa-d-əl-ktūb	xams snīn
6	sətta	sətta-d-əl-ktūb	sətt snīn
7	səbɛa	səbɛa-d-əl-ktūb	səbɛ snīn
8	tmənya	tmənya-d-əl-ktūb	təmn snīn
9	təsɛūd	təsɛūd-d-əl-ktūb	təsɛ snīn
10	ɛašṛa	ɛašṛa-d-əl-ktūb	ɛašṛ snīn

b - Les nombres de 11 à 19

En arabe classique, les noms de nombre cardinaux prennent une forme féminine avec les substantifs masculins, et une forme masculine avec les féminins; les nombres de 11 à 12 sont des noms composés, dont la deuxième partie s'accorde en genre avec le substantif quantifié, la première partie étant au genre opposé.

La forme réservée aux substantifs masculins est donc composée d'une première partie au féminin et d'une deuxième au masculin, que l'on peut reconstruire ainsi pour l'arabe marocain:

*ṛabɛ-a(t) ɛašṛ 14
⟨quatre + fém.- dix + masc.⟩

La forme réservée aux substantifs féminins, qui se composerait d'une première partie au masculin, et d'une deuxième partie au féminin, n'existe pas. C'est une contraction de type masculin qui a abouti à l'état absolu actuel en arabe marocain:

ṛbaɛṭāš 14

La disparition du ɛ et du ṛ final a été compensé par l'emphatisation du ṭ.

A l'état construit, le ṛ réapparaît sous la forme d'une autre liquide -əl (d'autres dialectes maghrébins ont un suffixe -ən ou -əṛ), la disparition du ɛ ayant été compensée par l'emphatisation du ṭ:

ṛbaɛṭāšəl ɛām ⟨quatorze-an⟩ 14 ans

Pour le substantif quantifié, on trouve les deux types de construction:
- d'une part, les noms de mesure qui présentent un état construit avec le substantif au **singulier**:

ṛbaɛṭāšəl ɛām ⟨quatorze-an⟩ 14 ans

- d'autre part, les autres substantifs qui, eux, peuvent prendre deux constructions; en fait, il y a hésitation entre deux formes:

(1) Il s'agit d'une forme figée de duel; les noms de mesure n'ayant pas de forme de duel formeront un état construit: žūž-kīlo "2 kilos".

151

. l'une où l'on a un état construit avec le substantif au **singulier**, comme pour les noms de mesure:
ṛbaeṭāšəl-ktāb ⟨quatorze-livre⟩   14 livres

. l'autre, semblable aux nombres de 2 à 10 de l'arabe marocain, qui prévoit une construction analytique avec le **pluriel** et le nom de nombre à l'état absolu:
ṛbaeṭāš-d-əl-ktūb ⟨quatorze-de-les livres⟩   14 livres

Le tableau qui suit présente les deux types de constructions à côté de l'état absolu:

ETAT ABSOLU	CONSTRUCTION 1	CONSTRUCTION 2
11 *ḥdāš*	*ḥdāš-d-əl-ktūb* / *ḥdāšəl-ktāb*	*ḥdāšəl-eām*
12 *ṭnāš*	*ṭnāš-d-əl-ktūb* / *ṭnāšəl-ktāb*	*ṭnāšəl-eām*
13 *təlṭāš*	*təlṭāš-d-əl-ktūb* / *təlṭāšəl-ktāb*	*təlṭāšəl-eām*
14 *ṛbaeṭāš*	*ṛbaeṭāš-d-ə-l-ktūb* / *rbaeṭāšəl-ktāb*	*rbaeṭāšəl-eām*
15 *xəmsṭāš*	*xəmsṭāš-d-əl-ktūb* / *xəmsṭāšəl-ktāb*	*xəmsṭāšəl-eām*
16 *səṭṭāš*	*səṭṭāš-d-əl-ktūb* / *səṭṭāšəl-ktāb*	*səṭṭāšəl-eām*
17 *sbaeṭāš*	*sbaeṭāš-d-əl-ktūb* / *sbaeṭāšəl-ktāb*	*sbaeṭāšəl-eām*
18 *tmənṭāš*	*tmənṭāš-d-əl-ktūb* / *tmənṭāšəl-ktāb*	*tmənṭāšəl-eām*
19 *tsaeṭāš*	*tsaeṭāš-d-əl-ktūb* / *tsaeṭāšəl-ktāb*	*tsaeṭāšəl-eām*
20 *eəšrīn*	*eəšrīn-d-əl-ktūb* / *eəšrīn-ktāb*	*eəšrīn-eām*

Le nombre 20 a été inclus dans le tableau parce qu'il y a aussi une hésitation sur sa construction.

c – Les nombres de 20 à 99

Les noms de dizaines sont tous suffixés en *-in*. Les nombres composés sont formés à l'aide de la conjonction *u/w*, les unités précédant les dizaines:
tlāta u səttīn ⟨trois-et-soixante⟩   63

Les substantifs quantifiés sont à l'état construit et au singulier; il n'y a qu'un seul type de construction pour les deux types de substantifs.

EMPLOI ABSOLU	CONSTRUCTION 1	CONSTRUCTION 2
20 *eəšrīn*	*eəšrīn-d-əl-ktūb/eəsrīn ktāb*	*eəšrīn eām*
30 *tlātīn*	*tlātīn ktāb*	*tlātīn eām*
40 *rəbeīn*	*rəbeīn ktāb*	*rəbeīn eām*
50 *xamsīn*	*xamsīn ktāb*	*xamsīn eām*
60 *səttīn*	*səttīn ktāb*	*səttīn eām*
70 *səbeīn*	*səbeīn ktāb*	*səbeīn eām*
80 *tmānīn*	*tmānīn ktāb*	*tmānīn eām*
90 *təseīn*	*təseīn ktāb*	*təseīn eām*

Cette construction par simple juxtaposition du singulier prévaud pour tous les noms de nombre jusqu'aux millions.

d - Les nombres de 100 à 999

100 se dit *mya*; c'est une forme de féminin suffixée en *-a(t)*, le *-t-* n'apparaissant qu'en cas de liaison avec le mot ou le suffixe qui suit.

200, comme d'autres noms d'unité de mesure, a une forme figée de duel *myātäyn* 200.

A partir de 300, les noms de nombres eux-mêmes sont des noms composés; ils se construisent comme les noms d'unités et de mesure, c'est-à-dire à l'état construit: *təlt-mya(t)* ‹trois-cent› 300.

EMPLOI ABSOLU		ETAT CONSTRUIT	
100	*mya*	*myāt ktāb*	*myāt ɛām*
200	*myātäyn*	*myātäyn ktāb*	*myātäyn ɛām*
300	*təlt-mya*	*təlt myāt ktāb*	*təlt myāt ɛām*
400	*ṛəbɛ-mya*	*ṛəbɛ myāt ktāb*	*ṛəbɛ myāt ɛām*
500	*xams-mya*	*xams myāt ktāb*	*xams myāt ɛām*
600	*sətt-mya*	*sətt myāt ktāb*	*sətt myāt ɛām*
700	*səbɛ-mya*	*səbɛ myāt ktāb*	*səbɛ myāt ɛām*
800	*təmn-mya*	*təmn myat ktāb*	*təmn myāt ɛām*
900	*təsɛ-mya*	*təsɛ myāt ktāb*	*təsɛ myāt ɛām*

e - Les milliers

1000 se dit *āləf*; le substantif quantifié se met au singulier.

Outre 2000 *ālfäyn*, qui a une forme de duel, les nombres composés se forment comme les noms de mesure; de 3 à 10, on ajoute la forme pluriel de mille, *ālāf*; au delà, c'est la forme singulier qui est utilisée:

EMPLOI ABSOLU		ETAT CONSTRUIT	
1000	*āləf*	*āləf-ktāb*	*āləf-ɛām*
2000	*ālfäyn*	*ālfäyn-ktāb*	*ālfäyn-ɛām*
3000	*təlt-ālāf*	*təlt ālāf-ktāb*	*təlt ālāf-ɛām*
4000	*ṛəbɛ-ālāf*	*ṛəbɛ ālāf-ktāb*	*ṛəbɛ ālāf-ɛām*
5000	...		
9000	*təsɛ-ālāf*	*təsɛ ālāf-ktāb*	*təsɛ ālāf-ɛām*
10 000	*ɛašṛ-ālāf*	*ɛašṛ ālāf-ktāb*	*ɛašṛ ālāf-ɛām*
11 000	*ḥdāšəl-ālāf*	*ḥdāšəl ālāf-ktāb*	*ḥdāšəl ālāf-ɛām*
12 000	*ṭnāšəl-ālāf*	*ṭnāšəl ālāf-ktāb*	*ṭnāšəl ālāf-ɛām*
(...)			

EMPLOI ABSOLU	ETAT CONSTRUIT	
20 000 *eəšrīn-āləf*	*eəšrīn āləf-ktāb*	*eəšrīn āləf-eām*
...		
100 000 *myāt-āləf*	*myāt āləf-ktāb*	*myāt āləf-eām*
200 000 *myātäyn-āləf*	*myātäyn āləf-ktāb*	*myātäyn āləf eām*
300 000 *təlt-myāt-āləf*	*təlt myāt āləf-ktāb*	*təlt myāt āləf eām*
...		
900 000 *təse-myāt-āləf*	*təse myāt āləf-ktāb*	*təse myāt āləf eām*

f - Les millions

Ces nombres sont très peu utilisés; ils ne sont pas maniés par tout le monde; de plus on remarque qu'ils sont souvent produits en français ("trois millions, vingt millions...").

Les noms de million et de milliard sont formés avec des noms d'emprunt, *məļyōn, məlyāṛ*. Le fait que ce soit un mot étranger suffit à créer un flottement dans la construction des substantifs quantifiés. On retrouve la distinction entre noms de mesure, qui adoptent l'état construit avec le singulier:

   məļyōn eām ⟨million-an⟩ 1 million d'années
   məlyāṛ eām ⟨million-an⟩ 1 milliard d'années

Et les autres substantifs hésitent entre deux constructions: soit l'état construit avec le singulier, soit la construction analytique avec le pluriel:

   məļyōn-d-əl-ktūb ⟨million-de-les livres⟩   1 million de livres
   məlyāṛ-d-əl-ktūb ⟨milliard-de-les livres⟩   1 milliard de livres
   məļyōn-ktāb ⟨million-livre⟩   1 million de livres
   məlyāṛ-ktāb ⟨milliard-livre⟩   1 milliard de livres

De 2 à 10 millions, le nom est formé par une construction analytique et l'on hésite entre le singulier et le pluriel; on a généralement la construction de type possessif pour le substantif quantifié:

   žūž-d-əl-mļāyən-d-əl-ktūb   2 millions de livres
   ⟨2-de-les millions-de-les livres⟩
   žūž-d-ə-məļyōn-d-əl-ktūb   2 millions de livres
   ⟨2-de-le million-de-les livres⟩

   tlāta-d-əl-mlāyəṛ-d-əl-ktūb   3 milliards de livres
   ⟨3-de-les milliards-de-les livres⟩
   tlāta-d-əl-məlyāṛ-d-əl-ktūb   3 milliards de livres
   ⟨3-de-le milliard-de-les livres⟩

Au delà de 10 millions, le nom de nombre est formé par état construit:

   eəšrīn məļyōn ktāb/d-əl-ktūb   20 millions de livres
   ⟨20-million-livre/de-les livres⟩
   myāt məlyāṛ d-əl-frank   100 milliards de francs
   ⟨100-milliard-de-le franc⟩

b - Les ordinaux

Ce sont tous des adjectifs; lorsqu'ils sont épithètes, ils se construisent comme tous les adjectifs, c'est-à-dire qu'ils sont placés après les substantifs; ils s'accordent en genre, en nombre et en détermination avec le substantif qu'ils qualifient:

ən-nhāṛ əl-uwwəl ⟨le jour-le premier⟩ le premier jour

1 - Les ordinaux de 1 à 11

A part "le premier", qui se dit *əl-uwwəl*, et qui a donc une racine différente de *wāḥed* un, les adjectifs ordinaux sont construits sur la même racine que les cardinaux, avec le schème *Fāɛəl*:

tlāta trois > *ət-tālət* le troisième

Ils ont trois formes possibles, masculin, féminin, pluriel:
tālət, tālta, tāltīn

Le tableau suivant permet de comparer des formes ordinales aux cardinales:

CARDINAL		ORDINAL
1	*wāḥed*	*əl-uwwəl, əl-uwwla, əl-uwwlīn*
2	*žūž*	*ət-tāni, ət-tānya, ət-tānyīn* (1)
3	*tlāta*	*ət-tālət, ət-tālta, ət-tāltīn*
4	*ṛəbɛa*	*əṛ-ṛābəɛ, əṛ-ṛābɛa, əṛ-ṛābɛīn*
5	*xamsa*	*əl-xāməs, əl-xāmsa, əl-xāmsīn*
6	*sətta*	*əs-sātət/əs-sādəs, əs-sādsa/əs-sātta, əs-sāttīn/əs-sādsīn* (2)
7	*səbɛa*	*əs-sābəɛ, əs-sābɛa, əs-sābɛīn*
8	*tmənya*	*ət-tāmən, ət-tāmna, ət-tāmnīn*
9	*təsɛūd*	*ət-tāsɛ, ət-tāsɛa, ət-tāsɛīn*
10	*ɛašṛa*	*əl-ɛāšəṛ, əl-ɛāšṛa, əl-ɛāšṛēn*
11	*ḥdāš*	*əl-ḥādəš, əl-ḥādša, əl-ḥādšīn*

2 - Les ordinaux à partir de 12

A partir de 12, il n'y a plus de forme spécifique pour marquer l'ordre, on utilise le cardinal déterminé au moyen d'un article *əl*:

tnāš 12   *ət-tnāš* le douzième

ɛəšrīn 20   *əl-ɛəšrīn* le vingtième

tnāyn u ɛəšrīn 22   *ət-tnāyn u ɛəšrīn* le vingt deuxième

mya u wāḥed 101   *əl-mya u wāḥed* le cent unième

təlt-mya 300   *ət-təlt-mya* le trois centième

Les ordinaux sont généralement employés comme épithètes, on peut également les trouver en fonction d'attributs:

(1) C'est sur la même racine que *tnāyn* (2 dans les nombres composés), que l'on forme l'adjectif.
(2) On a une forme dialectale et une forme empruntée à l'arabe classique.

155

féminin, on peut trouver une racine semblable au cardinal marocain.

ža tālət f-əl-imtīḥān.
‹il est venu-3ème-dans-l'examen›
Il a été classé troisième à l'examen.

c - Les fractions

Les trois plus employées sont la moitié, le tiers et le quart, et leurs composés, les autres sont des emprunts au classique:

1/2	*noṣṣ*		
1/3	*tūlūt*	2/3	*tūlūtäyn* (duel de 1/3)
1/4	*ṛbaɛ/ṛobɛ*	3/4	*təlt-ṛbaɛ*

On les utilise à l'état construit:

noṣṣ xobza ‹demi-pain› un demi-pain
tūlūt sāɛa ‹tiers-heure› 20 minutes (litt. 1/3 d'heure)
ṛbaɛ sāɛa ‹quart-heure› un quart d'heure

d - Les pourcentages

Les pourcentages s'expriment au moyen de la formule *f-əl-mya* ‹dans-le cent›:

xamsīn f-əl-mya ‹cinquante-dans-le-cent› 50 %
tlātīn f-əl-mya ‹trente-dans-le-cent› 30 %

e - L'heure

Lorsqu'elle existe, c'est la forme féminine des cardinaux, lorsqu'elle existe, qu'on utilise pour dire l'heure, respectant sans doute un accord tacite avec le substantif féminin qui signifie heure, *sāɛa.* Le cardinal est précédé de l'article *əl:*

hādi əl-waḥda ‹celle-ci-la-une› Il est 1 heure.
hādi əṛ-ṛəbɛa ‹cele-ci-la-quatre› Il est 4 heures.
hādi əž-žūž ‹celle-ci-le-deux› Il est 2 heures.

Les minutes se donnent traditionnellement au moyen de l'unité *qṣəm* "cinq minutes":

3h.05	*ət-tlāta u qṣəm*	‹la 3-et-cinq minutes›
3h.10	*ət-tlāta u qəṣmäyn* (1)	‹la 3-et-2 cinq minutes›
3h.15	*ət-tlāta u ṛbaɛ*	‹la 3-et-quart›
3h.20	*ət-tlāta u tūlūt*	‹la 3-et-tiers›
3h.25	*ət-tlāta u xams qṣām*	‹la 3-et-5 cinq minutes›
3h.30	*ət-tlāta u noṣṣ*	‹la 3-et-demi›
3h.35	*ət-tlāta u səbɛ qṣām*	‹la 3-et-7 cinq minutes›
4h.-20	*əṛ-ṛəbɛa* { *qəll tūlūt* / *ğēṛ* }	‹la 4-moins-tiers›
4h.-15	*əṛ-ṛəbɛa* { *lla ṛəb* (2) / *ṛobɛ* / *qəll ṛbaɛ* }	‹la 4-sauf-quart›
4h.-10	*əṛ-ṛəbɛa qəll/ğēṛ qəṣmäyn*	‹la 4-moins-2-cinq minutes›
4h.-05	*əṛ-ṛəbɛa qəll/ğēṛ qṣəm*	‹la 4-moins-cinq minutes›

---

(1) Il s'agit d'une forme figée de duel.
(2) C'est une forme abrégée, avec chute du ɛ final.

f - Les jours de la semaine

En arabe, les jours de la semaine ont presque tous une racine d'ordre numéral, le premier correspondant au Dimanche. En voici la liste; le cas échéant, nous mettrons la traduction de la racine correspondante entre parenthèses:

əl-ḥadd - nhāṛ əl-ḥadd ⟨jour-le-dimanche⟩ Dimanche (un)
ət-tnīn/ət-tnäyn - nhāṛ ət-tnīn/tnäyn Lundi (deux)
ət-tlāta - nhāṛ ət-tlāta Mardi (trois)
l-aṛbaɛ - nhāṛ l-aṛbaɛ Mercredi (quatre)
əl-xmīs - nhāṛ əl-xmīs Jeudi (cinq)
əž-žəmɛa - nhāṛ əž-žəmɛa Vendredi
əs-səbt - nhāṛ əs-səbt Samedi (six)

g - la datation

On utilise le cardinal pour préciser la date:
nhāṛ tlāta/xamsṭāš/tlāta u ɛəšrīn/ f-əš-šhaṛ
⟨jour-3/15/3 et 20/-dans-le mois⟩
Le 3/15/23/ du mois.

h - Les prix

La monnaie officielle au Maroc est le dirham (DH.), correspondant, mis à part les fluctuations des taux de change, aux nouveaux francs français; les unités inférieures sont les francs (correspondant aux centimes français). Mais ces unités ne sont utilisées que dans des circonstances officielles ou dans le monde des affaires; traditionnellement, on compte en unités de 5 francs (comme autrefois les "sous" en France); suivant les régions, le nom de cette unité de base varie; à Fès, on compte en ryāl, dans les régions d'influence espagnole, on compte en dūṛo; ce nom reste invariable, quelle que soit la construction:

ryāl	un rial	5 francs	0,05 DH.
žūž-d-ər-ryāl	2 rials	10 francs	0,10 DH.
tlāta-d-ər-ryāl	3 rials	15 francs	0,15 DH.
....			
ɛašṛa-d-ər-ryāl	10 rials	50 francs	0,50 DH.
....			
ɛəšrīn ryāl	20 rials	100 francs	1,00 DH.
myāt ryāl	100 rials	500 francs	5,00 DH.
āləf ryāl	1000 rials	1000 francs	10,00 DH.

III - LES PRONOMS

On traitera successivement des pronoms personnels, des pronoms démonstratifs, des pronoms interrogatifs, ainsi que des relatifs et des indéfinis.

A - LES PRONOMS PERSONNELS

Il y a deux types de pronoms personnels en arabe; les pronoms indépendants et les pronoms affixes qui peuvent se suffixer à des verbes, à des substantifs ou à des prépositions.

a - Les pronoms personnels indépendants

Ce sont les pronoms que l'on rencontre généralement en position de Complément de rang 0 (C_0 (1)); il faut noter que, les verbes contenant tous un indice de personne, les pronoms indépendants sont souvent redondants lorsqu'ils sont employés avec des formes verbales.

1 - Les pronoms utilisés isolément

Il y a plusieurs variantes pour chaque personne:

SG.	1.	*āna*	PL.	1.	*ḥna*
		ānāya			*ḥnāya*
	2. masc.	*ənta*		2.	*əntūma*
		əntāya			
		əntīna (2)			
	2. fém.	*ənti*			
		əntīya			
		əntīna (2)			
	3. masc.	*hūwa*		3.	*hūma*
	3. fém.	*hīya*			

2 - Les pronoms utilisés en combinaison

Si l'on veut combiner les pronoms indépendants entre eux, on a recours à une conjonction de coordination spécifique, qui se voit suffixée des pronoms affixes, *wiyya-* (avec):

āna wiyyā-k toi et moi (litt. moi avec toi)

Le paradigme est le suivant:
āna wiyyā-k toi (masc.) et moi
āna wiyyā-ki toi (fém.) et moi
āna wiyyā-h lui et moi
āna wiyyā-ha elle et moi
āna wiyyā-kum vous et moi
āna wiyyā-hum eux et moi

---

(1) Plutôt que t'utilser les termes trop chargés sémantiquement de "sujet, complément d'objet, d'attribution", on indiquera le postionnement de surface des termes: C_0, C_1, C_2, C_3.

(2) Cette forme, utilisée aussi bien pour le masculin que pour le féminin, est typiquement fassi (dialecte citadin des gens originaires de Fès).

b - Les pronoms affixes

Ces pronoms peuvent être utilisés avec les verbes, comme avec les substantifs; on les trouve également avec les prépositions, dans les cas de régime indirect notamment.

1 - Les pronoms suffixés aux verbes

Les pronoms suffixés aux verbes ont deux types d'emplois: fonction déictique lorsqu'ils réfèrent à des individus ou objets et fonction anaphorique.

SG.	1.	*-ni*	PL.	1.	*-na*
	2.m.	*-(ə)k*		2.	*-kum*
	2.f.	*-ki* (1)			
	3.m.	*-u/-əh*		3.	*-hum*
	3.f.	*-ha*			

Les agencements diffèrent suivant la nature de la terminaison verbale et de la structures syllabique du verbe, et suivant la nature du suffixe.

a - Suffixation aux terminaisons en consonnes

On examinera successivement l'adjonction des suffixes à initiale consonantique, et à initiale vocalique. Les exemples choisis sont les verbes *ḍrəb* "frapper" (verbe régulier) et *nsa* "oublier" (verbe défectueux). Pour la conjugaison suffixale, les terminaisons consonantiques se trouvent aux 1ère et 3ème personnes du singulier, et à la 3ème du pluriel pour le schème défectueux:

1	*ḍrəbt, nsīt*
3.m.	*ḍrəb*, ∅
3.f.	*ḍərbət/ḍərbāt, nsāt*
3.pl.	*nsāw*

1 - Adjonction d'un suffixe consonantique

Les suffixes à initiale consonantique sont ceux de 1ère personne, 2ème et 3ème du féminin, et pluriel:

SG.	1.	*-ni*	PL.	1.	*-na*
				2.	*-kum*
	3.f.	*-ha*		3.	*-hum*

Les agencements possibles sont les suivants:

1 - Avec la **1ère personne du singulier** de la conjugaison sufixale: *ḍrəbt* "j'ai frappé", *nsīt* "j'ai oublié":
- 3.f.   *ḍrəbt-ha* je l'ai oubliée   *nsīt-ha* je l'ai oubliée
- 2.pl.   *ḍrəbt-kum* je vous ai frappés *nsīt-kum* je vous ai oubliés
- 3.pl.   *ḍrəbt-hum* je les ai frappés *nsīt-hum* je les ai oubliés

---

(1) Le suffixe féminin *-ki* est rarement utilisé: *hā-ki* tiens (fille), *ɛandā-ki* attention à toi (fille); la 2ème personne est souvent marquée par la forme unique *-(ə)k*.

2 - Avec la **3ème personne du masculin singulier** de la conjugaison suffixale: *ḍɾəb* "il a frappé":

1.	*ḍɾəb-ni*	il m'a frappé(e)
3.f.	*ḍɾəb-ha*	il l'a frappée
1.pl.	*ḍɾəb-na*	il nous a frappés
2.pl.	*ḍɾəb-kum*	il vous a frappés
3.pl.	*ḍɾəb-hum*	il les a frappés

3 - Avec la **3ème personne du féminin singulier** de la conjugaison suffixale: *ḍəɾbət* "elle a frappé", *nsāt* "elle a oublié":

1.sg. *ḍəɾbət-ni* elle m'a frappé(e) *nsāt-ni* elle m'a oublié(e)
Les autres pronoms se construisent comme dans les paradigmes précédents.

4 - Avec la **3ème personne du pluriel de la conjugaison suffixale pour les verbes défectueux:** *nsāw* ils ont oublié:
Il s'agit d'une terminaison en semi-consonne, mais elle a le même comportement que les autres consonnes lors de l'adjonction d'un suffixe consonantique:
1.sg. *nsāw-ni* ils m'ont oublié(e)
(la suite du paradigme est identique aux précédents)

2 - Adjonction d'un suffixe vocalique

Les suffixes vocaliques sont des suffixes de masculin singulier:
2.m. *-ək*
3.m. *-u/-əh* (1)

Ils se construisent de la façon suivante avec les formes verbales à terminaison consonantique:

1 - Avec la **1ère personne singulier** de la conjugaison suffixale: *ḍɾəbt* "j'ai frappé", *nsīt* "j'ai oublié":
2.m. *ḍɾəbt-ək* je t'ai frappé(e) *nsīt-ək* je t'ai oublié(e)
3.m. *ḍɾəbt-u* je l'ai frappé *nsīt-u* je l'ai oublié

2 - Avec la **3ème personne du masculin singulier** de la conjugaison suffixale: *ḍɾəb* "il a frappé":
2.m. *ḍəɾb-ək* (2) il t'a frappé(e)
3.m. *ḍəɾb-u* (2) il l'a frappé

3 - Avec la **3ème personne du pluriel** des verbes défectueux: *nsāw* "ils ont oublié":
2.m. *nsāw-ək* (1) ils t'ont oublié(e)
3.m. *nsāw-əh* (1) ils l'ont oublié

4 - Avec la **3ème personne du féminin singulier** de la conjugaison suffixale: *nsāt* "elle a oublié"; on notera l'allongement de la voyelle du suffixe de personne: **ḍəɾbət > ḍəɾbāt*:

---

(1) On utilise les formes *-u* et *-ək* quand on affixe les pronoms à un terminaison consonantique, et les formes *-əh* et *-ək*, pour une terminaison semi-consonantique (3è.p.pl. des verbes défectueux, par exemple).
(2) Il y a permutation de la voyelle brève, comme toujours lorsqu'on ajoute un suffixe vocalique.

2.m.   *ḍəɾbāt-ək* elle t'a frappé(e) *nsāt-ək* elle t'a frappé(e)
3.m.   *ḍəɾbāt-u* elle l'a frappé   *nsāt-u* elle l'a oublié

b - Suffixation aux formes verbales à terminaison vocalique

Ces formes sont représentées à la 2ème personne du singulier, ainsi qu'à la 3ème personne masculin pour les verbes défectueux, et à toutes les formes du pluriel (sauf la 3ème pour les verbes défectueux):

2.sg.   *ḍɾəbti, nsīti*
3.m.   Ø   *nsa*
1.pl.   *ḍɾəbna, nsīna*
2.pl.   *ḍɾəbtu, nsītu*
3.pl.   *ḍəɾbu*   Ø

Lorsque la forme verbale se termine par une voyelle, tous les pronoms affixes adoptent une forme **consonantique**:
ainsi: 2.m.   *-ək* > *-k*
       3.m.   *-u*   > *-h*

Ce qui donne le paradigme suivant pour l'affixation à des terminaisons vocaliques:
SG. 1. *-ni*   PL. 1. *-na*
    2.m. *-k*   2. *-kum*
    3.m. *-h*   3. *-hum*
    3.f. *-ha*

On note également un allongement systématique de la voyelle finale lors de l'affixation.

1 - Avec la **2ème personne singulier** de la conjugaison suffixale: *ḍɾəbti* "tu as frappé", *nsīti* "tu as oublié":
1.   *ḍɾəbtī-ni* tu m'as frappé(e) *nsītī-ni* tu m'as oublié(e)
3.f.   *ḍɾəbtī-ha* tu l'as frappée   *nsītī-ha* tu l'as oubliée
3.m.   *ḍɾəbtī-h* tu l'as frappé   *nsītī-h* tu l'as oublié
1.pl. *ḍɾəbtī-na* tu nous a frappés *nsītī-na* tu nous as oubliés
3.pl. *ḍɾəbtī-hum* tu les as frappés *nsītī-hum* tu les as oubliés

2 - Avec la **3ème personne masculin** de la conjugaison suffixale pour des verbes défectueux: *nsa* "il a oublié":
La construction est la même pour toute la série; la voyelle finale du verbe retrouve sa longueur en perdant sa position finale:
1.   *nsā-ni* il m'a oublié(e)
2.m.   *nsā-k* il t'a oublié(e)
3.m.   *nsā-h* il l'a oublié
Le reste du paradigme est semblable aux précédents.

3 - Avec la **1ère personne du pluriel** de la conjugaison suffixale: *ḍɾəbna* "nous avons frappé", *nsīna* "nous avons oublié": le fonctionnement est le même pour les autres formes:
3.pl. *ḍɾəbnā-hum* nous les avons frappés
       nsīnā-hum nous les avons oubliés

4 - Avec la **2ème personne du pluriel** de la conjugaison suffixale: *ḍɾəbtu* "vous avez frappé", *nsītu* "vous avez oublié":

3.pl.   *ḍrəbtū-hum* vous les avez frappés
        nsītū-hum vous les avez oubliés

5 - Avec la **3ème personne du pluriel** de la conjugaison sufixale: *ḍəṛbu* "ils ont frappé":
1.   *ḍəṛbū-ni* ils m'ont frappé(e)
3.f.   *ḍəṛbū-ha* ils l'ont frappée

2 - Les pronoms suffixés aux substantifs

Utilisés avec les substantifs, les pronoms affixes marquent la possession; ils sont en concurrence avec une construction analytique avec la préposition *d/dyāl* "de". Les pronoms se rapprochent de la construction que l'on appelle l'"état construit"; ses emplois sont généralement restreints à certains types de relations serrées (parenté, possessions dites inaliénables, parties du corps), alors que la construction analytique en *d/dyāl* a des utilisations plus larges.
A part la première personne du singulier, les pronoms affixés aux substantifs sont très semblables à ceux des verbes:

SG. 1.   *-i/-ya*   PL. 1.   *-na*
    2.   *-ək/-k*   2.   *-kum*
    3.m. *-u/-h/-əh*   3.   *-hum*
    3.f. *-ha*

L'adjonction de ces pronoms entraîne des modifications morphologiques, selon la forme du substantif suffixé.

a - Les schèmes à terminaison consonantique

Pour des raisons de structure syllabique, on utilisera les exemples: *bənt* "fille", *ktəf* "épaule" et *ṣāḥəb* "ami", qui sont couramment utilisés avec les pronoms possessifs affixes. Leurs paradigmes sont les suivants:

1 - Avec le schème *CəCC*, on a une simple affixation du pronom: *bənt* "fille":

SG. 1.   *bənt-i*   PL. 1.   *bənt-na*
    2.   *bənt-ək*   2.   *bənt-kum*
    3.m. *bənt-u*   3.   *bənt-hum*
    3.f. *bənt-ha*

2 - Avec le schème *CCəC*, il y a permutation de la voyelle brève, si le suffixe est à initiale vocalique; mais le mot est inchangé pour les suffixes à initiale consonantique: *ktəf* "épaule":

SG. 1.   *kətf-i*   PL. 1.   *ktəf-na*
    2.   *kətf-ək*   2.   *ktəf-kum*
    3.m. *kətf-u*   3.   *ktəf-hum*
    3.f. *ktəf-ha*

3 - Avec le schème *CāCəC*, la voyelle brève saute si le suffixe est vocalique; elle est maintenue s'il est consonantique: *ṣāḥəb* "ami":

SG. 1.   *ṣāḥb-i*   PL. 1.   *ṣāḥəb-na*
    2.   *ṣāḥb-ək*   2.   *ṣāḥəb-kum*
SG. 3.m. *ṣāḥb-u*   3.   *ṣāḥəb-hum*
    3.f. *ṣāḥəb-ha*

b - Les schèmes suffixés en *-a(t)*

Le *-t* contenu dans le suffixe, réapparaît et sert de liaison avec le suffixe; les exemples choisis sont les substantifs *rəzma* "foulard", *gəṭṭa* "chat", *ṣāḥba* "amie" et *šəkkāra* "cartable".

1 - Avec le schème *CəCCa(t)*, l'adjonction d'un suffixe entraîne une sérieuse modification du schème du fait de la permutation des voyelles brèves, suivant que le pronom est vocalique ou consonantique: *rəzma* "foulard":

SG. 1. *rzəmt-i*   PL. 1. *rəzmət-na*
    2. *rzəmt-ək*   2. *rəzmət-kum*
    3.m. *rzəmt-u*   3. *rəzmət-kum*
    3.f. *rəzmət-ha*

2 - Avec le schème *CəC₂C₂a(t)*, pour les pronoms à initiale vocalique, la voyelle brève ne permute pas, c'est le *-a-* du suffixe *-a(t)* qui saute et se trouve remplacée par le *-t-*; on obtient une suite de trois consonnes: *gəṭṭ-* "chat, chatte" (prononcée comme une géminée):

SG. 1. *gəṭṭt-i*   PL. 1. *gəṭṭat-na*
    2. *gəṭṭt-ək*   2. *gəṭṭat-kum*
    3.m. *gəṭṭt-o*   3. *gəṭṭat-hum*
    3.f. *gəṭṭat-ha*

3 - Avec le schème *CCāCa(t)*, pour les pronoms vocaliques, on a rétablissement d'une voyelle brève et disparition du *-a-* bref du suffixe pour maintenir la même structure syllabique: *ṣāḥba-* "amie":

SG. 1. *ṣāḥəbt-i*   PL. 1. *ṣāḥbət-na*
    2. *ṣāḥəbt-ək*   2. *ṣāḥbət-kum*
    3.m. *ṣāḥəbt-u*   3. *ṣāḥbət-hum*
    3.f. *ṣāḥbət-ha*

4 - Avec un schème où la 2ème radicale est géminée, on a disparition du *-a-* bref du suffixe pour les pronoms vocaliques: *šəkkāra* "cartable":

SG. 1. *šəkkārt-i*   PL. 1. *šəkkārt-na*
    2. *šəkkārt-ək*   2. *šəkkārət-kum*
    3.m. *šəkkārt-u*   3. *šəkkārət-hum*
    3.f. *šəkkārət-ha*

c - Les schèmes pluriels suffixés en *-īn* **ou en** *-i*

1 - Pour les pluriels en *-īn*, le *n* final saute lors de l'adjonction d'un suffixe, ce qui donne une terminaison vocalique; les pronoms prennent tous une initiale consonantique:

ainsi : 1.sg.   *-i*   > *-ya*
         3.m.   *-u*   > *-h*
         2.m.   *-ək* > *-k*

Les exemples choisis sont les substantifs *ɛīnīn* "yeux", *wāldīn* "parents":

- *ɛīnīn* "yeux":
SG. 1. *ɛīnī-ya*   PL. 1. *ɛīnī-na*
    2. *ɛīnī-k*   2. *ɛīnī-kum*

```
SG.   3.m.  εīnī-h         PL.   3.   εīnī-hum
      3.f.  εīnī-ha


      - wāldīn "parents":
SG.   1.    wāldī-ya      PL.   1.   wāldī-na
      2.    wāldī-k             2.   wāldī-kum
      3.m.  wāldī-h             3.   wāldī-hum
      3.f.  wāldī-ha
```

2 - Quant aux pluriels en -i, il suffit de leur ajouter un pronom à initiale consonantique; ṣwāni "plateaux".

```
SG.   1.    ṣwānī-ya      PL.   1.   ṣwānī-na
      2.    ṣwānī-k             2.   ṣwānī-kum
      3.m.  ṣwānī-h             3.   ṣwānī-hum
      3.f.  ṣwānī-ha
```

d - Une forme renforcée

Il est possible de renforcer l'idée de possession par un redoublement de pronom, en rajoutant le pronom indépendant après le pronom affixe: dāṛ-i āna ⟨maison-ma-moi⟩ ma maison à moi.

```
SG.   1.    dāṛ-i āna      PL.   1.   dāṛ-na ḥna
      2.m.  dāṛ-ək ənta          2.   dāṛ-kum əntūma
      2.f.  dāṛ-ək ənti
      3.m.  dāṛ-u hūwa           3.   dāṛ-hum hūma
      3.f.  dāṛ-ha hīya
```

3 - Les pronoms affixés aux prépositions

Certaines prépositions peuvent servir à construire un verbe au cas indirect (εla, fi, l...), mais il y a également des particules qui se voient suffixer des pronoms.

a - Les prépositions

Si elle se termine par une consonne, on ajoute simplement le suffixe à la préposition:

```
      - l vers, à:
SG.   1.    l-i          PL.   1.   l-na
      2.    l-ək               2.   l-kum
      3.m.  l-u                3.   l-hum
      3.f.  l-ha
```

Si la terminaison de la préposition est vocalique (-a, -i), il apparait quelques modifications lors de l'affixation, les pronoms prenant une initiale consonantique:

```
      - f/fi dans, εla sur:
SG.   1.    fī-ya, εlī-ya    PL.   1.   fī-na, εlī-na
      2.    fī-k, εlī-k            2.   fī-kum, εlī-kum
      3m.   fī-h, εlī-h            3.   fī-hum, εlī-hum
      3.f.  fī-ha, εlī-ha
```

b - Les particules

Sous ce terme seront regroupées des particules énonciatives, mais aussi l'expression de la possesssion au moyen d'un pseudo-verbe combinant préposition et pronom affixe.

1 - Les particules énonciatives *hā-* et *ṛā-*

- *ṛa* est d'origine verbale, puisqu'elle est dérivée d'un verbe qui signifiait "voir"; sa forme actuelle rappelle soit une 3ème personne de la conjugaison suffixale (il a vu), soit plutôt, un impératif (Regarde !) (1); on lui suffixe soit les pronoms affixes, soit les pronoms indépendants sous une forme réduite:

	pron.aff.- pron.ind.			pron.ind. - pron.aff.
SG. 1.	*ṛā-ni - ṛ-āna*	PL. 1.	*ṛā-ḥna*	- Ø
2.m.	*ṛā-k - ṛā-nta*	2.	*ṛā-ntūma*	- *ṛā-kum*
2.f.	*ṛā-ki - ṛā-nti*			
3.m.	*ṛā-h - ṛā-hūwa*	3.	*ṛā-hūma*	- *ṛā-hum*
3.f.	*ṛā-ha - ṛā-hīya*			

- *ha* est d'origine déictique (1); il est proche des démonstratifs comme *hāda, hād*; il se construit avec les pronoms indépendants, sauf à la première personne, où il peut se construire avec le pronom affixe:

SG. 1.	*h-āna - hā-ni*(pr.aff.)	PL. 1.	*hā-ḥna*
2.m.	*hā-nta*	2.	*hā-ntūma*
2.f.	*hā-nti*		
3.m.	*hā-hūwa*	3.	*hā-hūma*
3.f.	*hā-hīya*		

2 - Les marqueurs de la relation de possession

Il y a deux types de marques: d'une part, un combiné préposition-pronom affixe, qui est devenu une pseudo-conjugaison: *ɛand-i* ‹chez-moi› "j'ai"; d'autre part, une préposition qui marque la relation de possession, et qui entre en concurrence avec les pronoms personnels dans la construction avec les substantifs: *dyāl-i* ‹de-moi› "mon, ma, mes":

- *ɛand-i* ‹chez-moi› "j'ai"

C'est au moyen de cette expression locative que l'on exprime le prédicat marquant la possession:

SG.	1.	*ɛand-i*	PL.	1.	*ɛand-na*
	2.	*ɛand-ək*		2.	*ɛand-kum*
	3.m.	*ɛand-u*		3.	*ɛand-hum*
	3.f.	*ɛand-ha*			

- *dyāl-i* ‹de-moi› "mon, ma, mes": cette forme est la construction analytique marquant la possession:

    əl-ktāb dyāli ‹le livre-de-moi› mon livre.
    əṭ-ṭōmōbīl dyāl-u ‹la voiture-de-lui› sa voiture.

---

(1) Pour les emplois comparés de *hā-* et de *ṛā-*, voir **Caubet 91b**.

```
SG.  1.   dyāl-i          PL.  1.   dyāl-na
     2.   dyāl-ǝk              2.   dyāl-kum
     3.m. dyāl-u               3.   dyāl-hum
     3.f. dyāl-ha
```

Il existe une forme féminine: *dyāl-t*; dans certains dialectes du Maroc, elle peut être utilisée lorsque la chose possédée est de genre féminin:

on oppose alors: *ǝl ktāb dyāl-i* ‹le livre-de-moi› mon livre

à: *ǝš-šānṭa dyālt-i* ‹la valise-de fém.-moi› ma valise.

On trouve également dans d'autres régions du Maroc le marqueur *(m)tāɛ*, qui a une forme féminine *(m)tāɛ-t*:

ǝl-ktāb (m)tāɛ-i mon livre

ǝš-šānṭa (m)tāɛt-i ma valise.

c - La négation

Il s'agit de la négation dans les énoncés nominaux, lorsque le C_0 est un pronom; il y a deux cas possibles:

- soit le sujet grammatical est un pronom indépendant, et le double morphème de la négation devient continu: *ma ši*:

āna ma ši ḥamqa ‹moi-ne pas-folle› je ne suis pas folle.

- soit, le pronom personnel est affixé à la première partie du morphème négatif *ma-*; c'est généralement une forme réduite du pronom indépendant qui est utilisée, sauf à la 1ère personne du singulier:

mā-ni ši ḥamqa ‹ne-me-pas-folle› je ne suis pas folle.

```
SG.  1.   mā-ni ši        PL.  1.   mā-ḥna ši
          m-āna ši
     2.m. mā-nta ši             2.   mā-ntūma ši
     2.f. mā-nti ši
     3.m. ma-hūwa ši            3.   ma-hūma ši
     3.f. ma-hīya ši
```

c - Les pronoms réfléchis

- La réflexivité en arabe marocain ne s'exprime pas seulement au moyen de pronoms; il leur faut un support lexical, essentiellement *ṛās* "tête"; on trouve aussi *nǝfs* "souffle, âme" et *xāṭǝr* "humeur". Les pronoms affixes sont accolés à ce support variable selon le sémantisme du verbe:

gult maɛ ṛās-i ‹j'ai dit-avec-tête-moi›

gult f-nǝfs-i ‹j'ai dit-dans-âme-moi›   je me suis dit

gult f-xāṭṛ-e ‹j'ai dit-dans-humeur-moi›

Avec un verbe comme *qtǝl*, "tuer", on n'a qu'une seule possibilité:

qtǝl ṛās-u ‹il a tué-tête-lui› il s'est suicidé

167

B - LES PRONOMS DEMONSTRATIFS

Il y a deux types de démonstratifs, les déterminants nominaux et les pronoms. Tous deux distinguent deux espaces qu'ils opposent: celui qui est lié au sujet énonciateur, d'une part; et, d'autre part, celui qui renvoie aux limites de l'espace lié aux interlocuteurs et qui, bien qu'il soit très variable, a généralement comme limite le visible (murs, ligne d'horizon...).

Il serait erroné de vouloir réduire cette différence à une distinction proche-lointain, comme c'est encore trop souvent le cas. Il faut tenir compte de la dimension modale: le fait que l'énonciateur s'approprie un objet ou qu'il le rejette.

a - L'espace lié à l'énonciateur, l'ICI

1 - Le déterminant nominal est *hād-əl* "ce, cette, ces"; il est invariable en genre ou en nombre:

    m. *hād-əl-ktāb* ‹ce-le-livre› ce livre
    f. *hād-əl-bənt* ‹ce-la fille› cette fille
    pl. *hād-ən-nās* ‹ce-les gens› ces gens.

Cet espace peut, soit **inclure** l'énonciateur:
f-hād-əl-bīt ‹dans-ce-la pièce› dans cette pièce (où je suis),

soit désigner un point déterminé par rapport à lui:
hād-əl-ktāb ce livre (que je montre).

2 - Sur cette même racine, sont formés les pronoms qui varient en fonction du genre ou du nombre utilisés pour les animés (et comme anaphoriques pour les animés et les inanimés):
hāda celui-ci, *hādi* celle-ci, *hādu* ceux-ci.

škūn hāda/hādi/hādu ? Qui est-ce ?
‹qui?-celui-ci/celle-ci/ceux-ci›

Pour les inanimés, on utilise également un pronom formé comme un syntagme nominal:
hād-əš-ši ‹ce-la-chose› ceci (litt.cette chose)

šnu hād-əš-ši ? ‹quoi-ceci› Qu'est-ce que c'est (que ça) ?

3 - Il existe également une forme renforcée de déictique, composée d'un déterminant nominal, d'un substantif, et d'un pronom démonstratif postposé:
hād-əl-ktāb hāda ‹ce-le-livre-celui-ci› ce livre-là

Dans ce cas, le pronom de renfort s'accorde en genre et en nombre avec le substantif qualifié:
    masc. *hād-əl-ktāb hāda* ce livre-là/ci
    fém. *hād-əl-bənt hādi* cette fille-là/ci
    plur. *hād-ən-nās hādu* ces gens-là/ci

b - L'espace lié à l'énonciateur et aux co-énonciateurs, le LA-BAS

Ces marqueurs sont caractérisés par la présence d'un *-k* en

finale; ce *-k* est à rattacher étymologiquement au pronom affixe de
2ème personne *-k/ǝk* (1).

   - Le déterminant nominal est *hādāk-ǝl/dāk-ǝl*, mais, contrairement
à l'espace de l'ICI, il varie en genre et en nombre:
SG. masc. : *dāk-ǝl-ktāb/hādāk-ǝl-ktāb*   ce livre-là
     fém. : *dīk-ǝl-bǝnt/hādīk-ǝl-bǝnt*   cette fille-là
PL.   : *dūk-ǝn-nās/hādūk-ǝn-nās*   ces gens-là

   L'espace du LA-BAS renvoit aux limites du visible, mais il peut
aussi marquer un éloignement affectif et donc modal:
   dāk-ǝl-wǝld ma bġa š yǝglǝs !
   ‹ce-le- garçon-ne-il a voulu-pas-il s'assied›
   Ce gosse-là ne veut pas rester tranquille !

   - Les pronoms démonstratifs sont:
hādāk celui-là, *hādīk* celle-là, *hādūk* ceux-là.

škūn hādāk ?   Qui c'est celui-là ?/ Qui est-ce ? (méfiant)
‹qui?-celui-là›

Pour les inanimés, on a le pronom:
dāk-ǝš-ši ‹ce-là-la chose›   celà (litt.cette chose-là)

šnu dāk-ǝš-ši ? Qu'est-ce que c'est que ça/que ce truc-là ?
‹quoi?-celà›

   - On peut aussi signaler l'existence de la locution:
   hākdāk/hākḳāḳ ! ‹voilà-celà› (C'est) comme ça !

---

(1) Sur le suffixe *-k*, voir **Fischer** 59.

C - LES PRONOMS INTERROGATIFS

Il existe un certain nombre de pronoms de base que l'on peut combiner à des particules et à des prépositions pour former toute un série de pronoms ou d'adverbes circonstanciels interrogatifs.

On analysera les différents pronoms de base puis leurs dérivés, y compris les adverbes. Il y a quatre pronoms interrogatifs de base en arabe marocain:

$\bar{a}š$	que, quoi ?
$\bar{\imath}na$, $\bar{a}na$	quel ?
$mən$	qui ? (1)
ma	que, quoi ?

a - $\bar{a}š$ et ses dérivés

1 - Le pronom $\bar{a}š$

Le pronom $\bar{a}š$, correspondant, comme le signale David Cohen (2), au classique *$^{\jmath}ayyu$ $šay^{\jmath}in$ ‹quelle chose›, est utilisé isolément en arabe marocain, avec le sens de "que, quoi":

$\bar{a}š$ $dərti$? ‹quoi?-tu as fait› Qu'est-ce que tu as fait ?

- On le trouve également dans les questions de type qualitatif, avec l'expression $\bar{a}š$ $mən$: quel/lequel:

$\bar{a}š$ $mən$ $kt\bar{a}b$ $šr\bar{\imath}ti$? ‹quoi-de-livre-tu as acheté› Quel livre as-tu acheté ?

- On peut utiliser $w\bar{a}š$ dans ces interrogations qualitatives; dans ce cas et dans ce cas seulement, il est interchangeable avec $\bar{a}š$:

$w\bar{a}š$ $mən$ $kt\bar{a}b$ $šr\bar{\imath}ti$? ‹et-quoi-de-livre-tu as acheté›
Quel livre as-tu acheté ?

2 - Les pronoms interrogatifs dérivés de $\bar{a}š$

$\bar{a}š$ sert également à former toute une série d'autres particules interrogatives:
Elles sont de trois types: $w\bar{a}š$, qui sert à formuler des questions ouvertes; sous une forme contractée, $šnu$ "quoi" ou $šk\bar{u}n$ "qui"; ou combiné à des prépositions, pour les circonstanciels.

a - $w\bar{a}š$ et les questions ouvertes

- En arabe marocain, l'interrogation peut être marquée par la seule intonation, mais on peut aussi utiliser le pronom interrogatif w-$\bar{a}š$ en tête d'énoncé:

$\check{Z}a$ $ḥməd$? ‹il est venu-Ahmed› Ahmed est venu ?

$w\bar{a}š$ $\check{Z}a$ $ḥməd$? ‹et quoi-il est venu-Ahmed› Est-ce que Ahmed est venu ?

---

(1) On ne le trouve pas isolément, il sert seulement à former des adverbes interrogatifs circonstanciels.
(2) Voir **D.Cohen 75**, p.225.

b - Le pronom interrogatif *škūn*

P.Marçais donne l'étymologie *$^{?}$ayyu šay$^{?}$ yakūn* (1) ‹quelle-chose-
il est›; or, en arabe marocain (et maghrébin en général, comme le
confirme P.Marçais), il a le sens de "qui", et n'est utilisé que pour
les animés:
  škūn ža ? ‹qui?-il est venu› Qui est venu ?

škūn peut être renforcé par le relatif *lli*, et par le pronom *hūwa*
qui sert de prédicat d'indentification, ou encore par un pronom
démonstratif *hāda*:
  škūn lli ža ? ‹qui?-qui-il est venu› Qui est-ce qui est venu ?

  škūn hūwa lli ža ? ‹qui?-lui-qui-il est venu› Qui est-ce qui est venu ?

  škūn hāda lli gāl l-ək hād-əš-ši ?
  ‹qui?-celui-ci-qui-il a dit-à-te-ceci›
  Qui c'est qui t'a dit ça ?

c - Le pronom interrogatif *šnu*

Son étymologie est probablement *$^{?}$ayyu šayy$^{?}$in hūwa* ‹quelle-
chose-lui›, avec conservation du *-n* du tanwin *-in*, comme le signale
David Cohen (2); il s'utilise exactement comme *āš*, dans le sens de
"que, quoi":
  šnu dərti ? ‹quoi-tu as fait› Qu'as-tu fait ?

Comme *škūn*, il peut être renforcé par le relatif *lli* et par le
pronom *hūwa*, prédicat d'identification, mais il ne s'agit plus de la
même question:
  šnu lli bġēti fī-hum ? ‹quoi-que-tu as voulu-dans-eux›
  Lequel (d'entre eux) veux-tu ? (objet)

  šnu hūwa lli bġēti fī-hum ? ‹quoi-lui-que-tu as voulu-dans eux›
  Lequel (d'entre eux) veux-tu ? (objet)

d - L'adverbe interrogatif *šḥāl*

Cet adverbe signifie "combien". W.Marçais (3) signale une origine
parallèle à celles de *škūn* et *šnu*: *āš ($^{?}$ayyu šay$^{?}$) ḥāl* ‹quel-état›.

Comme l'indique P.Marçais (4), *šḥāl* interroge sur le nombre, la
quantité, alors que *gədd-āš* (que nous verrons dans les circonstanciels) interroge sur la taille:
  šḥal gləsti təmma ? ‹combien-tu es resté-là-bas›
  Combien de temps es-tu resté là-bas ?

- *šḥāl* est aussi utilisé dans les exclamatives:
  šḥāl zwīn hād-əl-wəld ! ‹combien-joli-ce-le-garçon›
  Qu'est-ce qu'il est beau (gentil), cet enfant !

---

(1) Voir **P.Marçais 77**, p.200.
(2) Voir **D.Cohen 75**, p.226.
(3) Voir **W.Marçais 02** (Tlemcen), p.186.
(4) Voir **P.Marçais 77**, p.267.

šḥāl šrīti d-əl-lḥam !
<combien-tu as acheté-de-la viande>
Qu'est-ce que tu as acheté comme viande !

e - Les adverbes interrogatifs circonstanciels composés avec *āš*

Ils sont tous construits sur le même modèle: **préposition** + *āš*; ce
sont des adverbes circonstanciels; certains ont gardé le sens d'origine de la préposition, d'autres ont acquis un sens figuré:

b-āš	<avec-quoi>	avec quoi ?
f-āš	<dans-quoi>	en quoi ?
ɛl-āš	<sur-quoi>	pourquoi ?
1-āš	<à-quoi>	pourquoi ?
kīf-āš	<comme-quoi>	comment ?
mn-āš	<de-quoi>	de quoi, à partir de quoi ?
gədd-āš	<comme-quoi>	combien, comme quoi (taille) ?
mɛā-yāš (1)	<avec/à-quoi>	avec quoi, quand ?
fūq-āš		quand ? (2)
wəqt-āš	<temps-quoi>	quand ?
taḥt-āš	<sous-quoi>	sous quoi ?
mworā-yāš	<derrière-quoi>	derrière quoi ?
bḥāl-āš	<comme-quoi>	comme quoi ? etc...

Il est également possible d'interroger sur la deuxième partie
d'un état construit:
nhāṛ āš <jour-quoi> Quel jour ? (litt.le jour de quoi ?)

b - Les interrogatifs *īna/āna-fīna/fāna*

- *īna* ou *āna* (à ne pas confondre avec le pronom personnel qui
signifie "moi") sont des adjectifs interrogatifs; employés isolément,
ils ont le même sens que *āš/wāš mən*, c'est-à-dire "quel/lequel":
īna ktāb qṛēti ? <quel-livre-tu as lu> Quel livre as-tu lu ?
āna ktāb šrīti ? <quel-livre-tu as acheté> Quel livre as-tu acheté ?

- On trouve également les adjectifs *fīna*, *fāna* <dans-quel>,
employés avec le même sens:
fīna səṛžəm ḥallīti ? <quel-fenêtre-tu as ouvert>
Quelle fenêtre as-tu ouvert ?

fāna ktāb šrīti ? <quel-livre-tu as acheté>
Quel livre as-tu acheté ?

c - Les composés de *äyn*

On peut rapprocher *äyn* du *ᵓayna* de l'arabe classique, qui signifie "où" (3); en effet, en arabe marocain, on ne le trouve qu'en
composition, dans des emplois locatifs (ou temporels):

---

(1) Si la préposition se termine par une voyelle, on ajoute une semi-
voyelle -*y* pour assurer la liaison avec la voyelle initiale de *āš*.
(2) P.Marçais signale que *fūqāš* a pour origine *f-wəqt-āš* <dans-temps-
quoi> (voir **P.Marçais 77**, p.253).
(3) Voir **D.Cohen 75**, p.242, et **P.Marçais 77**, p.248.

```
f-äyn - fīn (1) <dans-quel>        où ?
mn-äyn - mnīn (1) <de-quel>        d'où ?
l-äyn - līn (1) <à-quel> (vers)    où ?
ḥatta f-äyn <jusque-dans quel>     jusqu'à où/quand ?
```

d - Les composés de *mən*

Ce pronom signifie "qui" à l'origine (*škūn* aujourd'hui en arabe marocain), mais il ne s'emploie pas isolément en arabe marocain. Par contre, il sert à la formation de nombreux pronoms interrogatifs:

```
mɛā-mən                avec qui ?
l-əmmən                à qui ? (2)
ɛand-mən               chez qui ?
dyāl-mən               de, à qui ?
d-əmmən                de, à qui ? (2)
ɛlā-mən                qui ? (comme complément indirect)
ḥda-mən                à côté de qui ?
qbālt-mən              en face de qui ?
gədd-əmmən             comme qui (taille) ? (2)
ɛand-mən               chez qui ?
mən ɛand-mən           de la part de qui ?
bḥal-mən               comme qui (par exemple) ?
```

La question peut porter sur la deuxième partie d'un état construit:

```
bənt mən  ? <fille-qui>  (C'est) la fille de qui ?
```

e - Le pronom interrogatif *ma*

En arabe marocain, comme dans d'autres dialectes, on ne trouve l'interrogatif *ma* que dans une seule expression figée (3):

```
mā l-ək <quoi-à-toi>  Qu'est ce que tu as ?/ Qu'est-ce qui ne va pas ?
```

Cette expression se construit avec tous les pronoms personnels affixes:

```
mā l-i ?    Qu'est-ce que j'ai ? Qu'est-ce qui m'arrive ?
mā l-u ?    Qu'est-ce qu'il a ?
mā l-ha ?   Qu'est-ce qu'elle a ?
```

On peut combiner cette expression avec un verbe:
```
mā l-ək katg̣uwwət ?
<quoi-à-toi-tu cries>
Qu'est-ce que tu as à crier ?
```

---

(1) La diphtongue peut être réduite à une voyelle longue *ī*.
(2) Avec certaines prépositions, il y a gémination du *m*.
(3) Voir pour le Liban, **Feghali 28**, p.324, et **El-Hajjé 54**, p.165.

173

D - LES PRONOMS RELATIFS

Il y a deux types de relatifs en arabe marocain: *lli* et *ma*.

a - Le pronom relatif *lli*

lli peut s'employer avec un antécédent nominal, être à la fois antécédent et relatif, et enfin avoir pour antécédent un circonstanciel.

1 - *lli* pronom relatif

L'emploi de *lli* en tant que pronom relatif est lié à la détermination de l'antécédent nominal:

- si l'antécédent est fortement déterminé, le pronom *lli* est obligatoire:

fīn əl-ktāb lli šrīti ?
⟨où-le livre-que-tu as acheté⟩
Où est le livre que tu as acheté ?

- si l'antécédent est moins déterminé, l'usage montre que l'on peut avoir, soit le pronom *lli*, soit une marque ∅:

šəft wāḥed-əl-fīləm|∅　*ma eẑəb-ni š.*
　　　　　　　　　　|*lli*
⟨j'ai vu-un-le-film-∅/que-ne-il a plu-moi-pas⟩
J'ai vu un film qui ne m'a pas plu.

2 - *lli* antécédent et relatif

Dans certains énoncés, *lli*, pour les animés et les inanimés (ou *šnu*, pour les inanimés, et *škūn*, pour les humains) sont utilisés sans antécédent; en tant que pronoms, ils ont ici le double statut d'antécédent et de relatif:

wāš šəfti lli ẑa ?
⟨?-tu as vu-qui-il est venu⟩
Est-ce que tu as vu celui qui est arrivé ?

wāš šəfti škūn ẑa ?
⟨?-tu as vu-qui-il est venu⟩
Est-ce que tu as vu qui est venu/arrivé ?

wāš šəfti škūn lli ẑa ?
⟨?-tu as vu-qui-qui-il est venu⟩
Est-ce que tu as vu qui est-ce qui est arrivé ?

wāš šəfti škūn hūwa lli ẑa ?
⟨?-tu as vu-qui-lui-qui-il est venu⟩
Est-ce que tu as vu qui c'est qui est arrivé ?

xəṣṣ-ni lli yealləm-ni əl-fransāwīya.
⟨il a fallu-moi-qui-il apprendra-moi-le français⟩
J'ai besoin de quelqu'un qui m'apprenne le français.

ma xəṣṣ-ni š lli ygūl l-i dīri.
<ne-il a fallu-moi-pas-qui-il dira-à-moi-fais>
Je n'ai pas besoin qu'on me dise de faire les choses.

wāš erəfti lli bġa ?
<?-tu as su-que-il a voulu>
Est-ce que tu sais ce qu'il veut ?

Avec le même sens, on rencontre également les pronoms interrogatifs employés comme relatifs:
wāš erəfti šnu/āš bġa ?
<?-tu as su-quoi-il a voulu>
Est-ce que tu sais ce qu'il veut ?

La proposition relative peut servir de C_0 à la principale; c'est une tournure courante dans les proverbes:
lli kān kān ! / lli fāt māt !
<que-il était-il a été> / <que-il est passé-il est mort>
Ce qui est fait est fait ! / Le passé, c'est le passé !

lli ḍəṛbāt-u yidd-u ma yəbki !
<qui-elle a frappé-lui-main-lui-ne-il pleurera>
Celui qui se fait frapper par sa propre main ne pleure pas !
(quand on fait des erreurs, on doit en assumer les conséquences)

3 - *lli* à antécédent circonstanciel

Lorsque l'antécédent est en position de circonstanciel de la subordonnée, il est possible de trouver le relatif *lli* en tête accompagné d'un pronom de reprise dans la subordonnée:
eṭē-ni əs-stīlo lli ktəbt bī-h əl-bṛa !
<donne-moi-le stylo-que-j'ai écrit-avec-lui-la lettre>
Donne-moi le stylo avec lequel j'ai écrit la lettre !

Toutes les combinaisons sont possibles avec les compléments prépositionnels ou les états construits:
ha əl-mra lli wuld-ha mṛēḍ.
<voici-la femme-qui-fils-son-malade>
Voici la femme dont le fils est malade.

b - Le pronom relatif *ma*

La particule *ma* a des emplois multiples; elle sert à former la première partie du morphème double de négation: *ma...š(i)*; il est aussi pronom interrogatif (voir p.173); en tant que relatif, on l'utilise pour former des concessives et des relatives, certaines portant sur les circonstances de l'événement.

1 - *ma* pronom relatif simple

On le trouve comme pronom, faisant également fonction d'antécédent dans des énoncés du type:
ma xallā l-i ma nākul.
<ne-il a laissé-à-moi-que-je mangerai>

175

Il ne m'a rien laissé à manger.

Ce genre d'énoncé existe également à la forme affirmative:
kāyn ma *yətdär* !
<il y a-que-il sera fait>
Il y a de quoi faire !

et interrogative:
kāyn ši ma *yətdär* ?
<il y a-interrog.-que-il sera fait>
Y a t-il quelque chose à faire ?

2 - ma **pronom relatif dans la construction concessive**

Toute une série de conjonctions concessives sont construites avec le relatif *ma* accolé à une préposition (1):
fīn ma (1) *mšīti, nžəbṛ-ək* !
<où-que-tu es allé-je trouverai-toi>
Où que tu ailles, je te trouverai !

gədd-əmma (1) *kān, eṭē-h l-i* !
<combien-que-il était-donne-lui-à-moi>
Quelle que soit la quantité qu'il y en ait, donne la moi !

āži meā-mən ma žīti !
<viens-avec qui-que-tu es venu>
Viens avec qui tu veux !

3 - ma **relatif sert à former des circonstanciels**

Il peut s'agir de circonstanciels de temps et de manière, tous formés à l'aide d'une préposition et de *ma* (1):

- *qbəl ma* avant que, *uwwəl ma* dès que

- *kull ma* (*kull* est un quantificateur nominal qui signifie tout) peut avoir deux sens:
. *kull* garde son sens de "tout", et l'on a des énoncés comme:
kull ma bnīti, həddəmti-h
<tout-que-tu as construit-tu as démoli-lui>
Tu as détruit tout ce que tu avais construit.
. l'expression *kull ma* devient une conjonction temporelle, avec le sens de "chaque fois que":
kull ma (ka)nži, (ka)nṣēb-u f-əd-dāṛ.
<chaque fois que-je viendrai-je trouve-lui-dans-la maison>
Chaque fois que je viens, je le trouve à la maison.

c - Les relatifs composés

Certains relatifs ont la même forme que des adverbes interrogatifs circonstanciels; ainsi, on retrouve parmi les relatifs: *f-āš, b-āš, el-āš*...(voir p.172); ils sont utilisés dans les cas où l'antécé-

---

(1) Voir la liste dans l'étude des conjonctions (p.236); on trouve également ces formes avec gémination du *m*: *fīn-əmma, gədd-əmma.*

176

dent du relatif a fonction de circonstant dans la subordonnée:

La construction avec le relatif *lli* combine un pronom de rappel avec une préposition (voir p.175):
eṭē-ni əs-stīlo lli ktəbt bī-h əl-bṛa !
<donne-moi-le stylo-que-j'ai écrit-avec-lui-la lettre>
Donne-moi le stylo avec lequel j'ai écrit la lettre !

on peut aussi avoir un relatif composé (préposition + *āš*):
eṭē-ni əs-stīlo b-āš ktəbt əl-bṛa !
<donne-moi-le stylo-avec-quoi-j'ai écrit-la lettre>
Donne-moi le stylo avec lequel j'ai écrit la lettre !

Les deux tournures sont possibles; soit le relatif *lli* est placé en tête, et la préposition affixée d'un pronom de rappel prend la place du circonstant dans la subordonnée; soit la préposition vient en tête de la subordonnée, affixée du pronom *āš*; le circonstant se trouve ainsi thématisé:
ha əd-dāṛ f-āš kansəknu !
<voici-la maison-dans-quoi-nous habitons>
Voici la maison où (dans laquelle) nous habitons !

Avec le pronom interrogatif *fīn* "où":
ha əd-dāṛ fīn kansəknu !
<voici-la maison-où-nous habitons>
Voici la maison où nous habitons !

Ou un autre composé de *āš*:
ha əl-bǧel el-āš kanqəṭeu əl-wād !
<voici-le mulet-sur-quoi-nous traversons-la rivière>
Voici le mulet sur/avec lequel nous traversons la rivière !

Ils s'emploient également dans des expressions temporelles:
əl-woqt f-āš ža, kunt f-əl-ḥammām.
<le temps-dans-quoi-il est venu-j'étais-dans-le hammam>
Au moment où il est venu, j'étais au hammam.

kull məṛṛa fūq-āš kaydīru hād-əš-ši.
<tout-fois-quand-ils font-ceci>
Ils font cela à des périodes différentes.
Chacun fait cela à des moments différents.

E - LES PRONOMS INDEFINIS

Cette appellation recouvre en fait, toute une série de quantificateurs nominaux ou pronominaux étudiés en détail dans le cadre de la détermination nominale. Dans cette partie, il s'agit d'observer leur processus de formation.

Le classement a pour base leur composition: déterminant ou quantificateur + nom, relative, entité lexicale indépendante.

a - Déterminant + nom

La plupart de ces indéfinis sont formés sur ce modèle; le déterminant peut être soit l'article *əl*, soit un quantificateur, *ši, kull, baeḍ*.

1 - Formation avec l'article *əl*

- Il sert de déterminant au nom de nombre *wāḥed* "un", pour former l'expression *əl-wāḥed* <le-un>, que l'on rend en français par "on, les gens", ou des impersonnels:

f-hād-əl-qāḍēya, xəṣṣ-u əl-wāḥed ykūn dki !
<dans-ce-l'affaire-il a fallu-lui-le-un-il sera-astucieux>
Dans cette affaire, il faut être astucieux !

ma kayəbġe š əl-wāḥed yəmši eand-hum, ġēṛ bāš ma yəddābzu š.
<ne-il aime-pas-le-un-il ira-chez-eux-seulement-pour-ne-ils se disputent-pas>
On (les gens) n'aime(nt) pas aller chez eux, pour ne pas avoir à se disputer avec eux.

2 - Les quantificateurs nominaux

a - Le quantificateur *ši*

- *ši* est une forme réduite de *šäy* "chose"; il est utilisé comme quantificateur, dans la formation de plusieurs pronoms:

1 - *ši wāḥed - ši ḥadd* <un certain-un> quelqu'un:
ža ši wāḥed, gāl l-i bəlli ḥməd džuwwəž
<il est venu-quelqu'un-il a dit-à-moi-que-Ahjmed-il s'est marié>
Quelqu'un est venu, il m'a dit qu'Ahmed s'était marié.

2 - *ši nās* <certains-gens> certains, certaines personnes:
ši nās ma kayəbġēw š əl-lbən.
<certains-ne-ils aiment-pas-le petit lait>
Il y a des gens qui n'aiment pas le petit lait.

On peut aussi utiliser dans ce sens, l'expression *baeḍ-ən-nās*, plus proche de l'arabe classique, ou *baeḍ ši nās* <certain-les/certains-gens>.

3 - *ši ḥāža* <un certain-chose> quelque chose:
wāš žbərti ši ḥāža lli teažb-ək ?
<?-tu as trouvé-quelque chose-qui-elle plaira-toi>
Est-ce que tu as trouvé quelque chose qui te plaise ?

4 - *ši āxoṛ* ‹un certain-autre› autre chose, un autre:

āra ši āxoṛ ! ‹passe-un certain-autre›

Passe m'en un autre !

- *ši* peut prendre le statut de pronom, et non plus de quantificateur ou de quantifié:

   1 - Il peut alors servir à marquer la réciprocité:

ši kayəkṛəh ši.

‹un certain-il déteste-un certain›

Ils se détestent.

   2   - On peut les utiliser dans une énumération (les   numéros des exemples renvoient au corpus, tome 2):

280 *kayqəṣṣəṛ mɛa ūlād-əl-ḥāwma,   ši   kayəkmi əs-səbsi,   ši*

   ‹il veille-avec-garçons-le quartier-un certain-il fume-le sebsi(pipe à kif)-un certain›

kaybəddəl žwānāt, ši kay...

   ‹il échange-joints-un certain-il...›

Il veille avec les garçons du quartier : il y en un qui fume le "sebsi", il y en a un qui échange des joints, il y en a un autre qui...

b - La négation de ces pronoms

Pour les pronoms *ši ḥāza* "quelque chose" et *ši wāḥed* "quelqu'un", la négation se fait grâce au morphème *ma* placé avant   le   verbe,   le substantif étant déterminé par le quantificateur *ḥətta (ši)* ‹jusqu'à/-même-un certain›:

ma lgēt ḥətta (ši) ḥāža.

‹ne-j'ai trouvé-jusqu'à-(un certain)chose›

Je n'ai rien trouvé.

ma šəft ḥətta ḥadd/ḥətta (ši) wāḥed.

‹ne-j'ai vu-jusqu'à-(un certain)un›

Je n'ai vu personne.

c - *ši* en tant que quantifié

Parfois, *ši* joue le rôle de quantifié (comme dans   les   pronoms démonstratifs *hād-əš-ši* ceci, *dāk-əš-ši* celà), on le trouve également dans:

   1 - *kull ši* ‹tout-chose› tout, tout le monde

kull ši kayəbġe əl-lḥam !

‹tout-chose-il aime-la viande›

Tout le monde aime la viande !

šrīti kull ši ?

‹tu as acheté-tout-chose›

Tu as tout acheté ?

   2 - avec la négation, on trouve *(ḥətta) ši:*

(ḥətta) ši ma lgēt-u.

‹(jusqu'à)-chose-ne-j'ai trouvé-lui›

Je n'ai rien trouvé.

d - *kull* quantificateur

- On trouve *kull ši* "tout", mais aussi dans les expressions *kull wāḥed* <tout-un> "chacun" et *kull ḫāža* <tout-chose> "chaque chose":
kull wāḥed yəmši l-blāst-u !
<chacun-il ira-à-place-lui>
Que chacun aille à sa place !

kandīr kull ḫāža f-blāst-ha.
<je fais-chaque chose-dans-place-elle>
Je mets chaque chose à sa place.

- *kull*, affixé d'un pronom de rappel, se place généralement après le substantif quantifié:
ən-nās kull-hum f-dyōṛ-hum illa ḥnāya.
<les gens-tout-eux-dans-maisons-eux-sauf-nous>
Tout le monde est chez soi sauf nous.

Le pronom de rappel affixe est au pluriel, selon la règle d'accord générale.

- A la place de *kull-hum*, on peut utiliser un adjectif, *kāmlīn*, qui signifie "complets", et qui se place aussi après le substantif; tous les accords sont au pluriel:
ən-nās kāmlīn f-dyōṛ-hum illa ḥnāya.
<les gens-complets-dans-maisons-eux-sauf-nous>
Tous les gens sont chez eux sauf nous.

- Il existe une construction où *kull* est antéposé:
kull-ha ən-nās f-dyōṛ-ha illa ḥnāya.
<tout-elle-les gens-dans-maisons-elle-sauf-nous>
Tout le monde est chez soi sauf nous.

Non seulement le quantificateur *kull* est placé devant le substantif (masculin pluriel), mais le pronom de rappel *-ha* est au féminin singulier; on le retrouve d'ailleurs après *dyōṛ*, comme adjectif possessif. Dans les dialectes arabes (surtout d'origine bédouine), on trouve souvent le mot *nās*, ou des mots désignant des groupes humains, accordés au féminin singulier (voir **Caubet et al.90**).

- On peut enfin utiliser *kull ši* "tout", avec le sens de tout le monde; l'accord se fera alors au masculin singulier, *dāṛ* étant lui aussi au singulier:
kull ši f-dāṛ-u illa ḥnāya.
<tout-chose-dans-maison-lui-sauf-nous>
Tout le monde est chez soi sauf nous.

3 - Expressions contenant le numéral *wāḥed*

Comme *ši*, *wāḥed* peut jouer des rôles différents, quantificateur postposé ou antéposé, pronom, quantifié.

a - le numéral *wāḥed* déterminant nominal

wāḥed, en tant que quantificateur peut se placer avant ou après le nom.

1 - déterminant postposé

Cette construction peut être rendue en français par "un seul",
mais aussi par "un/le même" :

hād-əž-žūž-d-əl-žumlāt (1) *ɛand-hum maɛna wāḥed*.
<ces-les-deux-de-les-phrases-chez-eux-sens-un>
Ces deux phrases ont le même sens. (litt. un seul et même)

kaysəknu f-dāṛ wāḥda.
<ils habitent-dans-maison-une>
Ils habitent dans la même maison. (litt. une seule et même)

2 - déterminant antéposé

On le trouve dans les expressions *wāḥed āxoṛ* <un-autre>/*wāḥed
tāni* <un-deuxième> "un autre":

āra wāḥed āxoṛ !
<passe-un-autre>
Passe m'en un autre !

On trouve également une forme féminine:
ɛtā-ni wāḥda xoṛa.
<il a donné-moi-une-autre>
Il m'en a donné une autre.

b - le numéral *wāḥed* en position de quantifié

- Il sert dans la formation du pronom *ši wāḥed* "quelqu'un".

- On le trouve encore dans l'expression *b-wāḥd-i* <avec-un-me>,
(moi) "tout seul":

dərt-u b-wāḥd-i.
<j'ai fait-lui-avec-un-me>
Je l'ai fait tout seul.

Les autres personnes se construisent en faisant varier les pronoms affixes:

dār-u b-wāḥd-u.
<il a fait-lui-avec-un-lui>
Il l'a fait tout seul.

- Il existe une autre expression qui a des emplois très proches :
b-yidd-i <avec-main-me> ou avec le pluriel *yiddīn: b-yiddī-ya* <avec-
mains-me> "moi-même, de mes mains":

dərt-u b-yidd-i.
<j'ai fait-lui-avec-main-me>
Je l'ai fait moi-même/de mes mains.

On peut également faire varier les personnes grâce aux pronoms
affixes:

_____

(1) Le mot *žumla* est emprunté à l'arabe classique, et l'article n'est
pas assimilé par le /ž/, comme en classique.

xədmət ħād-əz-zərbīya b-yiddī-ha.
<elle a travaillé-ce-le tapis-avec-mains-elle>
Elle a fait ce tapis de ses mains/elle-même.

c - le numéral *wāḥed* en tant que pronom

- On le rencontre dans l'expression: *wāḥed...1-āxor* <un-l'autre>
l'un...l'autre:
wāḥed gāl 1-i ṣħēħ, 1-āxor gāl 1-i ġāləṭ.
<un-il a dit-à-moi-vrai-l'autre-il a dit-à-moi-faux>
L'un m'a dit que c'était juste (vrai), l'autre m'a dit que
c'était faux.

wāḥed kbīr, 1-āxor ṣġēr.
<un-grand-l'autre-petit>
L'un est grand, l'autre est petit.

- A la place de *wāḥed*, on peut trouver le pronom démonstratif
hāda "celui-ci":
hāda gāl 1-i tāmān, 1-āxor gāl tāmān āxor.
<celui-ci-il a dit-à-moi-prix-l'autre-il a dit-prix-autre>
L'un m'a dit un prix, l'autre m'a dit un autre prix.

- L'expression *wāḥed...1-āxor* peut également marquer le réciprocité:
wāḥed kaykṛəh 1-āxor.
<un-il déteste-l'autre>
Ils se détestent.

- Enfin, on trouvera *wāḥed* comme pronom dans des énumérations,
comme pour *ši*:
291 *wāḥed kayncas hna, wāḥed nāyəḍ, wāḥed kaybūl...*
<un-il dort-ici-un-étant debout-un-il fait pipi>
Il y en a un qui dort là, il y en a un qui est debout, il y
en a un autre qui fait pipi...

4 - Le quantificateur *äyy*

Il est à l'origine de la formation des pronoms interrogatifs *āš*,
škūn, *šnu*; il n'est pas très fréquent en arabe marocain, où il est
ressenti comme appartenant à un niveau de langue élevé (proche du
classique); il a le sens de "n'importe quel, quel qu'il soit":
105 *hāda ma kāyn š ! äyy ħāža xəṣṣ-ha, la budd...*
<ceci-ne-il y a-pas-quel que soit-chose-il a faluu-elle-obligatoirement>
On ne peut pas dire ça ! (litt.ça n'existe pas) N'importe
quelle chose, il faut obligatoirement que...

b - Les relatives

Il s'agit de tournures de type concessif, construites avec le
pronom relatif *lli* suivi d'un verbe à la conjugaison suffixale, qui a
ici une valeur aoristique:
kankmi lli kān.
<je fume-que-il était>
Je fume ce qu'il y a/n'importe quoi.

182

ǧa nāklu lli Žāb.
<allant-nous mangerons-que-il a apporté>
Nous mangerons ce qu'il apportera (n'importe quoi qu'il apporte).

c - Les entités lexicales isolées

1 - le pronom *wālu*

Il signifie "rien"; il est utilisé seul, en tant que réponse à un question, mais, s'il est construit avec un prédicat, celui-ci doit être précédé de la particule négative *ma* :
- *Šnu Žəbti ?*
  <quoi-tu as apporté>
- *wālu ! ma Žəbt wālu !*
  <rien-ne-j'ai apporté-rien>
- Qu'est-ce que tu as apporté ?
- Rien ! Je n'ai rien apporté !

2 - L'état construit *bnādəm*

Cette expression est formée à l'origine d'un état construit: **bən-ādəm* <fils-Adam> "le fils d'Adam"; il désigne les hommes en général et s'utilise comme indéfini avec certains sens proches du "on/les gens" français, ou de certains impersonnels:
f-hād-əl-woqt, bnādəm ma bqa š kayḫšəm !
<dans-ce-le temps-on-ne-il est resté-pas-il a honte>
De nos jours, les gens n'ont plus honte/il n'y a plus de honte !

mən dāba šwīya, gādi yəbqa bnādəm, ši yākul ši !
<de-maintenant-un peu-allant-il restera-on-un certain-il mangera-un certain>
Dans pas longtemps, les gens vont tous se bouffer entre eux !

3 - Le pronom *flān*

- Ce pronom peut se rendre en français par un tel ou quelqu'un; il s'utilise quand on veut prendre un exemple, sans citer personne en particulier:
katəm ši εand flān, katεarḍe εlī-h u ma kayži š !...
<tu vas-chez-un tel-tu invites-sur-lui-et-ne-il vient-pas>
Tu vas chez quelqu'un, tu l'invites et il ne vient pas !...

- Il peut aussi s'employer quand on a oublié le nom de quelqu'un, ou qu'on ne veut pas le citer; on peut le rendre par le français "machin":
sīr εand flān, hūwa ywurrī-k lli bġēti !
<va-chez-machin-lui-il montrera-toi-que-tu as voulu>
Va voir machin, lui, il te montrera ce que tu veux !

On utilise également dans le même contexte, l'expression *smī(y)t-u* (litt. son nom) "machin" qui peut aussi désigner un inanimé:
fīn mša smī(y)t-u ?
<où?-il est pparti-nom-lui>
Où est parti Machin ?

183

āṛa dāk-<u>smī(y)t-u</u> !
<passe-ce-nom-lui>
Passe-moi ce machin !

IV - LES ARTICLES

Il s'agit des déterminants nominaux de base. Il n'est pas possible de traiter de toutes les valeurs de ces déterminants sans avoir étudié le fonctionnement de la détermination nominale; qu'il suffise de dire que la détermination ne peut pas se réduire à une opposition défini-indéfini; on parlera de **degrés de détermination**, partant d'un premier degré de détermination minimale, où l'objet est simplement extrait, pour aboutir au quatrième degré, qui recouvre l'opération de fléchage où l'objet déterminé est identifié, désigné.

a - L'opération d'extraction

Pour les substantifs appartenant à la catégorie du discontinu, les articles qui correspondent à l'opération d'extraction (très faible détermination) sont au nombre de trois en arabe marocain:

article Ø
wāhed-əl ⟨un-le⟩ ⎱
ši ⟨chose⟩   ⎰ un

Tous se traduisent par un en français; la traduction n'étant d'aucun secours, il faut affiner les valeurs.

1 - l'article Ø

- On pourrait gloser sa valeur par "un quelconque"; il renvoit à un élément quelconque qui ne sera pas distingué:
bğēt garro.
⟨j'ai voulu-cigarette⟩
Je voudrais une cigarette.

šrīti ṭōmōbīl ?
⟨tu as acheté-voiture⟩
Tu as acheté une voiture ?

- On note la même indétermination avec les substantifs pluriels:
kāyn ṭōmōbīlāt lli kayəžrīw bəzzāf.
⟨il y a-voitures-qui-ils courent-beaucoup⟩
Il y a des voitures qui vont très vite.

- L'accord en détermination avec l'adjectif se fait également par un article Ø:
əl-fāsīyīn kayhədru ləhža xāṣṣa.
⟨les fassis-ils parlent-dialecte-spécial⟩
Les fassis parlent un dialecte spécial.

2 - l'article *wāḥed-əl*

- Ce déterminant, emprunté au système des numéraux, introduit une cardinalité; on peut le gloser par "un, quelque"; l'élément extrait n'est pas connu:
ža wāḥed-ər-rāžəl.
⟨il est venu-un l'homme⟩
Il y a un homme (que je ne connais pas) qui est venu.

kāyn wāḥed-əṭ-ṭōmōbīl f-əz-zanqa.
⟨il y a-un la voiture-dans-la rue⟩
Il y a une voiture (que je ne connais pas) dans la rue.

- L'adjectif est déterminé par un article Ø:
kāyn wāḥed-əl-ktāb zrəq fūq-əṭ-ṭəbla.
⟨il y a-un le livre-bleu-sur-la table⟩
Il y a un livre bleu sur la table.

3 - le déterminant *ši*

ši a un statut différent des deux précédents; il peut servir à déterminer des substantifs singuliers et pluriels, mais avec des valeurs différentes.

- Au singulier, il ajoute un valeur qualitative à l'extraction; on peut le gloser par "un petit, un certain":
eṭē-ni ši kōka !
⟨donne-moi-un certain-coca⟩
Donne-moi un petit coca !

- Au pluriel, on le rendrait plutôt par "quelques, certains", favorisant tantôt le côté qualitatif, tantôt le côté quantitatif:
eṭā-ni ši ktūb.
⟨il a donné-moi-quelques-livres⟩
Il m'a donné quelques livres.

ši nās kayāklu-ha.
⟨certains-gens-ils mangent-elle⟩
Il y a des gens qui mangent ça.

- L'adjectif est déterminé par un article Ø:
eṭē-ni ši kōka bārda !
⟨donne-moi-un certain-coca-froide⟩
Donne-moi un petit coca bien froid !

b - L'opération de prélèvement sur du continu

Pour la catégorie du continu, on ne peut pas prélever d'éléments, mais seulement une partie de l'ensemble; cette opération est marquée en arabe marocain par l'article *əl*. Cet agencement n'est pas courant dans les dialectes arabes, beaucoup marquant l'opération par un article Ø:
šrīti əl-qesbōr ?
⟨tu as acheté-la coriandre⟩
Tu as acheté de la coriandre ?

šərbi əl-ḥlīb !
⟨bois-le lait⟩
Bois du lait !

c - L'opération de fléchage

A l'autre extrêmité de l'échelle de détermination, il s'agit de désigner un objet ou un ensemble.

Cette opération est marquée, elle aussi, par l'article əl. Si pour le discontinu, la différence apparait de façon évidente, on aura compris l'ambigüité qui règne au niveau du continu. En effet, seule le contexte permet de savoir s'il s'agit d'un prélèvement ou d'un fléchage.

1 - la catégorie du discontinu

- L'article əl sert à identifier un (ou des) objet(s) précis, connu de l'énonciateur; la détermination peut se faire par la situation ou le contexte:

Šəfti əd-drāri ?
⟨tu as vu-les enfants⟩
Tu as vu les enfants ?

fīn əl-wuld ?
⟨où-le garçon⟩
Où est le gosse ?

- L'adjectif s'accorde en détermination avec le substantif:
fīn əl-ktāb əz-zrəq ?
⟨où-le livre-le bleu⟩
Où est le livre bleu ?

2 - la catégorie du continu

On se trouve dans une situation d'ambigüité:
Šərbi əl-ḥlīb ! ⟨bois-le lait⟩
peut vouloir dire, soit "Bois du lait !", soit "Bois le lait (que je t'ai versé...) !".

V - LES ADVERBES

Tout en reprenant les catégories traditionnelles d'adverbes de temps, de lieu, de manière, de quantité, on envisagera ici essentiellement les procédés de formation: entité lexicale isolée, groupe prépositionnel, groupe nominal. On étudiera également les adverbes d'affirmation et de négation.

A - LES ADVERBES DE LIEU

On distinguera les adverbes simples, formés d'une seule entité lexicale sans déterminant et les adverbes composés.

a - Les adverbes simples

A part les adjectifs (peu nombreux) utilisés comme adverbes, il en existe deux types, du point de vue sémantique; d'une part les déictiques, d'autre part des adverbes de direction, que l'on pourrait rapprocher des adverbes de manière.

1 - Les déictiques

Comme pour les démonstratifs (p.168), on reprendra la distinction entre espace lié au sujet énonciateur, et espace lié aux deux énonciateurs, c'est-à-dire, renvoyant aux limites de la vision.

Pour des raisons de commodité, tous les adverbes déictiques ont été regroupés sous ce paragraphe, quel que soit leur procédé de formation.

a - l'espace lié au sujet énonciateur

L'adverbe de base est: *hna, hnāya* "ici" (1)

Il sert à désigner l'espace où évolue l'énonciateur; il peut aussi entrer dans la composition d'autres adverbes.

Il existe également un adverbe composé qui est obligatoirement accompagné d'une monstration (du doigt ou du regard): *ha fāyn* ‹voici-où› ici.
Cet adverbe est composé de la particule déictique *ha* et de l'interrogatif *fāyn* "où ?" (p.173); on retrouvera une construction parallèle dans le deuxième groupe de déictiques (p.190).

b - l'espace renvoyant aux limites de la vision

Tous ces adverbes peuvent être accompagnés d'un geste du bras ou de la tête marquant cette fois-ci, un éloignement de l'énonciateur et visant les limites de la vision.

---

(1) P.Marçais signale la valeur augmentative du suffixe *-ya*; voir **P.Marçais 77** p.248.
(2) A propos de *ha* et *ṛā* voir p.166; pour une analyse comparée de *hā-* et *ṛā-*, voir aussi **Caubet 91b**.

Il y a deux types d'adverbes; les uns servent à désigner (on pointe avec le doigt, bras tendu, ou du regard) un objet se situant aux limites de la vision; les autres sont porteurs d'un mouvement centrifuge, accompagné d'un geste d'éloignement du sujet énonciateur (la main entière marquant cet éloignement).

1 - le premier groupe comprend les **déictiques**, accompagnés ou non de la particule *ṛā-*; ce sont de véritables déictiques, généralement accompagnés d'un geste de désignation de l'énonciateur (pointage de doigt ou de menton):

təmma, təmmā-ya, təmmā-k (1) là , là-bas
ṛā-h təmma ! là, là-bas

Il existe également un adverbe composé formé selon le même procédé que *ha fäyn*: *ṛā-h fäyn* ‹voilà-lui-où?› "là, là-bas". Cet adverbe est formé du présentatif *ṛā-h*, et du relatif-interrogatif *fäyn* "où".

2 - le deuxième groupe sert à marquer un autre type de déixis accompagné d'un mouvement centrifuge de la main ouverte; on a deux adverbes (dont une locution composée):

l-hēh là-bas
(f-/l-) dīk/dāk-əž-žīh (2) là-bas
‹(dans-à)cette/ce-le-côté›

Comme les précédents, ces deux adverbes peuvent désigner les limites extrêmes de la vision; de plus, ils sont les seuls à pouvoir désigner l'**extérieur** du champ de vision, l'**ailleurs**; dans ce cas, l'allongement de la voyelle *l-hēh* accentue encore cette coupure avec le sujet énonciateur et son espace.

2 - Les adverbes simples ne relevant pas de la déixis

Il existe une série de quatre adverbes qui ont le sens de "tout droit", avec quelques nuances de sens:

gūd tout droit, droit devant, directement,
nīšān tout droit, exactement, précisément,
doǧṛe (3) tout droit, directement, sans dévier de sa route,
ṭōl (4) ‹longueur, hauteur, taille› tout droit, droit devant.

3 - Les adjectifs utilisés comme adverbes

qṛēb ‹proche› près, *bʕīd* ‹lointain› loin.

---

(1) On retrouve le suffixe *-k* lié aux démonstratifs renvoyant aux limites de la vision et à la 2ème personne (voir **Fischer 59**).
(2) L'emploi de l'adjectif démonstratif féminin *dīk*, y compris avec des substantifs masculins, se rencontre souvent pour marquer la coupure (temporelle ou spatiale) avec le sujet énonciateur (voir aussi p.192 et 193-94).
(3) Ce terme serait d'origine turque (cf. **P.Marçais 77**, p.250).
(4) C'est un substantif utilisé comme adverbe; il est mis dans cette liste à cause de son sens proche.

4 - Les substantifs utilisés comme adverbes

ṭōl tout droit,
bərṛa dehors, vers l'extérieur, à la campagne.

b - Les adverbes composés

Il y a deux procédés de formation; l'un consiste en la simple détermination par un article *əl* ou un déictique, l'autre résulte de la formation d'un groupe prépositionnel, comprenant une préposition, un article *əl* et un nominal.

1 - Les déterminants

a - L'article *əl*

Il s'agit essentiellement d'adverbes indiquant la localisation et le déplacement dans l'espace:

əl-fūq ⟨le-haut⟩   en haut, vers le haut
əl-taḥt ⟨le-bas⟩   en bas, vers le bas
əl-lōṛ ⟨le-arrière⟩   derrière, vers l'arrière
əl-dāxəl ⟨le-dedans⟩   dedans, à/vers l'intérieur
əl-gəddām ⟨le-devant⟩ devant

On hésite sur le statut de ce morphème *əl/l*; s'agit-il d'un article *əl* ou de la préposition *l*, qui marque un déplacement? Les adverbes en question marquent en effet à la fois la localisation et le mouvement dans l'espace; ce qui fait pencher en faveur de l'article, procédé d'ailleurs attesté pour d'autres types d'adverbes. Mais le fait qu'il n'y ait pas assimilation du *l* de l'article au *t* initial de *taḥt* dans *əl-taḥt* ferait pencher pour une origine prépositionnelle.

A ce propos, P.Marçais posait le problème en ces termes, sans imposer de solution définitive (1):

"Peut-être convient-il enfin de voir la préposition *l-* devant les termes adverbiaux *l-bərṛa* "au dehors", *l-dāxol* "au dedans", *l-teḥt* "en dessous". Note"

"Note: La présence devant *dāxol*, *teḥt*, d'un *l-* qui ne s'assimile jamais à la première radicale (pourtant "solaire" (2)) du mot incite en effet à penser qu'il s'agit de la préposition *l-* qui, dans de telles conditions, peut ne pas s'assimiler, plutôt que de l'article *l-*, qui lui s'assimile toujours. Cependant on est en droit de conjecturer que, formant paire avec *l-xāreǧ*, *l-fūq* (mots à première radicale "lunaire" (2), *l-dāxol*, *l-teḥt* en ont subi l'analogie; de même *l-qeddām*, associé à *l-ūṛa*.

b - Les déictiques

On rappellera l'existence des adverbes composés déictiques (voir

---

(1) Voir **P.Marçais 52**, p.513.
(2) Traditionnellement, on appelle "solaire", les consonnes qui s'assimilent à la première consonne du mot déterminé, et "lunaires", celles qui ne s'assimilent pas.

pp.189-90):

    dīk/dāk-əǯ-ǯīh ⟨cette-ce-le côté⟩ là-bas, de ce côté-là
    ha fäyn ⟨voici-où?⟩ ici
    ṛā-h fäyn ⟨voilà-lui-où?⟩ là-bas

2 - Les locutions prépositionnelles

Elles sont généralement composées d'un nominal déterminé par l'article *əl* ou d'un adverbe simple, précédé d'une préposition, *f* "dans", en l'absence de mouvement, *l* "vers" ou *mən* "de" (provenance), avec mouvement, ou encore *εla* "sur", avec ou sans mouvement.

a - opposition *f/l*, avec/sans mouvement

    f-əl-wosṭ ⟨dans-le milieu⟩ au milieu
    l-əl-wosṭ ⟨à-le milieu⟩ vers le milieu
    f-əǯ-ǯənb ⟨dans-le côté⟩ sur le côté
    l-əǯ-ǯənb ⟨à-le côté⟩ vers le côté
    (f)-əl-gəddām ⟨(dans)-le devant⟩ devant
    l-əl-gəddām ⟨à-le devant⟩ vers/à l'avant

Les adverbes simples qui marquent une localisation spatiale, peuvent également se voir accoler une préposition marquant un mouvement:

    l-bəṛṛa ⟨à-l'extérieur⟩ vers l'extérieur
    l-əhna ⟨à-ici⟩ vers ici
    l-təmma ⟨à-là-bas⟩ vers là-bas
    l-hēh là-bas (voir p.190)

b - *mən* avec ou sans mouvement

mən précède un adverbe simple ou composé:
    mən-hna ⟨de-ici⟩ par ici
    mən-təmma ⟨de-là-bas⟩ par là, de là
    mən-l-hēh ⟨de-là-bas⟩ par là
    **mən-əl-lōṛ* ⟨de-le-derrière⟩ > *m-əl-lōṛ* par derrière (1)

c - *εla* avec ou sans mouvement

Le *l* de la préposition a tendance à s'assimiler à l'article:
    εla-l-ḥarf ⟨sur-le bord*⟩ sur/vers le bord
    **εla-əl-īmīn* ⟨sur-la droite⟩ > *εal-l-īmīn* à droite (+/- mouvement) (1)
    **εla-əš-šmāl* ⟨sur-la gauche⟩ > *εa-š-šmāl* à gauche (+/- mouvement) (1)
    εla-bəṛṛa ⟨sur-extérieur⟩ dehors, vers l'extérieur

---

(1) On a asssimilation du *n* final de la préposition à l'article; pour *εla*, on a permutation de la voyelle brève et apparition d'une géminée, composée à l'origine du *l* de *εla* et de l'article; dans le cas des consonnes solaires, le *l* de la préposition est assimilé, comme l'article, à la consonne initiale du substantif.

B - LES ADVERBES DE TEMPS

Leur formation est plus diverse que celle des adverbes de lieu; elle reprend les mêmes procédés, mais elle en intègre d'autres qui vont de la forme verbale à l'"état construit" et de l'affixation de pronoms au redoublement de morphème.

a - Les adverbes simples

Ils sont très nombreux, certains étant proches des adverbes de manière par leur façon de qualifier le temps:

dāba	maintenant, bientôt
gbīla	tout à l'heure (passé)
dīma/dā°imən	toujours, tout le temps, souvent
bəzzāf	souvent, longtemps (1)
šwīya	peu longtemps/peu souvent (1)
baɛda	déjà
ĝədda	demain
bəkri	tôt
zmān	jadis
ɛād	juste, à peine
ɛāwəd	encore, à nouveau

b - les adverbes composés

1 - déterminant + nominal

Le déterminant peut être soit l'article *əl*, soit un démonstratif, soit un pronom personnel affixe.

a - l'article *əl*

Exemples:
əl-bāreḥ hier, *əl-yūm* aujourd'hui.

b - les démonstratifs

C'est un procédé très courant et vivant, qui permet de fabriquer toute une série de locutions adverbiales:

- soit à partir du déictique appartenant à l'espace de l'énonciateur *hād-əl*:

hād-ən-nhāṛ	‹ce-le-jour›	aujourd'hui
hād-ən-nūba	‹ce-la fois›	cette fois-ci
hād-əl-ɛām	‹ce-l'an›	cette année
hād-əl-līla	‹ce-la nuit›	cette nuit

- soit avec le déictique appartenant à l'espace des co-énonciateurs, qui a pour effet de rejeter dans le passé; de plus, c'est généralement la forme **féminine** du déictique *dīk* qui est utilisée, même avec les substantifs masculins (voir p.190 et 192):

---

(1) *bəzzāf* et *šwīya* sont des adverbes de manière qui signifient "beaucoup" et "peu"; ils ont aussi une utilisation temporelle.

dīk-əs-sāɛa ⟨cette-l'heure⟩ à ce moment-là, à ce moment précis
dīk-əl-ɛām (masc.) ⟨cette-l'an⟩ cette année-là
dīk-ən-nūba ⟨cette-la fois⟩ cette fois-là
dīk-əl-līla ⟨cette-la nuit⟩ cette nuit-là
dīk-əl-yūm (masc.) ⟨cette-le jour⟩ ce jour-là

c - les pronoms personnels affixes

Il existe un paradigme complet, qui est formé à partir de *ɛmər* "vie"; le pronom s'accorde avec le sujet grammatical du prédicat. L'expression n'est pas sans rappeler le "jamais de la vie" français; il y a généralement gémination du *m*, ce qui donne le paradigme suivant:

SG. 1. *ɛammr̩-e*   PL 1. *ɛammər-na*
2.m. *ɛammr̩-ək*   2. *ɛammər-kum*
2.f. *ɛammər-ki*
3.m. *ɛammr̩-o*   3. *ɛammər-hum*
3.f. *ɛammər-ha*

Lorsque l'adverbe est construit avec un prédicat, il le précède, et est lui-même suivi de la particule négative *ma* (il peut aussi être lui-même précédé de la particule *ma*):

(ma) ɛammr̩-e ma smaɛt hād-əš-ši !
⟨(ne)vie-me-ne-j'ai entendu-ce-la chose⟩
Je n'ai jamais entendu ça de ma vie !

2 - les syntagmes prépositionnels

- Ils ne sont pas très nombreux; ils sont formés à partir des prépositions *mən* "de", *b* "avec" et *f* "dans":
mən baɛd ⟨de-après⟩ plus tard, après
mən qbəl ⟨de-avant⟩ avant, auparavant
baɛd ǧədda ⟨après-demain⟩ après demain
b-əl-lāti tout à l'heure (futur)

Avec la préposition *f* "dans", on peut former toute une série de locutions temporelles désignant aussi bien les saisons que les moments de la journée ou les heures:
f-əl-līl ⟨dans-la nuit⟩ la nuit
f-"Juin" en juin
f-əṣ-ṣēf ⟨dans-l'été⟩ en été
f-əž-žūž ⟨dans-le 2⟩ à 2 heures

- Il y a aussi des locutions composées:
lla ǧədda ⟨jusqu'à-demain⟩ le lendemain
lla ǧədda lhēh (1) ⟨jusqu'à-demain-là-bas⟩ le surlendemain

žāw bḥāl hād-ən-nhāṛ, lla ǧədda xəržu l-bəṛṛa, u lla ǧədda
⟨ils sont venus-comme-ce-le jour-le lendemain-ils sont sortis-à-à la campagne-et-le surlendemain⟩
lhēh ṛəžɛu.
⟨ils sont retournés⟩
Ils sont venus un jour, le lendemain, ils sont sortis à la campagne, et le surlendemain, ils sont revenus.

─────────────────────────────

(1) Expression construite avec l'adverbe *lhēh*, voir p.190.

ɛla ṭōl ⟨sur-longueur⟩ pour toujours
mən dāba šwīya ⟨de-maintenant-un peu⟩ bientôt, tout à l'heure (futur)

3 - les redoublements d'adverbes

Le même adverbe est répété deux fois; c'est un procédé courant dans la formation des adverbes:
dġīya-dġīya ⟨vite-vite⟩ vite-vite, tout de suite,
məṛṛa-məṛṛa ⟨fois-fois⟩ de temps en temps, quelquefois,
sāɛa-sāɛa ⟨heure-heure⟩ de temps à autre, quelquefois,

4 - la conjonction de deux adverbes différents

- Il s'agit de combiner deux adverbes différents:
ɛād dāba/dāba ɛād ⟨juste-maintenant⟩ juste, à l'instant (passé)
šḥāl hādi/hādi šḥal ⟨combien-celle-ci⟩ autrefois, jadis (1)
ɛāwəd tāni ⟨à nouveau-deuxième/autre⟩ encore une fois, à nouveau
(souvent prononcé *ɛāwət-tāni*)

- Il existe également une locution jouant sur une alternance de consonnes (et de prépositions):
bī-h fī-h ⟨par-lui-dans-lui⟩ tout de suite, sur le champ

5 - L'"état construit"

Cette combinaison de deux nominaux peut aussi servir à former des adverbes:
wul-lə-bāreḥ ⟨avant-hier⟩ avant-hier

L'utilisation du duel de *əl-bāreḥ* permet une nouvelle expression:
wul-lə-bārḥāyn ⟨avant-2 hier⟩ avant-avant-hier

Il en est de même pour *əl-uwwul*:
ɛām-əl-uwwul ⟨an-le premier⟩ l'année dernière
et *ɛām-əl-uwwlāyn* ⟨année-2 premier⟩ il y a deux ans

On trouve également: *ɛām-əž-žāy* ⟨an-le-venant⟩ l'année prochaine

Pour désigner les saisons:
īyām əṛ-ṛbīɛ ⟨jours-le printemps⟩ au printemps
īyām əṣ-ṣēf ⟨jours-l'été⟩ en été
īyām əl-ḥaṛṭ ⟨jours-le labour⟩ en automne
īyām əl-bərd ⟨jours-le froid⟩ en hiver

6 - L'utilisation de verbes comme adverbes ou particules

Ces verbes se construisent comme des auxiliaires du prédicat principal:

---

(1) *hādi* ⟨celle-ci⟩, est ici utilisée dans son sens de préposition temporelle qui mesure la distance entre le moment de l'énoncé et le moment de l'énonciation; on peut le rendre par le français "il y a".

a - *ma zāl* ‹ne-il a disparu› pas encore

zāl n'a plus le statut de verbe (il ne se conjugue plus); c'est un cas de nominalisation d'une forme verbale: il s'accorde en genre et en nombre avec le sujet grammatical du prédicat principal; comme un participe, il a les trois formes, mais l'accord n'est pas obligatoire: masc. *ma zāl*, fém. *ma zāl-a*, plur. *ma zāl-in*

ma zāl ma šəft-u.
‹pas encore-ne-j'ai vu-lui›
Je ne l'ai pas encore vu.

b - *bāqe* ‹restant› encore, *bāqe ma* ‹restant-ne› pas encore

bāqe a la forme d'un participe actif; il a un féminin et un pluriel: *bāqya, bāqyīn* (1), mais l'accord n'est pas obligatoire:
bāqe kayži ɛand-na.
‹restant-il vient-chez-nous›
Il vient encore chez nous. / Il continue à venir chez nous.

bāqe ma ža š.
‹restant-ne-il est venu-pas›
Il n'est pas encore venu.

c - *ɛād* ‹il est revenu› à peine, alors seulement, *ɛād ma* pas encore (2)

- Avec la conjugaison suffixale:
ɛād ža !
Il vient d'arriver !

- A la forme négative:
ɛād ma ža !
Il n'est pas encore arrivé !

d - *ma bqa š* (conj.suff.) ‹ne-il est resté-pas› ne...plus

ma bqa š kayži ɛand-na.
‹ne-il est resté-il vient-chez-nous›
Il ne vient plus chez nous.

ma bqēt š kanšūf-u.
‹ne-je suis resté-pas-je vois-lui›
Je ne le vois plus.

---

(1) Certains idiolectes du Maroc utilisent les formes *bāqa, bāqīn*.
(2) Pour une analyse des emplois de *ɛād*, voir **Caubet 93**.

C - LES ADVERBES DE QUANTITE/QUALITE

a - Les adverbes simples

Certains adverbes sont devenus des adverbes simples, mais on peut reconstituer leurs étymologies d'adverbes composés. Ils ont tous par ailleurs des emplois temporels ou de quantité:

bəzzāf   beaucoup
šwīya   peu
šḥāl (1)   combien ?
gāɛ (2) entièrement, jusqu'au bout

Certains ont une étymologie composée qui n'est plus ressentie aujourd'hui.

Pour *bəzzāf*, W.Marçais signale une origine: "*b-əl-zāf* "en tas"", ce qui en ferait un adverbe composé d'une préposition et d'un substantif déterminé par l'article *əl* (**W.Marçais 02**, p.29).

šwīya est un diminutif de *šəy* "chose", et du quantificateur *ši*.

b - Les groupes prépositionnels

Une locution interrogative formée d'une préposition et d'un adverbe interrogatif:

b-šḥāl ⟨avec-combien⟩ combien, à combien (quel prix)?

On peut également rappeler les adverbes interrogatifs (p.172):
kīf-āš   comment
gədd-āš combien (taille)
bḥāl-āš comme quoi

c - Les redoublements d'adverbes

On utilise le redoublement d'adverbes ou de prépositions, comme pour le temporel:

kīf-kīf ⟨comme-comme⟩ autant, pareil, la même chose,
bḥāl-bḥāl ⟨comme-comme⟩ autant, pareil, la même chose,
gədd-gədd ⟨de même taille-de même taille⟩ pareil, autant, mais,
aussi pour indiquer l'heure juste:
əž-žūž gədd-gədd 2 heures juste/précises.

d - Les adjectifs utilisés comme adverbes

qlīl ⟨peu nombreux⟩ peu, en petite quantité

Il est beaucoup plus utilisé que son opposé *ktīr* qui est considéré comme très classique:

- *katšūfi-h ?* ⟨tu vois-lui⟩
- *qlīl !* peu nombreux⟩
- Tu le vois ?
- Très peu !

---

(1) Sur l'origine de *šḥāl*, voir p.171, et **W.Marçais 02** p.186.
(2) Sur les emplois de *gāɛ* voir p.226-28 et **Caubet 92b**.

D - LES ADVERBES DE MANIERE

Ils sont formés essentiellement selon trois procédés: les adverbes simples, la suffixation en *-ān*, et les locutions formées avec la préposition *b* "par, avec".

a - Les adverbes simples

Ceux qu'on considère aujourd'hui comme des adverbes simples sont souvent le produit de l'agglutination d'une expression composée à l'origine. D'autres sont des formes verbales ou nominales adverbialisées.

- Les formes verbales adverbialisées:
yəmkən (1), *wāqīla* (2), *tɛāyli* (3) peut-être
yqədd <il suffira> ça va suffire!

- des expressions nominales:
yaḷḷāh <par-dieu> juste, à peine,
dəğya vite
blā-š <sans-chose> sans rien, gratuitement
fābōṛ gratuitement <faveur/service> (emprunté avec le sens de cadeau/etrenne)
məzyān bien, bon (participe actif)

- Certains adverbes font partie de ce que Marcel Cohen définit comme des articulation du discours (4):

baɛda au moins		*ğēṛ* à peine, seulement
zaɛma en fait		*sāɛa* finalement
nnīt aussi, justement		*ṣāfi* assez, ça suffit, ça y est!
bārāka assez, ça suffit!		*gāɛ* entièrement, carrément

- On a toute une série d'expressions, formées avec des démonstratifs qui signifient "ainsi/comme ça/c'est comme ça":
hākdāk, *hāḵḵa* (5), *hākda*, *hāḵḵōk* (prononciation rurale) (5).
Le *-k* final est à rapprocher de celui de l'adverbe de lieu *təmmā-k*, des déictiques et du pronom de 2ème personne (voir p.190 et **Fischer 59**).

---

(1) *yəmkən* est une forme verbale préfixale figée qui signifie "il se peut, il est possible".
(2) W.Marçais signale comme origine une survivance de forme passive: "l'expression *wāqēla*, peut-être, il se peut que, qui selon toute vraisemblance est le *wa qīla*, bien connu de la langue exégétique, conservé par influence littéraire.", **W.Marçais 02**, p.89. P.Marçais lui donne comme étymologie "et dit-on", **P.Marçais 77**, p.244.
(3) A.L.de Prémare m'a signalé une étymologie *tāɛi l-i* <apparaissant /semblant-à-moi> "il m'apparaît, il me semble".
(4) Voir **M.Cohen 12**, p.369; ils sont étudiés également dans le chapitre sur les conjonctions (voir p.226 et suiv.).
(5) David Cohen rappelle la possibilité de transformation *kd* > *kk* signalée par Stumme (**Cohen 75**, p.240).

- **La suffixation en** *-ān*

C'est un procédé de formation d'adverbes très courant en arabe classique; en arabe marocain, il s'agit d'emprunts, mais déjà très intégrés à un niveau de langue élevé. Leur intégration leur fait généralement subir des transformations morpho-phonologiques (voyelles brèves réduites à *ə*, allongement des syllabes brèves en syllabe ouverte):

təqrēbān à peu près, *xōṣōṣān* spécialement, *tāmāmān* exactement, complètement, *mētālān* par exemple etc...

b - Les adverbes composés

Il s'agit essentiellement de locutions adverbiales formées avec la préposition *b*. La plupart des nominaux sont déterminés par l'article *əl*.

1 - les locutions en *b*

C'est le procédé le plus courant et le plus régulier:
b-əl-lāti ⟨avec-lequel⟩ lentement, doucement
b-əš-šwīya ⟨avec-le-petite chose⟩ doucement
b-əl-ḥaqq ⟨avec-le droit⟩ en fait, en vérité
b-əṣ-ṣaḥḥ ⟨avec-la vérité⟩ vraiment, réellement
b-əl-ɛaks ⟨avec-le contraire⟩ au contraire
b-əs-sīf ⟨avec-l'épée⟩ de force
b-əz-zəzz (1) de force
b-ət-təqdīr ⟨avec-l'évaluation⟩ environ
b-əḍ-ḍabṭ ⟨avec-la précision⟩ exactement
b-ət-txābɛīya ⟨avec-le fait de se cacher⟩ en cachette
b-əṣ-ṣārāḥā ⟨avec-la franchise⟩ franchement
b-wāḥd-i ⟨avec-un-moi⟩ tout seul,
b-yidd-i ⟨avec-main-moi⟩ moi-même.

- Il existe un adverbe composé formé avec la préposition *f*, qui est le correspondant en arabe marocain du classicisme *mētālan*:
f-əl-mtəl ⟨dans-l'exemple⟩ par exemple .

2 - les emprunts au classique

Il y a toute une série d'expressions prépositionnelles qui apparaissent facilement dans le parler de ceux qui ont fait quelques études:
la budd ⟨sans-échappatoire⟩ obligatoirement (**cl.** **lā budda*)
ɛla kulli ḥāl ⟨sur-tout-état⟩ en tout état de cause
(**cl.** **ɛlā kulli ḥālin*)
īla āxēṛē-h ⟨vers-fond/fin-lui⟩ etc. (**cl.** **ilā āxiri-hī*)

3 - les expressions dialectales

- une locution adverbiale formée avec la conjonction de coordina-

---

(1) Brunot signale une étymologie *b-əz-zəz* ⟨avec la contrainte⟩; cet adverbe se rencontre dans tout le Maghreb, y compris l'andalou (voir **Brunot 52**, p.335).

tion *u* "et":
   w-əs-sālām ! ‹et-la paix› C'est tout, c'est fini, ça suffit !

   - On trouve aussi une locution composée de deux adverbes:
   bḫāl dāba ‹comme-maintenant› par exemple

   Elle est utilisée dans un niveau de langue moins élevé que l'emprunt au classique *mētālān*, et très couramment dans les discussions (voir le corpus de conversation à bâtons rompus, tome 2).

   - On citera une tournure concessive:
   kīf ma kān əl-ḫāl ‹comment-que-il était-l'état› de toutes façons

E - LES ADVERBES D'AFFIRMATION ET DE NEGATION

Ils sont classés selon leur contexte d'apparition: réponse positive à une question, réponse à un appel, marque de l'accord, mise en doute d'une affirmation.

a - L'affirmation

Il y a différents adverbes et différentes intonations, suivant le contexte ou la situation.

1 - La réponse positive à une question

A la question: *wāš tži?* ‹?-tu viendras› Tu viendras?

on peut répondre par un adverbe ou par une forme verbale.

a - les adverbes

- Il y en a trois pour les réponses affirmatives:
iyyeh ! (intonation descendante)
ᵓēhhēh ! (même schéma intonatif)
ēh !

- on peut aussi utiliser l'adverbe: *waxxa* ! D'accord !

b - la forme verbale

On répond par le verbe principal à la première personne par exemple:
nži ! ‹je viendrai› (intonation descendante)

2 - La réponse à un appel: l'adverbe *nɛām*

On n'utilisera pas le même adverbe que pour la réponse à une question; il s'agira de marquer qu'on a entendu l'appel.

Appel: - *zīnəb* ! Zineb !

Si Zineb ne répond pas tout de suite, on fera un deuxième appel précédé d'une particule vocative *ᵓa*:
- *ᵓa zīnəb !*

Le troisième appel sera encore plus énergique, avec la particule *wa*: - *wa zīnəb* !

Elle pourra répondre (intonation interrogative):
- *nɛām* ? Oui ?
ou - *ā(h)* ? Hein ?

3 - La marque de l'accord: l'adverbe *ēwa*

- *ēwa* sert à ponctuer le discours de l'autre, en particulier lors d'un long récit en montrant que l'on suit et que l'on est d'accord:
ēwa ! / *ēwa iyyeh* ! Oui ! / Oui-oui !

- Il peut marquer qu'on attend une suite:
ēwa ? (Et) alors ?

- ou qu'on veut savoir où on en est:
ēwa ? šnu dərti ?
⟨alors-quoi-tu as fait⟩
Alors ? Qu'est-ce que tu as fait ?

- Il sert aussi à exhorter quelqu'un à faire quelque chose:
ēwa zīdi !
⟨oui-continue⟩
Allez, continue/vas-y !

b - La mise en doute et la confirmation

- La mise en doute d'une affirmation se fait par une locution prépositonnelle:
1 - *žīt f-əl-kāṛ.*
   ⟨je suis venu-dans-le car⟩
2 - *b-əṣ-ṣaḥḥ* ? (intonation montante)
   ⟨avec-la vérité⟩
- Je suis venu en car.
- C'est pas vrai? / Ah bon? / Sans blague?
La confirmation est toujours (intonation descendante):
1 - *w-uḷḷāh* ! ⟨par-Dieu⟩
   w-uḷḷāh īla ! ⟨par-Dieu-si⟩
   w-uḷḷāh īla b-əṣ-ṣaḥḥ ! ⟨par-Dieu-si-avec-la vérité⟩
- Si / Je te jure !
   Mais si, je te jure/je t'assure !
   Je te jure que si/que c'est vrai !

c - La négation: les différentes formes de l'adverbe *la*

L'adverbe sous sa forme neutre est *la* "non".

Pour renforcer la négation on peut:
- soit prononcer un coup de glotte en fin de mot: *laˀ*
- soit redoubler la consonne initiale: *lla*
- soit combiner les deux: *llaˀ*
- Il est également possible de redoubler l'adverbe: *lā-la*
- Enfin, il existe une négation prononcée bouche fermée: *ˀəˀəh*

A une question comme *wāš tži ?* Tu viendras ?, on peut répondre au moyen de l'adverbe *la* (sous ses diverses formes, selon la relation établie entre les interlocuteurs); on peut aussi utiliser un énoncé négatif:
ma nži š ! Non ! (litt.Je ne viendrai pas)
⟨ne-je viendrai-pas⟩

d - La contradiction

- A une assertion ou injonction négative, on peut répondre de façon contradictoire avec l'adverbe *gāla/gālā-k* "plutôt, au contraire":

- *ma kāyn š əl-xobz.*
  <ne-il y a-pas-le pain>
  Il n'y a pas de pain.
- *kāyn gāla* !
  <il y a-plutôt>
  Mais si, il y en a !

- *ma təmši š* !
  <ne-tu iras-pas>
  N'y vas pas !
- *nəmši gāla* !
  <j'irai-plutôt>
  Mais si, j'irai !

- On peut aussi jurer que l'affirmation est erronée:

- *fīn əl-ktāb dyāli ? ṛā-h ɛand-ək* ?!
  <où?-le livre-de-moi-voilà-lui-chez-toi>
  Où est mon livre ? C'est toi qui l'a ?!
- *b-iḷḷāh/w-uḷḷāh ma ṛā-h ɛand-i* !
  <par-Dieu-ne-voilà-lui-chez-moi>
  Je te jure que c'est pas moi qui l'ai !
  Je t'assure que non !

VI - LES PREPOSITIONS

Il existe des prépositions simples (26 sont recensées ici), et des prépositions composées qui sont des constructions complexes (combinaisons de deux prépositions ou locutions prépositionnelles).

Prépositions simples:
   f/fi, b/bi, l/li, d/dyāl, mən, mɛa, ɛla, fūq, taḥt, ɛand, bīn, qbəl, baɛd, mwōṛ(a), gəddām, qbālt, ḥda, ǧīḥt, kī(f), bḥāl, gədd, bla, illa, ǧēṛ, qəlb, ḍəḍḍ.

Prépositions composées:
   mən + prép., *l* + prép., *f* + prép., *ḥatta l*, locutions.

A - LES PREPOSITIONS SIMPLES

Dans le groupe des prépositions simples, il faut distinguer d'abord les trois (ou quatre) prépositions mono-consonantiques des autres prépositions.

1 - Les prépositions mono-consonantiques

Traditionnellement on considère qu'elles sont au nombre de trois: *f*, *b*, *l*; elles ont une double forme: forme monolitère devant substantif et forme longue (avec voyelle), devant pronom affixe.

1 - *f/fi* (cl.*fī*) dans

- Cette préposition a pour sens premier la **localisation spatiale sans mouvement**, "dans, en, à":
   kayskun f̱-əl-maǧṛēb.
   ⟨il habite-dans-le Maroc⟩
   Il habite au Maroc.

   ṛā-h f̱-əl-bīt dyāl-u.
   ⟨voilà-lui-dans la chambre-de-lui⟩
   (je t'assure qu') Il est dans sa chambre.

   āṛā əl-mṛāya lli f̱-əl-ḥēyṭ !
   ⟨passe-le miroir-qui-dans-le mur⟩
   Passe-moi le miroir qui est sur le mur !

- Elle peut aussi marquer un **moyen de locomotion**, "par, en":
   ǧīt f̱-əl-kāṛ.
   ⟨je suis venu-dans-le car⟩
   Je suis venu en car.

- Elle sert dans la formation de **locutions temporelles**: dates heure, mois, ans:
   ža f̱-"Juin" ?
   ⟨il est venu-dans-Juin⟩
   Il est venu en Juin ?

   ǧīti f̱-əṭ-ṭnāš ?
   ⟨tu es venu-dans-le douze⟩
   Tu es arrivé à midi ?

- Elle peut également servir à une construction indirecte des verbes:

āna mfəkkəṛ f<u>ī</u>-k mən əṣ-ṣbaḥ.
<moi-pensant-dans-toi-de-le matin>
Je pense à toi depuis ce matin.

- Le paradigme de la forme affixée des pronoms personnels est le suivant:

SG.		PL.	
1.	*fī-ya*	1.	*fī-na*
2.	*fī-k*	2.	*fī-kum*
3.m.	*fī-h*	3.	*fī-hum*
3.f.	*fī-ha*		

2 - *b/bi* (cl.*bi*) par, avec

- Cette préposition marque essentiellement le **moyen, l'accompagnement ou la manière**, "par, avec, au moyen de":

hāda məxdūm <u>b</u>-əl-yidd.
<ceci-travaillé-par-la main>
C'est fait à la main.

ktəbti-h <u>b</u>-əs-stīlo ?
<tu as écrit-lui-au moyen-le stylo>
Tu l'as écrit au stylo ?

𝒶 *āna kǿnšṛəb əl-qahwa <u>b</u>-əl-ḥlīb.*
<moi-je bois-le café-avec-le lait>
Moi, je bois le café avec du lait.

- Elle sert également dans les constructions indirectes:

kəzzīt <u>b</u>-əl-bərd.
<je suis transi-par-le froid>
Je suis transi de froid.

xā-y blā-ni <u>b</u>-əl-gaṛṛo.
<frère-me-il a habitué-moi-par-les cigarettes>
Mon frère m'a habitué (rendu esclave des) aux cigarettes.

- Avec les pronoms affixes, elle se construit comme *fi*:

SG.		PL.	
1.	*bī-ya*	1.	*bī-na*
2.	*bī-k*	2.	*bī-kum*
3.m.	*bī-h*	3.	*bī-hum*
3.f.	*bī-ha*		

3 - *l/li* à, vers, pour

Il semble qu'il y ait deux prépositions différentes en arabe marocain; l'une *l* (cl.*ʔilā*), qui marque un déplacement vers quelque chose, l'autre *li* (cl.*li*), qui marque l'attribution. En effet, il existe deux paradigmes différents lors de l'adjonction des pronoms personnels affixes:

SG.			PL.		
1.	*l-i*	*lī-ya*	1.	*l-na*	*lī-na*
2.	*l-ək*	*lī-k*	2.	*l-kum*	*lī-kum*
3.m.	*l-u*	*lī-h*	3.	*l-hum*	*lī-hum*
3.f.	*l-ha*	*lī-ha*			

- La forme brève marque *généralement* la construction indirecte:
šnu gāl l-ək ? (1)
⟨quoi-il a dit-à-toi⟩
Qu'est-ce qu'il t'a dit ?

- La forme longue marque plutôt l'**attribution**:
hād-əl-ktāb ma ši lī-ya.
⟨ce-le livre-ne-pas-pour-moi⟩
Ce livre n'est pas à moi.

- ou le **destinataire**:
šrīt-u lī-k.
⟨j'ai acheté-lui-pour-toi⟩
Je l'ai acheté pour toi.

Cependant cette différence n'apparait qu'en présence de pronoms; construites avec des substantifs, les deux prépositions revêtent la forme brève *l*:
šrīt-u l-yimma.
⟨j'ai acheté-lui-pour-maman⟩
Je l'ai acheté pour Maman.

ġədda, nəmši l-fās.
⟨demain-j'irai-vers-Fès⟩
Demain, je vais à Fès.

gāl-ha lə-xt-u.
⟨il a dit-elle-à-soeur-lui⟩
Il l'a dit à sa soeur.

2 - Les autres prépositions simples

1 - *d/dyāl*, de, marque une localisation (relation, possession)

Cette préposition n'a pas le même fonctionnement que les trois précédentes; sous sa forme monolitère *d*, cette préposition ne peut s'utiliser qu'avec les substantifs; par contre, avec les pronoms affixes, la seule forme possible est *dyāl*.

Elle marque l'**appartenance et la possession**; elle peut aussi indiquer simplement la **mise en relation** de deux termes. Elle entre alors en concurrence avec l'état construit, tout en étant la forme la plus productive, sans aucune restriction d'emploi:
āra kās-d-əl-ma !
⟨passe-verre-de-l'eau⟩
Passe-moi un verre d'eau !

āra əl-kās dyāl-i !
⟨passe-le verre-de-moi⟩
Passe-moi mon verre !

---

(1) Dans d'autre idiolectes, on ne trouve qu'une seule forme (*lī-* + pronom), dans les deux cas: *gāl lī-ya* "Il m'a dit".

šnu ṟāy-ək f-əl-qāḍēya-dyāl-əl-pēṭṟōl ?

<quoi-avis-te-dans-l'affaire-de-le pétrole>

Qu'est-ce que tu penses de la question du pétrole ?

- Avec les pronoms affixes, elle est toujours sous la forme *dyāl*:

SG. 1. *dyāl-i*   PL.   2. *dyāl-na*
2. *dyāl-ək*   2. *dyāl-kum*
3.m. *dyāl-u*   3. *dyāl-hum*
3.f. *dyāl-ha*

2 - *mən* (cl.*min*), marque une origine, un point de départ

Quelques remarques s'imposent concernant sa construction; d'une part, lors de l'adjonction des pronoms affixes à initiale vocalique, il y a gémination du *n* final:

SG. 1. *mənn-i*   P̧l.   1. *mən-na*
2. *mənn-ək*   2. *mən-kum*
3.m. *mənn-u*   3. *mən-hum*
3.f. *mən-ha*

D'autre part, lorsque le substantif est déterminé par un article *əl* non assimilé qui se prononce effectivement *l*, le *n* final de la préposition s'assimile à l'article (voir p.2):

mən-əl-fəṟṟān > *məl-l-fəṟṟan*   du four

- *mən* marque un **point de départ dans l'espace**, "de":

žīti mən fās ?

<tu es venu-de-Fès>

Tu arrives de Fès ?

- Elle marque aussi un **point de départ temporel**, "depuis":

məl-l-bāreḥ w-āna kanə̧tsənna fī-k !

<de-hier-et-moi-j'attends-dans-toi>

Je t'attends depuis hier !

- Elle indique également une **direction** à suivre, "par":

dūzi mən hād-əṭ-ṭṟēq !

<passe-par-ce-la route>

Passe par ce chemin !

- Elle permet d'évaluer une distance, à partir d'un point de départ, "de":

katø̧skun bɛid mən hna ?

<tu habites-loin-de-ici>

Tu habites loin d'ici ?

- Elle sert à la construcion des **comparaisons**, avec la forme du comparatif (voir les degrés de comparaison, p.128):

šaɛr-i ḥṛəš mən šaɛr-ək.

<cheveux-moi-plus crépu-que-cheveux-toi>

Mes cheveux sont plus crépus que les tiens.

- Elle peut marquer la construction indirecte du verbe:

bdīti mənn-u ? <tu as commencé-par-lui>

Tu as commencé par lui ?

3 - *mɛa* (cl.*maɛa*), **avec**, marque l'accompagnement, la proximité

- La voyelle finale s'allonge lors de l'adjonction de suffixes, et, en particulier, des pronoms personnels:

SG. 1. *mɛā-ya* PL. 1. *mɛā-na*
2. *mɛā-k* 2. *mɛā-kum*
3.m. *mɛā-h* 3. *mɛā-hum*
3.f. *mɛā-ha*

- *mɛa* a une valeur d'**accompagnement**, "avec":
ža mɛā-k ?
‹il est venu-avec-toi›
Il est venu avec toi ?

ža mɛa mrāt-u.
‹il est venu-avec-femme-lui›
Il est venu avec sa femmme.

- Il est la marque d'un **contact**, avec le sens de "contre" ou "le long de":
ət̲-t̲əbla wāqfa mɛa əl-ḥēyt̲.
‹la table-debout-avec-le mur›
La table est (appuyée) contre le mur.

sir mɛa əl-wād !
‹vas-avec-la rivière›
Continue le long de la rivière ! (en longeant)

- Il sert également à marquer l'heure ou les moments de la journée (c'est-à-dire les heures de prière); son champ d'application est plus restreint que celui de *f*, qui peut servir à indiquer toutes les dates (voir p.205):
žīt mɛā-əl-ḥdāš.
‹je suis venu-dans-le onze›
Je suis arrivé à 11 heures.

wṣəlna mɛa-əd̲-d̲hōr̲.
‹nous sommes arrivés-avec-autour de midi›
Nous sommes arrivés à midi.

- Il permet la construction indirecte de certains verbes:
āna kand̲ḥak mɛā-k !
‹moi-je ris-avec-toi›
Je plaisante !

4 - *ɛla* (cl.*ɛalā*), **sur**, marque la localisation, le contact

Cette préposition marque d'abord une localisation spatiale, mais elle peut aussi avoir une valeur causale.

- Elle se termine par un *a*, comme *mɛa*, mais la 3ème radicale de la racine étant un *y*, ce *a* devient *ī* lors de l'adjonction d'un suffixe:

SG. 1. *εlī-ya*   PL. 1. *εlī-na*
    2. *εlī-k*   2. *εlī-kum*
    3.m. *εlī-h*   3. *εlī-hum*
    3.f. *εlī-ha*

   - La préposition marque la **superposition**, comme *fūq* (voir ci-dessous), mais ce qui l'en différencie, c'est qu'il doit y avoir **contact** entre le repère et le repéré:
   kāyn wāḥed-əl-ktāb εla-ṭ-ṭəbla.
   ⟨il y a-un-le livre-sur-la table⟩
   Il y a un livre sur la table.

   ḥāzz əl-xānša εla ṛās-u !
   ⟨ayant soulevé-le sac-sur-tête-lui⟩
   Il porte le sac sur sa tête !

   - Elle peut aussi marquer, comme *mən* (p.208), une **direction**:
   kandūz εla gərnīz.
   ⟨je passe-sur-Guerniz (quartier de la médina de Fès)⟩
   Je passe par Guerniz.

   - Elle peut aussi avoir une valeur de **cause**:
   žīti εla ḥād-əl-qāḍēya ?
   ⟨tu es venu-sur-ce-l'affaire⟩
   Tu es venu à cause/pour cette affaire ?

   - Elle sert à construire des **comparaisons** avec l'adjectif, sans utiliser la forme de comparatif (voir p.130):
   āna kbīra εlī-k !
   ⟨moi-grande-sur-toi⟩
   Je suis plus vieille que toi !

   - Elle entre dans certaines constructions indirectes:
   ən-nhāṛ kull-u w-āna kanḍowwəṛ εlī-k !
   ⟨le jour-tout-lui-et-moi-je cherche-sur-toi⟩
   Je t'ai cherché toute la journée !

   5 - *fūq/fūg* (cl.*fawqa*), sur, marque de superposition

   Cette préposition a un emploi beaucoup plus restreint que *εla*; elle ne marque que la **superposition** (avec ou sans contact), et elle ne peut s'employer seule que devant les substantifs; en effet, lors de l'affixation des pronoms, on utilise une préposition composée *fūq mən* (voir p.218).
   əl-ktāb ṛā-h fūq-əṭ-ṭəbla.
   ⟨le livre-voilà-lui-sur-la table⟩
   Le livre est bien sur la table.

   əṭ-ṭeyyāṛa kaṭṭēr fūq əl-mdīna.
   ⟨l'avion-elle vole-sur-la ville⟩
   L'avion survole la ville.

   ṭlaεt fūq-əṣ-ṣṭaḥ.
   ⟨je suis monté-sur-la terrasse⟩
   Je suis monté sur la terrasse.

6 - *taḫt* (cl.*taḫta*), sous, marque de localisation

taḫt se construit comme *fūq*; elle n'est utilisée que devant des substantifs (avec les pronoms, on a recours à la préposition composée *mən taḫt*; elle marque une sub-position du repère, avec ou sans contact:

> *əš-šānṭa ṛā-ha taḫt-əṭ-ṭəbla.*
> ⟨la valise-voilà-elle-sous-la table⟩
> La valise est bien sous la table.

> *əl-qahwa taḫt əd-dāṛ.*
> ⟨le café-sous-la maison⟩
> Le café est en bas de (notre) l'immeuble.

> *əl-wəṛqa tāḫt əl-ktāb.*
> ⟨la feuille-sous-le livre⟩
> La feuille est sous le livre.

7 - *ɛand* (cl.*ɛinda*), chez, marque de localisation

- Cette préposition marque une localisation spatiale, avec le sens de "chez" (avec ou sans mouvement):

> *ḥməd kayskun ɛand ḅḅā-h.*
> ⟨Ahmed-il habite-chez-père-lui⟩
> Ahmed habite chez son père.

> *āži ɛand-i !*
> ⟨viens-chez-moi⟩
> Viens chez moi ! Viens me voir (dans ma direction) !

8 - *bīn* (cl.*bayna*), entre, marque de localisation

- La prépositions *bīn* permet de marquer une **localisation entre** deux objets; on a donc besoin de deux repères qui sont coordonnés par la conjonction *u/w-*:

> *əl-prīz ṛā-h bīn-ət-təlfāza w-əl-ḥēyṭ.*
> ⟨la prise-voilà-lui-entre-la télévision-et-le mur⟩
> La prise est entre la télévision et le mur.

Elle a également un emploi figuré:
> *bīn-i u bīn-ək...*
> ⟨entre-moi-et-entre-toi⟩
> Entre nous, de vous à moi...

- Avec les pronoms affixes, la préposition est sous la forme *bīn* au singulier:

SG.   1. *bīn-i u bīn-*
      2. *bīn-ək u bīn-*
      3.m. *bīn-u u bīn-*
      3.f. *bīn-ha u bin-*

- Le pluriel peut être envisagé comme deux (ou plus) objets, et la préposition peut s'étoffer sous la forme *bīnāt*:

```
PL.  1.   bīnāt-na        entre nous
     2.   bīnāt-kum       entre vous
     3.   bīnāt-hum       entre eux
```

- Cette expression peut prendre un sens figuré: "c'est votre
affaire, ça les regarde, c'est notre problème"; dans ce cas-là, elle
peut s'étendre au singulier, à l'exception de la 1ère personne: "c'est
son problème, ça te regarde":

```
SG. ·1.     Ø          PL.   1.   bīnāt-na
    2.   bīnāt-ək            2.   bīnāt-kum
  3.m.   bīnāt-u             3.   bīnāt-hum
  3.f.   bīnāt-ha
```

9 - qbəl (cl.qabla), avant, marque l'antériorité

Cette préposition a une valeur temporelle; du point de vue morphosyntaxique, elle a le même comportement que fūq ou taḥt, c'est-à-
dire qu'elle ne s'utilise seule qu'avec les substantifs, ou avec un
pronom de rappel reprenant un objet inanimé:

xəṣṣ-ək tži qbəl ṛamḍān !
⟨il a fallu-toi-tu viendras-avant-Ramadan⟩
Il faut absolument que tu viennes avant Ramadan !

ža əl-ɛām lli fāt wəlla əl-ɛām lli qəbl-u?
⟨il est venu-l'an-qui-il est passé-ou-l'an-qui-avant-lui⟩
Il est venu l'année dernière ou l'année d'avant ?

Elle peut cependant glisser vers des emplois spatiaux concurren-
çant gəddām (p.107):
qbəl əl-ɛattāṛīn wəlla baɛd-u ?
⟨avant-les "épiciers"-ou-après-lui⟩
Avant Attarine ou après ?

Avec les autres pronoms, on utilise la préposition composée qbəl
mən (voir p.218).

10 - baɛd (cl.baɛda), après, marque la postériorité

Elle a une valeur temporelle qui peut glisser vers des emplois
spatiaux; elle s'emploie de la même façon, avec les substantifs et les
pronoms de rappel inanimés:

baɛd ši sīmāna, nkūn msālya.
⟨après-un certain-semaine-je serai-finissante⟩
Dans environ une semaine, j'aurai fini.

āži əš-šḥaṛ əž-žāy, wəlla lli baɛd-u !
⟨viens-le mois-le venant-ou-qui-après-lui⟩
Viens le mois prochain ou celui d'après !

Les animés se construisent avec la préposition composée mən
baɛd/baɛd mən (voir p.218).

11 - *mwōṛ(a)*, derrière, marque de localisation spatiale ou temporelle

C'est aujourd'hui une préposition simple, mais elle est d'origine composée, puisque l'on suppose qu'elle est issue de **mən wṛa* ‹de-arrière› (voir les prépositions composées construites sur ce modèle pp.217-18).
- Avec les pronoms affixes, la voyelle finale s'allonge:

SG. 1. *mwōṛā-ya*   PL. 1. *mwōṛā-na*
2. *mwōṛā-k*   2. *mwōṛā-kum*
3.m. *mwōṛā-h*   3. *mwōṛā-hum*
3.f. *mwōṛā-ha*

- Elle marque d'abord une **localisation spatiale** (avec les substantifs, la voyelle finale peut sauter):
- *fīn əs-sāk dyāl-i ?*
  ‹où?-le-sac-de-moi›
- *ṛā-h mwōṛ-əl-bāb.*
  ‹voilà-lui-derrière-la porte›
- Où est mon sac ?
- (Mais) Il est derrière la porte.

- Elle peut aussi marquer une **localisation temporelle**:
ža mwōṛ-əl-ɛaṛs.
‹il est venu-derrière-le mariage›
Il est venu après le mariage.

- Employée avec le verbe *ža* "venir", elle peut prendre le sens figuré de "venir (re-)chercher", "passer prendre":
ža mwōṛā-k.
‹il est venu-derrière-toi›
Il est venu te chercher.

ža mwōṛa əl-māgāna dyāl-u.
‹il est venu-derrière-la montre-de-lui›
Il est venu chercher (récupérer) sa montre.

12 - *gəddām* (cl.*quddāma*), devant, marque une localisation

Elle fonctionne comme la précédente, avec les substantifs et les pronoms; elle a une valeur de **localisation spatiale**:
- *fīn hūwa ?*
  ‹où-lui›
- *ṛā-h gəddām-ək !*
  ‹voilà-lui-devant-toi›
- Où est-il ?
- (Mais) Il est devant toi !

šūf əl-wuld ! ṛā-h gəddām-əl-bāb.
‹regarde-le garçon-voilà-lui-devant-la porte›
Regarde le gosse ! Il est devant la porte.

- Elle peut aussi marquer une **localisation temporelle**; elle entre en concurrence avec *qbəl* (p.212):

āžīw ɛand-na gəddām əl-ɛīd !
<venez-chez-nous-devant-la fête>
Venez chez nous avant la fête (du mouton) !

13 - *qbālt* (cl.*qibala*), en face de, marque une localisation spatiale

Elle s'utilise avec des substantifs et des pronoms; elle marque une position **en vis-à-vis** de deux individus ou objets (possédant une face et un dos), les deux faces avant étant orientée l'une vers l'autre:
dāṛ-na qbālt-əl-ḥammām.
<maison-nous-en face-le hammam>
Notre maison est en face du hammam (bains).

- *fīn ət-təlfāza ?*
  <où-la télévision>
- *ṛā-ha qbālt-ək !*
  <voilà-elle-en face de-toi>
- Où est la télévision ?
- (Mais) Elle est en face de toi !

ḥməd sākən qbālt ḅḅa.
<Ahmed-habitant-en face-papa>
Ahmed habite en face de chez mon père. (à la campagne où les habitations sont assez éloignées les unes des autres)

Il ne serait pas possible d'utiliser la préposition *gəddām* (qui ne marque qu'une antéposition) dans les cas précédents.

14 - *ḥda* (cl.*ḥida*), à côté, marque la vicinité

Elle s'utilise avec les substantifs et les pronoms:
gəlsi ḥda-əl-bāb !
<assieds-toi-à côté-la porte>
Assieds-toi à côté de la porte !

- Lors de l'adjonction des pronoms affixes, la voyelle finale s'à côté de la porte !

- Lors de l'adjonction des pronoms affixes, la voyelle finale s'allonge:

SG.		PL.	
1.	*ḥdā-ya*	1.	*ḥdā-na*
2.	*ḥdā-k*	2.	*ḥdā-kum*
3.m.	*ḥdā-h*	3.	*ḥdā-hum*
3.f.	*ḥdā-ha*		

gəlsi ḥdā-ya !
<assieds-toi-à côté-moi>
Assieds-toi à côté de moi !

sākən ḥda ḥməd.
<habitant-à côté-Ahmed>
Il habite à côté de chez Ahmed.

15 - *žīht*, du côté de, marque une localisation

Cette préposition est formée à partir du substantif *žīha* direction; il s'emploie à l'état construit, ce qui amène la suppression de la voyelle brève du suffixe final -a(t):

   kanskun žīḫ-t fās.
   ⟨j'habite-du côté de-Fès⟩
   J'habite dans la région de Fès/du côté de Fès.

16 – *bḫāl*, comme/à la bonne place

   Cette préposition peut se décomposer en *b-ḫāl* ⟨avec-état⟩; elle a deux types d'emplois:
   – D'une part *bḫāl* marque une **comparaison**, avec des emplois très proches de *kīf*:

   hūwa bḫāl-i !
   ⟨lui-comme-moi⟩
   Il est comme moi ! (mêmes qualités, mêmes goûts...)

   eṭē-ni bḫāl lli eṭēti l-u !
   ⟨donne-moi-comme-que-tu as donné-à-lui⟩
   Donne m'en la même quantité qu'à lui ! / la même chose que lui !

   – Par ailleurs, on l'utilise (uniquement avec les pronoms af-fixes), avec le sens de " chez toi, à ta place, là où tu dois être"; elle contient toujours l'idée de "bonne place, de lieu qui convient".

   mša b-ḫāl-u. (1)
   ⟨il est parti-à place-lui⟩
   Il est parti chez lui.

   āži b-ḫāl-ək !
   ⟨viens-à place-toi⟩
   Viens à ta place ! (là où tu dois être)

   Tous ces emplois peuvent se regrouper sous une valeur d'adéqua-tion.

17 – *kīf* (cl.*kayfa*) comme, marque de comparaison

   Il s'agit surtout d'une **comparaison qualitative ou quantitative**, *gədd* marquant la comparaison de taille. Elle est moins utilisée que la précédente:

   bḡēt kīf hād-əl-kəswa !
   ⟨j'ai voulu-comme-ce-la robe⟩
   Je voudrais la même robe ! (litt. une comme celle-là)

SG. 1. *kīf-i*   PL. 1. *kīf-na*
    2. *kīf-ək*   2. *kīf-kum*
    3.m. *kīf-u*   3. *kīf-hum*
    3.f. *kīf-ha*

18 – *gədd*, comme, marque la comparaison en taille

   Contrairement à ce qui se passait avec *kīf* et *bḫāl*, la comparai-son se situe, cette fois-ci, uniquement au niveau de la **taille** ou de l'**âge**:

---

(1) On trouve également l'expression *f-ḫāl-i/u/, f-ḫālat-i/u*.

215

hūwa gədd-i. | *gədd-i gədd-u* !
<lui-comme-moi><comme-lui-comme-moi>
Il est de ma taille/de mon âge.
On est de la même taille !/ On a le même âge !

hīya gədd xt-i.
<elle-comme-soeur-moi>
Elle a le même âge/la même taille que ma soeur.

19 - *bla* (cl.*bi-lā* <avec-non>), sans

Cette préposition se construit avec les substantifs déterminés
par un article Ø; avec les pronoms, il faudra une préposition composée
(*bla bi-*, p.220). Elle marque l'**absence**:
xallītī-ni bla flūs.
<tu as laissé-moi-sans-argent>
Tu m'as laissé sans argent.

xallā-ni bla wālo.
<il a laissé-moi-sans-rien>
Il m'a laissé sans rien.

20 - *illa*, *ğēṛ* (cl.*illā*, *ğayr*), sauf, excepté

ğēṛ est un adverbe avec le sens de "à peine, seulement" (voir
p.198); il s'utilise aussi comme préposition, avec le même sens que
illa, avec les substantifs et les pronoms personnels indépendants:
kull ši ža, illa/ğēṛ ṛāžəl-ha.
<tout-chose-il est venu-sauf-homme-elle>
Tout le monde est venu, sauf son mari.

ən-nās kull-hum f-dyōṛ-hum illa ḥnāya !
<les gens-tout-eux-dans-maisons-eux-sauf-nous>
Tous les gens sont chez eux, sauf nous !

21 - *qəlb*, à l'intérieur de, marque une localisation spatiale.

Cette préposition, qui a pour origine le substantif qui signifie
"coeur", s'emploie généralement pour des objets donnant une idée de
profondeur, comme des placards, des coffres, des valises ou des
pièces. Elle s'utilise avec des substantifs, et avec les pronoms
affixes:
- *fīn əš-šānṭa* ?
    <où-la valise>
- *ṛā-ha qəlb-əl-mārīyo.*
    <voilà-elle-coeur-le placard>
- Où est la valise ?
- Elle est à l'intérieur du placard.

šəfti hād-əl-mārīyo ? āṛa əš-šānṭa lli qəlb-u !
<tu as vu-ce-le placard-passe-la valise-qui-coeur-lui>
Tu vois ce placard ? Passe-moi la valise qui est dedans !

22 - *ḏəḏḏ* (cl.*ḏidda*), contre, marque l'opposition

Il ne s'agit pas de localisation, mais d'opposition; on l'emploie
avec les substantifs et les pronoms affixes:
hūwa ḏəḏḏ-əž-žwāž.
⟨lui-contre-le mariage⟩
Il est contre le mariage.

katⅇab ḏəḏḏ-i ?
⟨tu joues-contre-moi⟩
Tu joues contre moi ?

B - LES PREPOSITIONS COMPOSEES

Les prépositions composées sont souvent formées de deux prépositions; on trouve également des locutions prépositionnelles composées
d'une préposition, d'un déterminant et d'un nominal.

1 - Les compositions de prépositions

Dans la composition, la première préposition est ouvent *mən* "de",
ou *l* "vers", ce qui permet d'indiquer une origine ou un déplacement;
parfois une localisation est renforcée par *f* "dans".

a - La préposition *mən* + préposition

mən marque l'origine, le point de départ, et, de ce fait, elle
peut servir à préciser l'origine d'un mouvement ou d'un déplacement:

1 - *mən ⅇand*, de chez

Cette préposition marque le **point de départ d'un déplacement**,
mais elle peut aussi avoir le sens figuré: "de la part de":
žəbti-ha mən-ⅇand ḥməd ?
⟨tu as amené-elle-de-chez-Ahmed⟩
Tu l'as amenée de chez/ de la part d'Ahmed ?

2 - *mən gəddām*, de devant

Il s'agit également de l'**origine d'un déplacement**:
ḥəyydi mən gəddām-i !
⟨enlève-de-devant-moi⟩
Pousse-toi de devant (moi) !

3 - *mən ḥda*, de à côté

Il s'agit de préciser l'**origine du déplacement**:
nōḏi mən ḥdā-ya !
⟨lève-toi-de-à côté-moi⟩
Lève-toi d'à côté de moi !

4 - *mən qbālt*, de en face

Elle indique l'**origine d'un mouvement**:
ḥayydi mən qbālt-i ! ⟨enlève-de-en face/devant-moi⟩

Pousse-toi de devant (moi) !

5 - *mən qəlb*, "de l'intérieur"

Elle marque l'**origine d'un déplacement**:
žībi əš-šānṭa mən qəlb-əl-mārīyo !
<apporte-la valise-de-coeur-le placard>
Sors-moi la valise de ce placard !

Toutes les prépositions qui précèdent (1 à 5) marquent un point d'origine; certaines autres prépositions formées avec *mən* (6 à 9) n'ont pas ce sens, et l'emploi de *mən* semble presque redondant.

6 - *mən fūq/fūq mən*, **sur**

Les deux ordres sont possibles; le sens n'est pas différent de la préposition simple *fūq* (voir p.210); *mən fūq* s'utilise plutôt avec les substantifs et *fūq mən* se construit avec les pronoms affixes:
āṛa əl-ktāb lli mən fūq ət-təlfāza !
<passe-le livre-qui-de-sur-la télévision>
Passe-moi le livre qui est sur la télé !

šəfti hād-əṭ-ṭəbla ? āṛa əl-ktāb lli fūq mənn-ha/mən fūq-ha
<tu as vu-ce-la table-passe-le livre-qui-sur-de-elle>
Tu vois cette table ? Passe-moi le livre qui est dessus !

7 - *mən taḥt/taḥt mən*, **sous**

mən taḥt se construit comme *mən fūq*; les deux ordres sont possibles: *mən taḥt* devant substantif et *taḥt mən* devant pronom:
šəfti dāk-əl-ktāb lli mən taḥt-əṭ-ṭəbla ? žībī-h !
<tu as vu-ce-le livre-qui-de-sous-la-table-apporte-lui>
Tu vois le livre qui est sous la table ? Apporte-le !

šəfti dīk-əš-šānṭa ? žībi əl-ktāb lli mən taḥt-ha/taḥt mən-ha !
<tu as vu-cette-la valise-apporte-le livre-qui-de-sous-elle>
Tu vois cette valise ? Apporte-moi le livre qui est dessous !

8 - *mən baɛd/baɛd mən*, **après**

Avec les substantifs, on utilise plutôt la préposition simple *baɛd* (p.212); pour la préposition composée, c'est l'ordre *baɛd mən* qui s'emploie:
klīt baɛd mən ḥməd !
<j'ai mangé-après-de-Ahmed>
J'ai mangé après Ahmed !

Avec les pronoms affixes, les deux ordres sont possibles:
žīti baɛd mənn-u/mən baɛd-u !
<tu es venu-après-de-lui>
Tu es arrivé après lui !

9 - *qbəl mən*, **avant**

On ne trouve que l'ordre *qbəl mən* devant substantif et devant pronom:

> *žīti qbəl mən ḥməd.*
> <tu es venu-avant-de-Ahmed>
> Tu es arrivé avant Ahmed.

> *žīt qbəl mənn-ək* !
> <je suis venu-avant-de-toi>
> Je suis arrivé avant toi !

b - La préposition *l* + préposition

La préposition *l* marque le mouvement inverse de celui marqué par *mən*: il désigne la cible; contrairement à *mən*, on ne trouve pas de préposition composée ayant perdu l'idée de mouvement.

1 - *l-ɛand* <à-chez>, **vers chez**

La préposition *l* marque un déplacement vers quelque chose:
ža l-ɛand-i, gāl l-i āži !...
<il est venu-vers-chez-moi-il a dit-à-moi-viens>
Il est venu me voir, il m'a dit de venir...

2 - *l-qəlb* <à-coeur>, **vers l'intérieur**

Il s'agit d'un déplacement vers le centre; cela suppose une idée de profondeur (objet creux ou profond, pièce, maison...):
dxult l-qəlb əd-dāṛ.
<je suis entré-à-coeur-la maison>
Je suis entrée jusqu'au coeur de la maison.

c - La préposition *f* + préposition

L'adjonction de *f* semble redondant puisque le sens de la préposition n'est pas affecté.

- *f-qəlb* <dans-coeur> **à l'intérieur**

Cette préposition a le même sens que la préposition simple *qəlb* (p.216); elle a la même construction:
ṛā-h (f)-qəlb-əl-māriyo.
<voilà-lui-dans-coeur-le placard>
Il est à l'intérieur du placard.

d - *ḥətta l* **jusqu'à, même, marque une limite**

Cette préposition a de nombreux emplois; elle s'utilise avec des substantifs, mais elle ne se construit qu'avec les pronoms personnels indépendants.

- Elle marque une **limite spatiale:**
ġadi nənzəl ḥətta l-bāriz !
<allant-je descendrai-jusque-à-Paris>
Je ne descendrai qu'à Paris ! (pas avant Paris)

- Elle marque aussi une **limite temporelle:**

gəlsi ḫətta-l-ĝədda !
⟨reste-jusque-à-demain⟩
Reste jusqu'à demain !

2 - Les locutions prépositionnelles

Il ne s'agit pas simplement de la composition de deux prépositions, mais d'une locution construite grâce à un groupe nominal
précédé d'une préposition; les prépositions simples utilisées sont *f*,
b, *εla*, *ḍəḍḍ*.

a - Les locutions introduites par *f*

1 - *f-blāst/f-εwaṭ* ⟨dans-place/échange⟩, **à la place de, au lieu de**

Le groupe nominal composé de la locution prépositionnelle et du
substantif forme un état construit.
Le substantif *blāsa* "place" voit son suffixe *-a(t)* transformé en
-t- pour marquer la liaison avec le substantif qui suit:
f-blāst-ḥməd ⟨dans-place-Ahmed⟩ à la place d'Ahmed.

Quant à *εwaṭ*, il présente un assourdissement de la consonne
finale, puisqu'il est issu d'une racine *εwḍ*: "échanger, substituer".
Lors de l'adjonction de suffixes vocaliques, on note l'allongement de
la voyelle:
f-εwāṭ-e à ma place
Elle peut également être maintenue brève, avec permutation:
f-εawṭ-e à ma place.

āna ma nəmši š f-blāst-u !
⟨moi-ne-j'irai-pas-dans-place-lui⟩
Je n'irai pas à sa place !

šrā-ha f-εwāṭ-e.
⟨il a acheté-elle-dans-place-moi⟩
Il l'a achetée à ma place.

2 - *f-wžəh* ⟨dans-visage⟩, **du fait de la présence de**

Cette expression a une valeur **causale** (elle s'emploie lorsque
l'on n'ose pas refuser quelque chose à quelqu'un):
xallāw-ha təmši l-fās f-wužh-i.
⟨ils ont laissé-elle-elle ira-à-Fès-dans-visage-moi⟩
Ils l'ont laissée aller à Fès du fait de ma présence/parce que
j'étais là...

b - Les locutions construites avec *b*

Elle peut se placer avant ou après la locution prépositionnelle:

1 - *bla bī-* ⟨sans-avec⟩, **sans**

Cette préposition composée est réservée aux pronoms affixes; *b* permet la construction avec les pronoms personnels qui ne peut se faire avec la préposition simple *bla* (p.216):

    mšāw bla bī-ya.
    ‹ils sont partis-avec-moi›
    Ils sont partis sans moi.
    ġədda, ma nəmši š bla bī-k !
    ‹demain-ne-j'irai-pas-sans-avec-toi›
    Demain, je n'y vais pas sans toi !

2 - *b-ən-nəsba l-*, en ce qui concerne-, quant à-

    b-ən-nəsba l/li ‹avec-la comparaison-à› est un emprunt à l'arabe classique, qui est utilisé couramment en arabe marocain avec les pronoms affixes dans un certain niveau de langue:

    b-ən-nəsba lī-ya, ma kanəbġe š hād-əš-ši !
    ‹avec-comparaison-vers-moi-ne-j'aime-pas-ce-la chose›
    En ce qui me concerne, je n'aime pas ce genre de choses !

c - Les expressions formées avec *ɛla*

    L'un des sens de *ɛla* est la cause (p.210); pour ce qui est des locutions prépositionnelles, elle sert à former des prépositions composées marquant explicitement cette valeur de cause, *ɛla qībāl*, "à cause de", *ɛla ḥsāb* "selon".

1 - *ɛla qībāl* ‹sur/à cause-pouvoir›, à cause de

    Il s'agit d'un emprunt détourné à l'arabe littéraire, où il existe une préposition *min qibali* "de la part de", *qibal* signifiant "pouvoir, capacité"; en arabe marocain, on a la préposition *ɛla qībāl* ‹sur/à cause-pouvoir›, avec le sens de "à cause de, du fait de"; on l'utilise avec des substantifs ou des pronoms; elle appartient à un niveau de langue assez élevé.

    ma xəržu š ɛla qībāl əl-mātš.
    ‹ne-ils sont sortis-à cause-le match›
    Ils ne sont pas sortis à cause du match.

    ɛla qībāl-i xallāw-ha təmši l-fās.
    ‹à cause-moi-ils ont laissé-elle-elle ira-à-Fès›
    Du fait de ma présence, ils l'ont laissée aller à Fès.

2 - *ɛla ḥsāb* ‹sur/à cause-compte›, selon

    - *ġədda nəmšīw l-əl-ɛarūbīya* !
    ‹demain-nous irons-à-la campagne›
    - *ɛla ḥsāb əž-žəw* !
    ‹selon-le temps(météo)›
    - Demain, on va à la campagne !
    - Ca dépendra du temps ! (selon le temps)

d - Locution formée avec la préposition *ḍəḍḍ*:

    ḍəḍḍ fī- ‹contre-dans›, "exprès pour embêter X"

Cette préposition ne s'utilise qu'avec les pronoms affixes; elle a le sens figuré de: "exprès pour embêter X":

där hād əš-ši ḍəḍḍ fī-ya !

<il a fait-ce-la chose-contre-dans-moi>

Il a fait ça exprès pour m'embêter !

VII - LES CONJONCTIONS

On distingue traditionnellement les conjonctions de coordination et les conjonctions de subordination; on peut y ajouter les conjonctions servant d'articulation au discours, telles que les a définies Marcel Cohen (1).

A - LA COORDINATION

La coordination est marquée essentiellement par les marqueurs *u/w* "et", et *wəlla* "ou".

1 - la conjonction *u/w*

Elle a deux formes selon l'initiale du mot qui suit; s'il commence par une consonne, la conjonction prend la forme vocalique *u*:

> *ɛand-u bənt u wuld.*
> ⟨chez-lui-fille-et-garçon⟩
> Il a une fille et un garçon.

> *bğēt wuld u bənt.*
> ⟨j'ai voulu-garçon-et-fille⟩
> J'aimerais un garçon et une fille.

Si le mot qui suit est à initiale vocalique, la conjonction prend sa forme consonantique *w*:

> *šəft əl-wuld w-əl-bənt.*
> ⟨j'ai vu-le garçon-et-la fille⟩
> J'ai vu le garçon et la fille.

On notera un emploi particulier de la conjonction en liaison avec l'inaccompli, avec une valeur de concomitance; dans ce cas, il introduit généralement le pronom personnel indépendant (voir aussi p.236):

> *hādi sāɛa w-āna kanstənna !*
> ⟨celle-ci-heure-et-moi-j'attends⟩
> Ca fait une heure que j'attends !

> *ḥətta žīt u hūwa nāɛəs.* (2)
> ⟨jusqu'à-je suis venu-et-lui-dormant⟩
> Quand je suis arrivé, il dormait encore (il est réveillé).

Elle se rencontre beaucoup dans les récits, en combinaison avec les pronoms personnels indépendants, pour introduire des formes verbales à la conjugaison préfixale ou au participe actif:

> 540 ...*u hīya katrfəd dīk-əl-bēḍa u katḍṛəb bī-ha dāk ə...*
> et-elle-elle prend-cette-l'oeuf-et-elle frappe-avec-elle-ce-...⟩
> ...Elle ramasse cet oeuf et elle en frappe ce...euh...

> 531 ...*hīya ṭālɛa f-əl-bīr u hīya katšūf wāḥed-əd-dāṛ...*
> ⟨elle-montante-dans-le puits-et-elle-elle voit-un-la maison⟩
> ...alors qu'elle montait dans le puits, elle vit une maison...

---

(1) Voir **M.Cohen 12**, p.369.
(2) Voir les emplois de *ḥətta*, p.233.

2 - la conjonction *wiyya-*

Elle n'est utilisée que pour la conjonction de deux pronoms indépendants (voir le paradigme p.159):
    ənta wiyya-ha ‹toi-et-elle› elle et toi
    āna wiyya-hum ‹moi-et-eux› eux et moi

3 - Les conjonctions *wəlla*, *āw*

- Il existe deux conjonctions différentes qui ont le sens de "ou": *wəlla/ūla*, *āw*; la première est la plus usitée (*āw* est un emprunt à l'arabe classique); elles permettent de poser une alternative:
    wāš tšəṛbi əl-qahwa wəlla/āw ātäy ?
    ‹?-tu boiras-le café-ou-le thé›
    Tu bois du café ou du thé ?

    šnu katfəḍḍle, əl-bḥaṛ wəlla/āw əž-žbəl ?
    ‹quoi-tu préfères-la mer-ou-la montagne›
    Qu'est-ce que tu préfères, la mer ou la montagne ?

- La conjonction *wəlla*, suivie de la particule de négation *la*, permet de former des questions équipolentes:
    žāya wəlla la ?
    ‹venante-ou-non›
    Tu viens oui ou non/ou quoi ?

4 - Les conjonctions doubles *ya...ya*, *yimma...yimma*

Elles permettent d'envisager deux hypothèses:
    hād-əl-wuld, ya kaylɛab, ya kaynɛas !
    ‹ce-le garçon-soit-il joue-soit-il dort›
    Ce gosse, soit il joue, soit il dort !

    hād-əl-bənt, yimma kat̬ġuwwət, yimma katəbki !
    ‹ce-la fille-soit-elle crie-soit-elle pleure›
    Cette gamine, soit elle crie, soit elle pleure !

5 - La conjonction double *la...wāla*

C'est la construction négative correspondante; elle peut s'analyser comme *la* (non) suivi de *wā-la* qui a pour étymologie **āw la* ‹ou-non›, ou **u la* ‹et-non›; elle correspond au français "ni...ni":
    ma ža la ət-tnīn wāla ət-tlāta.
    ‹ne-il est venu-non-le lundi-ou non-le mardi›
    Il n'est venu ni lundi ni mardi.

6 - Les conjonctions *wālākən*, *lākən*

Elles correspondent à certains emplois de "mais" en français; *wālākən* appartient à un niveau de langue élevé:
    mšīt l-ɛand-hum, wālākən/lākən ma ṣəbt-hum š.
    ‹je suis allé-à-chez-aux-mais-ne-j'ai trouvé-eux-pas›
    Je suis allé chez eux, mais je ne les ai pas trouvés.

7 - Les locutions *b-əl-ḥaqq/u f-əl ḥāqīqa*

Ces deux locutions ont pour traduction mot à mot <avec-la vérité>
et <et-dans-la vérité>, la deuxième utilisant le mot classique *ḥāqīqa*;
elles ont des emplois proches de "mais en fait" en français:

ḥuwa zwīn, b-əl-ḥaqq āna ma kanəbǧē-h š !
<lui-beau/gentil-avec-la vérité-moi-ne-j'aime-lui-pas>
Il est beau, mais (en fait) il ne me plaît pas !
Il est gentil, mais (en fait) je ne l'aime pas !

katgūl 1-na məxṭōba, u f-əl-ḥāqīqa ma məxṭōba šäy !
<elle dit-à-nous-fiancée-et-dans-la vérité-ne-fiancée-chose>
Elle nous dit qu'elle est fiancée, mais en fait, elle ne
l'est pas du tout !

B - LES ARTICULATIONS DU DISCOURS

Marcel Cohen les définit ainsi: "(...) elles sont conjonctions et non adverbes en tant qu'elles n'apportent pas une précision de sens, mais servent d'articulation au discours" (1). Il cite ensuite une série de conjonctions, pour l'arabe des Juifs d'Alger: *ɛalä biᵸa* "c'est pourquoi", *zīdni u nzīdek* "à plus forte raison", *zaɛma* "c'est-à-dire", *fləmtəl* "par exemple", *maḥsūb* "comme qui dirait", *əlḥaṣul* "en résumé".

Les conjonctions de ce type en arabe marocain sont formées, soit d'entités lexicales isolées, soit de locutions composées.

1 - Les entités lexicales isolées

Cette classe grammaticale regroupe des termes dialectaux et des emprunts à l'arabe classique.

1 - *īdān*, donc

Elle est directement empruntée au classique *idan*; elle a le sens de: "donc, par conséquent" (voir 1.107-115 du corpus (2)):

- *ma ğādi nkūnu š f-əd-dāṛ hād-əl-ɛšīya.*
  <ne-allant-nous serons-pas-dans-la maison-ce-l'après-midi>
- *īdān ma nži š ɛand-kum !*
  <donc-ne-je viendrai-pas-chez-vous>
- Nous ne serons pas à la maison cet après-midi.
- Donc, je ne viendrai pas chez vous !

149 *īdān ɛand-ək...katɛaṛfi əl-maǧṛēb !* (2)
<donc-chez-toi-tu connais-le maroc>
Donc, tu avais...tu connaissais le Maroc !

2 - *sāɛa*, finalement, au bout du compte

Elle permet d'indiquer un résultat différent de ce que l'on attendait:

där mɛā-ya yži, sāɛa ma ža š !
<il a fait-avec-moi-il viendra-finalement-ne-il est venu-pas>
Il s'était mis d'accord avec moi pour venir, et puis en fin de compte, il n'est pas venu !

255 *gāl l-i ləzṛəq kāyn wāḥed-əl-fīləm məzyān f-əṛ-"Rex", nədxulu*
<il a dit-à-moi-Lazraq-il y a-un le film-bon-dans-le Rex-nous entrerons>
l-u hād-əl-ɛšīya, sāɛa...
<à-lui-ce le soir-finalement>
Lazraq m'a dit qu'il y avait un bon film au Rex, que nous y allions ce soir, et puis finalement...

3 - *gāɛ*, vraiment, du tout, carrément

L'étymologie de cette particule est le mot *qaɛ* "fond", "partie la plus profonde"; elle est utilisée par ailleurs comme quantificateur

---

(1) Voir **M.Cohen 12**, p.369.
(2) Les numéros correspondent aux lignes du corpus, tome 2.

nominal, avec le sens de "tout" dans certains dialectes du Maroc (Marrakech et Rabat en particulier) (1):

ḡāɛ lli žāw f-əl-māšīna wəṣlu mɛaṭṭlīn. (2)
<tout-qui-ils sont venus-dans-le train-ils sont arrivés-retardés>
Tous ceux qui sont venus en train sont arrivés en retard.

En tant qu'articulation du discours, on a des emplois très divers dans des énoncés affirmatifs et négatifs qui varient selon la position de *ḡāɛ* dans l'énoncé: en finale absolue ou devant un terme de l'énoncé (3).

a - *ḡāɛ* est en finale absolue

Il exprime deux types de valeurs: une négation absolue avec les énoncés négatifs, et toute une série de valeurs aspecto-modales à la forme affirmative.

1 - la négation absolue

Ce que rajoute *ḡāɛ* à la négation, c'est le fait qu'il n'y a aucune trace de validation envisageable:

ləhhāyət-ha, ma ɛṛəft ši fīn ṭayyḥət-ha ḡāɛ !
<sucette-elle-ne-j'ai su-pas-où-elle a fait tomber-elle-tout>
Sa sucette, je ne sais pas <u>du tout</u> où elle a pu la faire tomber ! (j'ai beau chercher...)

143 *hīya ma katɛṛəf ḥətta ši ḥāža ɛal-əl-māḡṛēb, ḡāɛ* !
<elle-ne-elle connait-jusqu'à-quelque chose-sur le Maroc-tout>
Elle, elle ne connaissait rien du tout sur le Maroc, rien !

2 - les valeurs aspecto-modales

On rencontre toute un série de valeurs tournant autour de "finir par/oser", et du haut degré: "à fond/comme il faut":

ḍṛəbti-ha ḡāɛ !
<tu as frappé-elle-tout>
Tu as <u>fini par</u> la frapper!/Tu as <u>osé</u> la frapper!
Tu l'as frappée <u>comme il faut</u>! (tu n'y as pas été de main morte!)

3 - des valeurs proches du "carrément" français

- *wāš ḡēṛ ɛand-kum, bāṭāṭa ma žāt š məzyāna wəlla ɛand kull ši* ?
<?-seulemnt-chez-vous-pommes de terre-ne-elle est venue-pas-bonne-ou-chez-tout-chose>
- *ɛand kull ši* ! *rqēwqa ḡāɛ* !
<chez-tout-chose-dim.étroite-tout>
- Est-ce que c'est seulement chez vous que les pommes de terre n'ont pas bien poussé ou bien chez tout le monde ?
- Chez tout le monde ! Elles sont <u>carrément</u> minuscules !
(on a beau chercher, tout le village a des pommes de terre qui ne

---

(1) Sur une analyse systématique des valeurs de *ḡāɛ*, voir **Caubet 92b**.
(2) Cet exemple est emprunté à R.S.Harrell pour la ville de Rabat, voir **Harrell 66** p.42.
(3) Pour des emplois très semblables empruntés par le berbère sous la forme *qqaḥ*, voir **Galand 62**.

peuvent pas sortir du minuscule)

b - *ḡɛ* se place devant un terme de l'énoncé

ḡɛ se place avant un terme qui constitue a priori un pôle d'altérité pour le ramener à la norme.

1 - Une altérité a priori entre un terme et une classe

əl-ḥrīra kanṣowwbu-ha b-əl-ɛžīna; əl-ɛžīna kandīru-ha f-wāḥed-əṭ-
⟨la hrira-nous faisons-elle-avec-la pâte à pain-la pâte à pain-nous faisons-elle-dans-un la⟩
ṭanžṛa u kandīru mɛā-ha əl-ḥummūṣ u-l-fūl u-lə-ɛdəs u-š-šəɛrīya u
⟨cocotte-et-nous faisons-avec-elle-les pois chiches-et-les fèves-et-le vermicelle-et⟩
ši xəṭṛāt ḡɛ ṭ̣ṛēfāt dyāl əl-lḥam ! (1)
⟨quelque-fois-tout-morceaux-de-la viande⟩
La "hrira", nous la faisons avec de la pâte à pain (mélange farine-eau); la pâte à pain, on la met dans une cocotte et on y ajoute des pois chiches et des fèves et des lentilles et du vermicelle, et quelquefois, <u>carrément</u> des bouts de viande !

À priori, les soupes ordinaires se font avec des ingrédients ordinaires (légumes, vermicelles); *ḡɛ* introduit un élément étranger (la viande), pour le ramener dans la classe des "choses qui se mettent dans la soupe", puisque la "hrira" doit se faire avec de la viande.

2 - Les autres énoncés négatifs

Quand *ḡɛ* se place devant la forme verbale niée, on passe à une négation de type subjective, c'est-à-dire modale:
ḡɛ ma nɛasti (š) !
⟨ne-tu as dormi-pas-tout⟩
Tu as à peine dormi !

ḡɛ ma šṛəbti (š) əl-qahwa !
⟨tout-ne-tu as bu-(pas)-le café⟩
Tu n'as presque pas bu de café !

On peut gloser ce type d'énoncé par: "dormir ou boire à ta façon ou ne pas dormir/ne pas boire, c'est identique pour moi !". De mon point de vue, ce que tu as fait ou rien, c'est pareil. On est loin de la négation absolue que l'on trouve quand *ḡɛ* est en position finale.

4 - *zaɛma*, c'est-à-dire

Elle s'utilise quand on veut préciser les choses ou qu'on a du mal à exprimer une idée claire, avec le sens de "c'est-à-dire, en fait, je/tu veux dire que":
zaɛma ma gulti-ha 1-u š ?
⟨c'est-à-dire-ne-tu as dit-elle-à-lui-pas⟩
Tu veux dire que tu ne lui en as pas parlé ?

---

(1) La "hrira" est la soupe qui sert à rompre le jeûne pendant le Ramadan; elle est très riche et contient toujours de la farine, des légumes secs et quelques morceaux de viande. L'exemple est tiré de **Abdel-Massih 74**, p.38.

8 *katzūri fās məṛṛa məṛṛa, zaɛma ?*
   ⟨tu visites-Fès-fois-fois-c'est-à-dire⟩
   En fait, tu visites Fès de temps en temps ?

11 *zaɛma wāš ɛand-ək ši šġāl ?*
   ⟨c'est-à-dire-?-chez-toi-certains-travaux⟩
   En fait, est-ce que tu as des choses à y faire ?

   Elle peut aussi servir à renforcer ou à moduler un intensif:
   ɛṭā-ha, zaɛma, ši hdīya, mən dāk-əš-ši !
   ⟨il a donné-elle-c'est-à-dire-un certain-cadeau-de-celà⟩
   Il lui a donné vraiment un cadeau super !

   ## 5 - *baɛda,* déjà

   Comme adverbe, *baɛda* a le sens de déjà; comme articulation du
   discours, il marque une attitude ironique ou critique de l'énonciateur
   qui s'attendait à autre chose:
   šəfti-h baɛda !
   ⟨tu as vu-lui-déjà⟩
   Ca y est ! Tu as fini par le voir !
   Tu l'as vraiment vu !
   Ah bon, tu l'as vu ?!

   ## 6 - *yāk ?*

   C'est une particule qui, placée en début ou en fin d'énoncé,
   transforme une assertion en interrogation; c'est ce qu'on appelle en
   anglais un "question-tag"; on donne à une assertion un ton interrogatif pour mieux se la voir confirmer par l'autre; elle correspond au
   "n'est-ce pas ?" ou au "hein ?" du français:
   ənta lli həṛṛəsti əl-kās, yāk ?
   ⟨toi-qui-tu as cassé-le verre-n'est-ce pas⟩
   C'est toi qui as cassé le verre, n'est-ce pas ?

   Elle se place en tête ou en fin d'énoncé; il existe aussi une
   forme de féminin *yāki* qui s'utilise parfois pour s'adresser aux femmes:
   yāki, žīti ?
   ⟨n'est-ce pas-tu es venu⟩
   Alors, ça y est ? Tu es là/venu ?

   On peut aussi l'employer dans des assertions négatives:

   ma bġēti š txorži mɛā-ya, yāk(i) ?
   ⟨ne-tu as voulu-pas-tu sortiras-avec-moi-n'est-ce pas⟩
   Tu ne veux pas sortir avec moi, hein ?

2 - les locutions composées

   Il s'agit soit de simples nominaux déterminés par l'article *əl*,
   soit de locutions plus complexes formées à l'aide de prépositions.

1 - əl-ḥāṣōl, bref, en résumé

Cette expression est un emprunt à la forme classique ᵓal-ḥāṣil, qui a le même sens qu'en arabe marocain; on peut aussi la rendre en français par les expressions populaires "Résultat!/Total!"; elle sert généralement à mettre un terme à une longue histoire.

...əl-ḥāṣōl, ma ɛand-i ma ngūl l-ək !
⟨bref-ne-chez-moi-que-je dirai-à-toi⟩
...bref, je n'ai rien à te dire !

...əl-ḥāṣōl, ma ġādi yǧi š !
⟨bref-ne-allant-il viendra-pas⟩
...finalement, il ne viendra pas !

2 - əl-muhimm, finalement, l'essentiel

Cette expression est également un emprunt à l'arabe classique où elle a pour sens à l'origine ⟨le principal/l'important⟩; en arabe marocain, elle est employée pour tirer le bilan d'une expérience, pour en dégager l'essentiel, ou pour mettre un terme à une énumération; en français, on la rendra par "finalement, l'essentiel, l'important c'est que":

duzt ɛla wāḥed-əṭ-ṭṛēq ma kaneṛəf-ha š, ǧīt ġēṛ ɛal ḷḷāh
⟨je suis passée-sur-un-la route-ne-je connais-elle-pas-je suis venue-seulement-sur-dieu⟩
ḥətta wṣəlt, əl-muhimm ma tləft š !
⟨jusqu'à-je suis arrivée-le principal-ne-je me suis perdue-pas⟩
Je suis passée par uen route que je ne connaissais pas, je suis venue sans savoir comment, jusqu'à que j'arrive, le principal, c'est que je ne me sois pas perdue !

294 *kayāklu əl-ɛdəs b-yiddī-hum, fhəmti, u dāk-əš-ši...əl-*
⟨ils mangent-les lentilles-avec-mains-eux-tu as compris-et-celà-le⟩
muhimm...hūwa kaylbəs məzyān...
⟨principal-lui-il s'habille-bon⟩
Ils mangent les lentilles avec les doigts, tu vois, et tout ça...Bref ! lui, il s'habille bien...

3 - ɛla hād-əš-ši, dāk-əš-ši ɛlāš/bāš, c'est pourquoi

La première locution, ɛla hād-əš-ši, est formée d'une préposition et d'un pronom démonstratif; elle signifie à l'origine ⟨sur/à cause-cela⟩. La deuxième locution, dāk-əš-ši ɛlāš, est également formée d'un pronom démonstratif suivi d'un interrogatif ⟨cela-pourquoi⟩; les deux expressions reprennent la valeur causale de ɛla (voir p.204).

La première locution est en général utilisée dans les assertions:
ɛand-i əd-drāri mṛāḍ, ɛla hād-əš-ši ma ǧīt š l-ɛand-ək.
⟨chez-moi-les enfants-malades-sur-ceci-ne-je suis venue-pas-à-chez-toi⟩
J'ai mes enfants qui sont malades, c'est pour ça que je ne suis pas venue chez toi.

La deuxième s'emploira surtout dans les exclamatives ou les interrogatives:

dāk-əš-ši ɛlāš/bāš ma žīti š !?
<celà-pourquoi/pour-ne-tu es venu-pas>
C'est pour ça que tu n'es pas venu !?

C - LA SUBORDINATION

Dans cette classe de conjonctions, on retrouve des prépositions qui servent, soit directement de subordonant, soit, combinées à des marqueurs relatifs, à la formation de conjonctions de subordination composées.

Mais il existe en arabe marocain une subjonction directe, sans conjonction, dans le discours indirect, ou encore dans la subjonction complétive de certains verbes.

1 - La subjonction directe

La subjonction directe est toujours liée à la subordination complétive ou déclarative.

1 - Le discours indirect

255 *gāl l-i ləzṛəq kāyn wāḥed-əl-fīləm məzyān f-əṛ-*"Rex"...
〈il a dit-à-moi-Lazrq-il y a-un le fime-bon-dans le rex〉
Lazraq m'a dit qu'il y avait un bon film au Rex...

gāl l-na mšīti l-əṭ-ṭbēb.
〈il a dit-à-nous-tu es allé-à-le médecin〉
Il nous a dit que tu étais allé chez le médecin.

Dans les énoncés précédents, il serait possible d'utiliser la conjonction *bəlli* (voir p.237).

2 - La subjonction complétive

Avec certains verbes, il est possible d'avoir une construction directe, à condition que le sujet grammatical de la subordonnée soit annoncé par un **pronom** (qui s'accorde avec lui) dans la principale:
εṛəft-ək ġādi tži.
〈j'ai su-toi-allant-tu viendras〉
Je savais que tu viendrais.

bġēti-ha tži mεā-ya ?
〈tu as voulu-elle-elle viendra-avec-moi〉
Tu veux qu'elle vienne avec moi ?

kanεṛəf-u kayfhəm ər-rīfīya.
〈je sais-lui-il comprend-la rifaine〉
Je sais qu'il comprend le rifain (dialecte berbère du Rif).

2 - Les conjonctions simples

On peut classer les conjonctions simples, selon qu'elles servent à marquer la subjonction circonstancielle, concessive ou hypothétique ou le souhait.

a - La subjonction circonstancielle

Sur six conjonctions, cinq sont également des prépositions ou des adverbes: *ḥətta* "jusqu'à ce que", *ğēṛ* "dès que", *ki* "comme, alors que", *yaḷḷāh* "à peine...que" et *mnīn* "quand, lorsque, puisque"; la sixième ne sert qu'à la subordination, *ḥīt/mḥīt* "puisque, parce que":

1 - *ḥətta* marque une limite

- *ḥətta* est toujours la marque d'une limite ou d'une borne (voir p.219); en tant que conjonction de subordination, il s'agit généralement d'une borne temporelle et/ou aspectuelle, marquant une limite à atteindre ou un franchissement de frontière:

ğādi nətsənnā-h ḥətta yǧi.
⟨allant-j'attendrai-lui-jusqu'à-il viendra⟩
Je l'attendrai jusqu'à ce qu'il vienne.

ma nšəṛb-u ḥətta yəbrəd.
⟨ne-je bois-lui-jusqu'à-il refroidira⟩
Je ne le boirai que quand il aura refroidi.
Je ne le boirai pas tant qu'il n'aura pas refroidi.

ḥətta yǧi, ɛād nəmšīw. (1)
⟨jusqu'à-il viendra-alors seulement-nous irons⟩
Nous n'irons/ne partirons que quand il sera là.

ḥətta fəṭṛət, ɛād mšāt təxdəm.
⟨jusqu'à-elle a déjeûné-alors seulement-elle est partie-elle travaillera⟩
Elle n'est partie travailler qu'après avoir déjeûné.
Dès qu'elle a eu déjeûné, elle est partie travailler.

ḥətta ǧīt u hūwa nāɛəs.
⟨jusqu'à-je suis venu-et-lui-dormant⟩
Quand je suis arrivé, il dormait encore (il est réveillé).

- La limite peut aussi être de type quantitatif/qualitatif, et *ḥətta* peut s'employer pour marquer une conséquence, après un appréciatif de la quantité, comme *bəzzāf* "beaucoup, trop":

kānu xāyfīn bəzzāf ḥətta ma qədru š yğuwwtu !
⟨ils étaient-ayant peur-beaucoup-jusqu'à-ne-ils ont pu-pas-ils crient⟩
Ils avaient très peur, au point qu'ils n'ont pas pu crier !
Ils avaient si peur qu'ils n'ont pas pu crier !

bqāt katəbki bəzzāf ḥətta naɛsət.
⟨elle est restée-elle pleure-beaucoup-jusqu'à-elle a dormi⟩
Elle est restée à pleurer tellement qu'elle s'est endormie.
Elle est restée à pleurer, pleurer, jusqu'à ce qu'elle s'endorme.

2 - *ğēṛ*, dès que

Outre ses emplois d'adverbe (p.198) et de préposition (p.216), *ğēṛ* est employée comme subordonant et marque la succession rapprochée des deux propositions; elle a des valeurs comparables au "dès que" français:

ğēṛ nāḍət, bdāt katxdəm f-əl-kūzīna.
⟨seulement-elle s'est levée-elle a commencé-elle travaille-dans-la cuisine⟩

---

(1) Sur les emplois de *ɛād*, voir p. 196 et **Caubet 93**.

Dès qu'elle s'est levée, elle a commencé à s'activer dans la cuisine.

ġēr sālīna b-ət-təxmāl, tġəddīna.
⟨seulement-nous avons fini-avec-le rangement-nous avons déjeûné⟩
Dès que nous avons eu fini de ranger, nous avons déjeûné.

ġēr entre également dans la formation de conjonctions composées (voir p.239).

3 - *ki*, comme, alors que

La préposition *kif* s'utilise pour la comparaison (p.215), la conjonction qui apparaît sous la forme réduite *ki*, avec chute du *f* final, marque la notion de simultanéité de la principale et de la subordonnée :
ki xrəžt mən əd-dāṛ, dxəl hūwa.
⟨comme-je suis sortie-de-la maison-il est entré-lui⟩
Juste au moment où je sortais de la maison, lui est entré.

4 - *yaḷḷāh*, à peine...que

Cette conjonction a des emplois d'adverbe de manière (p.198); c'est d'abord une particule d'interjection ⟨par-Dieu⟩, qui a aujourd'hui le sens de "Allez!/Allons-y!", marque la concomitance entre la fin du premier procès et le début du second :
yaḷḷāh šəddīt fī-h u hūwa ṭāḥ !
⟨à peine-j'ai attrapé-dans-lui-et-lui-il est tombé⟩
Je l'avais à peine attrapé qu'il est tombé !

5 - *mnīn*, quand, lorsque, puisque

Il existe des adverbes interrogatifs *mnäyn/mnīn* qui ont le sens de "d'où, par où" (p.173); en tant que conjonction il n'existe que la forme *mnīn*, et signifie "quand, puisque" (voir aussi *məlli*, p. 237):
mnīn yži, gūl-ha l-i !
⟨quand-il viendra-dis-elle-à-moi⟩
Quand il arrivera, dis-le moi !

mnīn ža, āna xrəžt.
⟨quand-il est venu-moi-je suis sortie⟩
Quand il est arrivé, je suis sortie.

mnīn ža əl-bāreḥ, ma ġādi yži š əl-yōm.
⟨puisque-il est venu-hier-ne-allant-il veindra-pas-aujourd'hui⟩
Puisqu'il est venu hier, il ne va pas venit aujourd'hui.

6 - *ḥīt/mḥīt*, puisque, parce que

On trouve les deux formes indifféremment; *mḥīt* peut être rendue, suivant les cas, par le français "puisque, comme", ou "parce que":
mḥīt ṛā-ki hna, ənti lli ġa tṭayybi əl-ɛša !
⟨puisque-voilà-toi-ici-toi-qui-allant-tu feras cuire-le dîner⟩
Puisque tu es là, c'est toi qui feras cuire le dîner !

mḥīt ma žīti š, mšīt b-wāḥd-i.
<puisque-ne-tu es venu-pas-je suis allée-seule-moi>
Comme tu n'es pas venu, j'y suis allée seule.

ma kanmši š l-əl-bḥaṛ mḥīt katməṛṛəd-ni əš-šəms.
<ne-je vais-pas-à-la mer-parce que-elle rend malade-moi-le soleil>
Je ne vais pas à la mer, parce que le soleil me rend malade.

b - La subjonction concessive

La plupart des conjonctions qui servent à marquer ce type de subjonction sont composées d'une préposition ou d'un interrogatif suivis d'un relatif (*ma* en général, voir p.238). Cependant, il existe une conjonction d'origine adverbiale: *waxxa* "d'accord" (voir p.201) qui correspond au français: "bien que, même si":

waxxa katṭēḥ əš-šta, ǧādi nəxrož !
<d'accord-elle tombe-la pluie-allant-je sortirai>
Même s'il pleut, je vais sortir !
Bien qu'il pleuve, je vais sortir !

waxxa tṭēḥ əš-šta, nəxrož !
<d'accord-elle tombera-la pluie-je sortirai>
Même s'il pleuvait, je sortirais !

waxxa qbīḥa, ṣābət ṛāžəl.
<d'accord-laide/mauvaise-elle a trouvé-homme>
Bien qu'elle soit laide/mauvaise, elle a trouvé un mari.

c - La subjonction hypothétique

Il y a deux conjonctions différentes en arabe marocain, l'une est simple, *īla*, l'autre est une locution verbale à l'origine, *lūkān*, *ūkān*, *ūka*, *ūka kān* qui sera traitée dans les conjonctions composées (p.240).
īla (cl.ᵓidā) est utilisée essentiellement pour marquer le potentiel ou le conditionnel, l'autre conjonction étant généralement réservée aux valeurs d'irréel:

īla tlāqēt-ha f-əz-zənqa, nsəbb-ha !
<si-j'ai rencontré-elle-dans-la rue-j'insulterai-elle>
Si je la rencontrais dans la rue, je l'insulterais !

īla ɛyīti gūli-ha l-i !
<si-tu t'es fatigué-dis-elle-à-moi>
Si tu es fatigué, dis-le moi !

īla ɛṭēt-ək l-ādṛēsa dyāl-u, wāš təktəbi l-u ?
<si-j'ai donné-toi-l'adresse-de-lui-?-tu écriras-à-lui>
Si je te donne son adresse, est-ce que tu lui écriras ?

d - Le souhait

Le souhait peut s'exprimer au moyen de la conjonction *məṣṣāb*, de
mən ṣāb <qui-il a trouvé> "pourvu que":
məṣṣāb yɛayyəṭ l-i ! <pourvu-il appellera-à-moi>
Pourvu qu'il m'appelle !

məşşāb yənžaḥ !
<pourvu-il réussira>
Pourvu qu'il réussisse !

3 - Les conjonctions composées

Les conjonctions composées sont formées soit de prépositions ou d'adverbes interrogatifs composés, suivis d'un relatif, soit de la combinaison de deux conjonctions, soit encore de la réduction d'une locution verbale. Elles sont classées par procédés de formation.

a - Préposition + relatif

On trouve des combinaisons avec les pronoms relatifs _ma_ et _lli_ et l'interrogatif _āš_.

1 - préposition + _ma_

Le relatif est surtout utilisé pour former des conjonctions circonstancielles de temps et de manière.

a - les conjonctions circonstancielles de temps

- Il y a toute une série de conjonctions formées d'une préposition suivie de _ma_:

qbəl ma	<avant-que>	avant que
baɛd ma	<après-que>	après que
mwōṟ ma	<derrière-que>	après que
q/gədd ma	<autant-que>	tant que, autant que
uwwəl ma	<premier-que>	dès que
kull ma	<tout-que>	chaque fois que, bien que
ɛla ma	<sur-que>	en attendant que

Toutes ces conjonctions peuvent également avoir une forme où le _m_ de _ma_ est géminé: _qbəl-əmma, kull-əmma_...

- _ma ḥadd-ni...u_ + pron. (1) <que-limite-moi...et> plus je...plus je

ma ḥadd-u kayxdəm u hūwa kayrbaḥ əl-flūs !
<que-limite-lui-il travaille-et-lui-il gagne-les sous>
Plus il travaille, plus il gagne d'argent !

b - les subjonctions circonstancielles de manière

bla ma	<sans-que>	sans que
f-ɛwāṭ ma	<au lieu de-que>	au lieu de
bāṟāka ma	<assez-que>	assez de
ɛla ḥsāb ma	<sur-compte-que>	d'après ce que/selon ce que
_kī ma_	<comme-que>	comme, ainsi que

- _ma ḥadd-_ peut aussi avoir le sens de "tant que":

---

(1) On remarque un autre emploi de la conjonction _u/w_, lié à un pronom personnel indépendant, voir p.223.

ma ḥadd-ni fāṭra, xəṣṣ-ni nṣəbbən ət-tlāmət.
<ne-limite-moi-ayant déjeûné-il a fallu-moi-je lessiverai-les enveloppes de matelas>
Tant que je ne jeûne pas, il faut que je lave les enveloppes de matelas.

2 - préposition + *lli*

Les conjonctions formées selon ce modèle sont moins nombreuses que les précédentes, mais elles sont d'un emploi très courant.

a - *b-əlli*, que

La conjonction *b-əlli* <avec-que>, sert à former les complétives et les déclaratives; on sait que sa présence n'est pas obligatoire, et que l'on peut avoir une subjonction directe (voir p.232):
gāl l-i bəlli ǧādi yži.
<il a dit-à-moi-que-allant-il viendra>
Il m'a dit qu'il viendrait.

kanḏənn bəlli ǧādi yži.
<je pense-que-allant-il viendra>
Je pense qu'il viendra.

b - *mən-lli/məlli*, quand, depuis que, dès que, puisque

Cette conjonction peut avoir plusieurs valeurs qui tournent toutes autour de la notion de **point de départ**; *mən* marque en effet l'origine: "quand, depuis, puisque".
məlli xrəžt, xallīt-u nāɛəs.
<quand-je suis sorti-j'ai laissé-lui-dormant>
Quand je suis sorti, je l'ai laissé en train de dormir.

məlli žīt, kān nāɛəs.
<quand-je suis arrivé-il était-dormant>
Quand je suis arrivé, il dormait.

məlli nāḍ u hūwa kayəbki.
<depuis-il s'est levé-et-lui-il pleure>
Il pleure depuis qu'il s'est levé.

məlli ma žīti š, mšīt b-wāḥd-i.
<puisque-ne-tu es venu-pas-je suis allé-seule-moi>
Puisque tu n'es pas venu, j'y suis allée seule.

c - *bḥāl lli*, comme si

Cette conjonction sert à marquer une **comparaison**; elle est formée de la préposition *bḥāl* " comme, pareil" (voir p.215) et du relatif, <comme-que>; on trouvera également, avec le même sens, la conjonction *bḥal īla* <comme-si>, formée d'une préposition et d'une conjonction hypothétique:
kayākul bḥāl lli ɛammṛ-u ma kla !
<il mange-comme-que-vie-lui-ne-il a mangé>
Il mange comme s'il n'avait jamais mangé de sa vie !

d - *gədd lli*, **autant que**

Alors que la conjonction *gədd ma* pouvait prendre les sens de "tant que" et "autant que" (p.236), *gədd lli* ne pourra avoir que le sens quantitatif ("autant que"):

gləs mɛā-na gədd lli gləsti əntīya !
⟨il est resté-avec-nous-autant-que-tu es restée-toi⟩
Il est resté chez nous autant que toi !

3 - préposition + *āš*

Il s'agit de compositions formées à partir de l'interrogatif *āš*: *bāš* "pour" et *fāš* "quand"; par ailleurs, ces mêmes marqueurs peuvent être des pronoms interrogatifs: "avec quoi, en quoi" (voir p.172) ou des relatifs composés: "avec lequel, dans quoi" (voir p.177):

xeyyəṭt hād-əl-qəfṭan bāš nləbs-u f-əl-ɛars.
⟨j'ai cousu-ce-le caftan-pour-je porterai-lui-dans-la fête⟩
J'ai fait faire ce caftan pour le porter au mariage.

fāš ža, āna xrəžt.
⟨quand-il est venu-moi-je suis sortie⟩
Quand il est arrivé, je suis sortie.

b - Interrogatif + relatif

Ce procédé sert à former toute une série de conjonctions de subordination concessives (voir aussi p.176); ces subordonnées comportent toujours un verbe à la conjugaison suffixale, avec une valeur de type modale, subjonctive:

kīf ma žāt-ək, ləbsi-ha !
⟨comment-que-elle est venu-toi-mets-elle⟩
Quelle que soit la manière dont ça te va, mets-la !
Que ça t'aille ou pas, mets-la !

f-āš ma žīti, tsənna-ni f-la-gāṛ !
⟨à-quoi-que-tu es venu-attends-moi-dans-la gare⟩
Quelle que soit l'heure à laquelle tu arrives, attends-moi à la gare !

fīn ma mšīti, nəmši mɛā-k !
⟨où-que-tu es allé-j'irai-avec-toi⟩
Où que tu ailles, j'irai avec toi !

škūn ma ža, gul l-u āna ma kāyn š !
⟨qui-que-il est venu-dis-à-lui-moi-ne-il y a-pas⟩
Qui que ce soit qui vienne, dis-lui que je ne suis pas là !

Quelques exemples (1):

šḥāl ma	⟨combien-que⟩	quelle que soit la quantité que
šnu ma	⟨quoi-que⟩	quoi que ce soit que
fūq ma/woqt ma	⟨dans/temps-que⟩	quel que soit le moment où
ḥda-mən ma	⟨à côté-qui-que⟩	à côté de qui que ce soit que

---

(1) Toutes ces conjonctions peuvent avoir une forme où le *m* est géminé: *kīf-əmma, fīn-əmma, fāš-əmma...*

mɛā-mən ma ⟨avec-qui-que⟩	avec qui que ce soit que
dyāl-mən ma ⟨de-qui-que⟩	à qui que ce soit que
ɛand-mən ma ⟨chez-qui-que⟩	chez qui que ce soit que
ɛl-āš ma ⟨sur-quoi-que⟩	sur quoi que ce soit que
fūq ma ⟨sur-que⟩	sur quoi que ce soit que
b-āš ma ⟨avec-quoi-que⟩	quelle que soit la chose avec laquelle
mn-āš ma ⟨de-quoi-que⟩	quelle que soit la chose à partir de laquelle
l-əmmən ma ⟨à-qui-que⟩	à qui que ce soit que
mnäyn ma ⟨d'où-que⟩	d'où que ce soit que...

On peut former de telles conjonctions à partir presque tous les interrogatifs; il existe cependant quelques impossibilités comme:

mɛā-yāš ma ⟨avec-quoi?-que⟩
taḥt-āš ma ⟨sous-quoi?-que⟩
mworā-yāš ma ⟨derrière-quoi?-que⟩
ḥətta fäyn ma ⟨jusque-où?-que⟩

c - Les combinaisons de conjonctions

Il s'agit généralement de la combinaison de conjonctions simples (la plupart avec le conditionnel *īla*):

bḥāl īla	⟨comme-si⟩	comme si
ǧēṛ īla	⟨seulement-si⟩	sauf si, seulement si
ḥətta īla	⟨jusqu'à-si⟩	même si
waxxa īla	⟨bien que-si⟩	même si
ǧēṛ bāš	⟨seulement-pour⟩	uniquement pour, rien que pour

ma ǧādi nǯi ǧēṛ īla ǯīti ənti !
⟨ne-allant-je viendrai-sauf si-tu es venu-toi fém.⟩
Je ne viendrai que si toi aussi tu viens.

ḥətta/waxxa īla klāt, ṛā-h bāqi.
⟨même-si-elle a mangé-voilà-lui-restant⟩
Même si elle en mange, il en reste quand même.

- *ɛṭē-ni stīlo !*
⟨donne-moi-stylo⟩
- *ɛlāš ?*
⟨pourquoi⟩
- *ǧēṛ bāš nəktəb bī-h !*
⟨seulement-pour-j'écrirai-avec-lui⟩
- Donne-moi un stylo !
- Pour quoi faire ?
- Ben, (seulement) pour écrire avec !

d - Les locutions conjonctives

Il s'agit de locutions formées à l'aide de la préposition *ɛla*; elles ont toutes une valeur causative:

(ɛ)la ḥəqqāš ⟨sur-droit/part-quoi⟩   parce que

Et de conjonctions qui sont également employées comme prépositions (p.221):

ɛla qĩbāl ⟨sur-pouvoir⟩   parce que
ɛla wədd ⟨sur-donation⟩   parce que, du fait de

ma kanəmši š l-əl-bḥaṛ ɛla ḥəqqāš katmərrəḍ-ni əš-šəms.
⟨ne-je vais-pas-à-la mer-parce que-elle rend malade-moi-le soleil⟩
Je ne vais pas à la mer parce que le soleil me rend malade.

157 *...ma ngūlu š fṛānṣa, la ḥəqqāš fṛānṣā dāba...*
⟨ne-nous dirons-pas-france-parce que-franse-maintenant⟩
...Ne disons pas la France, parce que la France maintenant...

ma ži̇̄t š bəkri ɛla wədd kānu ɛand-i əd-ḍyāf.
⟨ne-je suis venue-pas-tôt-du fait qu'ils étaient-chez-moi-hôtes⟩
Je ne suis pas venue tôt, parce que j'avais des invités chez
moi.

mši̇̄na l-əṛ-ṛbāṭ ɛla qĩbāl ma ɛand-na š əl-ma f-əd-dāṛ.
⟨nous sommes partis-à-Rabat-parce que-ne-chez-nous-pas-l'eau-dans la maison⟩
Nous sommes partis à Rabat, parce que nous n'avions pas
d'eau à la maison.

e - La réduction d'une locution verbale

Il s'agit de la conjonction hypothétique qui apparaît sous les
formes: *lūkān, ūkān, ūka, ūka kān*; elle sert à marquer les différents
types d'**irréels**; elle est formée à l'origine de **lōw kān* ⟨si-il
était⟩. Dans d'autres parlers marocains, et en particulier chez les
Fassis (citadins originaires de la ville de Fès), on trouve également
un marqueur *kūn*, *kān*, le premier étant sans doute une réduction de la
conjugaison préfixale du verbe *kān*, *ykūn*, le deuxième étant la forme
suffixale.

- *lūkān* se place devant la subordonnée:
126 *wālākin zaɛma, lūkān ma kān š dāk-əl-"chantier", ma tži š ?*
⟨mais-c'est-à-dire-si-ne-il était-pas-ce-le chantier-ne-tu viendras-pas⟩
Mais, en fait, s'il n'y avait pas eu ce chantier, tu ne
serais pas venue ?

- *ūka...ūka* est un marqueur double qui apparaît en tête de
l'apodose et de la protase:
ūka žāt āmi̇̄na, ūka mši̇̄na l-əl-bḥaṛ.
⟨si-elle est venue-Amina-si-nous sommes allés-à la mer⟩
Si Amina était venue, nous serions allés à la mer.

ūka kān əl-žuw (1) məzyān, ūka mši̇̄na l-əl-bḥaṛ.
⟨si-il était-le temps-bon-si-nous sommes allés-à la mer⟩
S'il faisait beau, nous serions allés à la mer.

_____

(1) Le mot étant emprunté à l'arabe classique, il n'y a pas assimilation du *l* de l'article comme c'est le cas en arabe marocain.

VIII - LES FORMULES DE SALUTATION

Il existe de très nombreuses salutations, employées dans des occasions très spécifiques; elles sont figées et ne laissent aucune part à l'imagination; beaucoup font appel à Dieu, d'autres évoquent simplement la paix ou le bien. Elles sont classées suivant les circonstances où elles sont prononcées.

Le plus souvent, deux traductions sont proposées: une traduction littérale qui explique la construction, et un essai de traduction en français.

1 - Salutations à l'occasion d'une rencontre

a - Salutations de premier abord

Elles varient en fonction du moment de la journée: matin ou après-midi.

1 - le matin:
ṣbaḥ-əl-xēr !
⟨matin-le bien⟩ (litt. le matin du bien)
Bonjour !

- on répond par la même formule, avec un ajout facultatif:
ṣbaḥ-əl-xēr (u əṛ-ṛbaḥ) !
⟨matin-le bien-(et-le gain)⟩ (litt. le matin du bien et du gain)
Bonjour !

- l'échange peut se poursuivre par la formule suivante:
ki ṣbaḥti ?
⟨comment-tu as "été le matin"⟩
Comment vas-tu/comment te sens-tu (le matin) ?

- la réponse sera:
yṣəbbḥ-ək b-əl-xēr w-əṛ-ṛbaḥ !
⟨il "rendra le matin"-toi-avec-le bien-et-le gain⟩
Que (Dieu) te garde dans le bien et le gain le matin !
(Le sujet implicite ne peut être que Dieu)

2 - l'après-midi
(à partir de 14 heures), on salue les gens en disant:
msa-əl-xēr !
⟨soir-le bien⟩ (litt. le soir du bien)
Bonsoir !

- la réponse est la même, avec un ajout facultatif:
msa-əl-xēr (w-əṛ-ṛbaḥ) !
⟨soir-le bien-(et-le gain)⟩ (litt. le soir du bien et du gain)
Bonsoir !

3 - Les hommes, lorsqu'ils se rencontrent, se saluent généralement avec la formule suivante:
əs-sālām(u) ɛlī-kum !
⟨la paix-sur-vous⟩
La paix soit avec vous !

- la réponse des interlocuteurs doit être:
wa ʕəlī-kum əs-sālām (u ɽaḥmatu ḷḷāh) !
<et-sur-vous-la paix-(et-la miséricorde-Dieu)>
Et avec vous, la paix et la miséricorde de Dieu !

Ces salutation appartiennent à un style très littéraire; elles comprennent de très nombreux emprunts au classique; on trouve des traces de marques casuelles (*-u* final: *əs-sālām-u*, *ɽaḥmat-u*), la conjonction *wa*, ou des voyelles brèves en syllabe ouverte (*ɽaḥmatu*).

b - Echange de nouvelles

Après la première série de salutations, il est convenable de s'enquérir des nouvelles des proches; il faut cependant remarquer que ces échanges se font très rapidement, les deux interlocuteurs parlant en même temps, sans se regarder dans les yeux, et sans attendre la réponse de l'autre pour poser une nouvelle question.

On peut reconstituer cet échange comme suit:

- première série de questions:
(ā)š xbāɽ-ək ? lā-bäs ʕəlī-k ? ki dāyər ? lā-bäs ʕəlī-k ?...
<quoi?-nouvelles-toi-sans mal-sur toi-comment-faisant-sans-mal-sur-toi>
(litt. quelles sont tes nouvelles ? pas de mal sur toi ?...)
Quelles nouvelles ? Ca va ? comment ça va ? Ca va ?...(1)

- réponse:
lā-bäs ! əl-ḥamdu li-ḷḷāh !
<sans mal-la louange-à-Dieu> (litt. sans mal ! louange à Dieu)
Bien ! Dieu soit loué !

- La première série de questions peut être répétée plusieurs fois, on complètera alors éventuellement la réponse par:
ēwa ḥna kanʕaddīw mʕa əl-woqt !
<Eh bien-nous-nous faisons aller-avec le temps>
Eh bien, nous, on fait aller, avec le temps...!

ou   *lli ṣāb əṣ-ṣaḥḥa yəḥməd ḷḷāh !*
<qui-il a trouvé-la santé-il louera-Dieu>
Que celui qui a trouvé la santé, rende grâce à Dieu !

Cette série de questions-réponses va se répéter pour chaque personne dont on demande des nouvelles, parents, enfants, femme si elle est de la famille.

- Pour les enfants, par exemple, on demandera:
(ā)š xbāɽ-əd-drāri ? lā-bäs ʕəlī-hum ? kull ši lā-bäs ?...
<quoi?-nouvelles-les enfants-sans mal-sur eux-tout-chose-sans mal>
(litt. Quelles sont les nouvelles des enfants ?...)
Et les enfants, comment ça va/quelles nouvelles ? Ils vont bien ? Tout va bien ?...

---

(1) Ce genre d'échange se fait aussi en français, en substituant "ça va" à *lā-bäs*: "Alors, Ca va ? Tu vas bien ? Ca va ? la maman, ça va ?"

242

- à la réponse, on pourra ajouter la formule suivante:
lā-bäs ! ysəqṣe ɛlī-k əl-xēṛ !
<sans mal-il demandera-sur-toi-le bien>
(litt. Que le bien demande après toi !)
Bien ! Que le bien soit sur toi !

2 - Salutations pour prendre congé

a - salutations lorsque l'on s'en va

- Lorsqu'on quitte une assemblée, on peut utiliser deux formules:
ḷḷāh yhənnī-k/-kum !
<Dieu-il laissera en paix-toi/vous>
Dieu te/vous garde !

- La réponse de ceux que l'on quitte sera:
b-əs-slāma !
<avec-la paix> (litt. Avec la paix !)
Au revoir !

- Si les gens que l'on quitte sont attelés à une tâche, on dira:
ḷḷāh yɛawwn-ək/yɛawwən-kum !
<Dieu-il aidera-toi/vous>
Dieu t'/vous aide !

La réponse sera toujours: *b-əs-slāma !*.

- Lorsque l'on quitte une assemblée le soir tard, on dira:
ḷḷāh yəmsī-k/kum bi-xēṛ !
<Dieu-il "sera le soir"-toi/vous-avec-bien>
Dieu te/vous garde dans le bien (le soir) !

ou *təmsāw b-xēṛ !*
<vous "serez le soir"-avec-bien>
Soyez dans le bien ce soir !

- la réponse pourra être une simple répétition de la première formule, ou encore:
ḷḷāh yəsɛad msā-k !
<Dieu-il réjouira-soir-toi>
Dieu éclaire ta soirée !

b - salutations pour aller dormir

- Il existe une formule consacrée utilisée à ce propos:
tṣəbḥu ɛla xēṛ !
<vous serez le matin-sur-bien>
Que vous soyez avec le bien (le matin) !

- la réponse sera:
w-əntīn b-xēṛ ! (1) <et-toi-avec-bien>
Et toi aussi dans le bien !

_____

(1) La forme du pronom a généralement la forme *anti/a* (m./f.), soit *antīna* (m. et f.) dans les dialectes d'aujourd'hui.

3 - Salutations à l'occasion de voyages

a - départ en voyage

- Celui qui accompagne le voyageur dit:
ṭrēq əs-slāma !
⟨route-la paix⟩ (la route de la paix)
Que tu fasses bonne route !

- Le voyageur en partance répond:
ḷḷāh ysəllm-ək !
⟨Dieu-il donnera la paix-toi⟩
Dieu te donne la paix !

- Celui qui souhaite bonne route peut continuer ainsi:
ḷḷāh ywuṣṣl-ək ɛla xēṛ !
⟨Dieu-il accompagnera-toi-sur-bien⟩
Dieu t'accompagne avec le bien !

- Le voyageur conclura en disant:
ya rəbb-i āmīn !
⟨oh-dieu-moi-amen⟩
Oh mon Dieu, Amen !

b - arrivée de voyage

- Pour souhaiter la bienvenue à un voyageur, on utilisera la formule suivante :
ɛa-s-slāma ! / əl-ḥamdu li-ḷḷāh ɛa-s-slāma ! (1)
⟨sur-la paix-/la louange-à-Dieu-sur-la paix⟩
(litt. sur la paix / louange à Dieu, sur la paix !)
La paix soit avec toi / Grâce à Dieu, la paix soit avec toi !

- la réponse de celui qui arrive sera:
ḷḷāh ysəllm-ək !
⟨dieu-il donnera la paix-toi⟩
Dieu te donne la paix !

- On demande ensuite des nouvelles de ceux que le voyageur a quittés (même si on ne les connaît pas):
ki xallīti dūk-ən-nās ?
⟨comment-tu as laissé-ces-les gens⟩
(litt. comment as-tu laissé ces gens-là ?)
Comment allaient ceux que tu as quittés ?

- La réponse doit être (même si on ne les connaît pas):
lā-bäs ɛlī-hum, kaysəllmu ɛlī-kum.
⟨sans mal-sur-eux-ils saluent-sur vous⟩
Très bien, ils vous saluent.

Le verbe *səlləm*, qui a pour sens premier "être en paix" (selon la racine SLM, ⟨paix⟩), signifie également "saluer, envoyer ses salutations".

---

(1) Le *-l* final de la préposition *ɛla* s'assimile à l'article.

- le voyageur conclura par ces mots:
ḷḷāh ysəlləm ɛlī-hum əl-xēṛ !
⟨Dieu-il donnera la paix-sur-eux-le bien⟩
(litt. Dieu salue sur eux le bien !)
Que Dieu leur donne la paix (et le bien) !

4 - Remerciements

Les remerciements varient selon qu'il s'agit d'un service rendu ou d'un cadeau.

a - remerciements pour une aide

- Si quelqu'un a rendu un service, on lui dit:
bāṛāka ḷḷāhu fī-k !
⟨bénédiction-Dieu-dans-toi⟩
(litt. la bénédiction de Dieu soit sur toi !)
Merci !

- la réponse peut être:
bla žmīl !
⟨sans-service⟩
De rien !

ou   *ḷḷāh yəɛṭē-k əl-xēṛ !*
⟨dieu-il donnera-toi-le bien⟩
Dieu te donne le bien !

L'influence de l'arabe classique a introduit en arabe marocain un terme, qui est beaucoup utilisé par les enfants:
šokṛān !
Merci !

b - remerciements pour un cadeau

- Si l'on reçoit un cadeau, on remercie par ces mots:
ḷḷāh yəɛṭē-k əl-xēṛ ! nṛədd-u l-ək !
⟨dieu-il donnera-toi-le bien⟩⟨je rendrai-lui-à-toi⟩
Dieu te donne le bien ! Je te le rendrai !

- Celui qui a offert le cadeau répond:
f-əl-xēṛ, ᵓin šāᵓa ḷḷāh (1) !
⟨dans-le bien-si-il a voulu-dieu⟩
Dans le bien, si Dieu le veut !

5 - les félicitations

a - félicitations à l'occasion d'un achat, d'un cadeau reçu, ou au retour du bain

---

(1) Il est impensable de faire des projets, de prononcer une phrase contenant un prédicat à valeur modale de futur en arabe marocain, sans l'accompagner de la formule *ᵓin šāᵓa ḷḷāh*; si le locuteur ne l'utilise pas, c'est son interlocuteur qui la prononcera à sa place.

- La personne félicitée est accueillie par ces mots:
b-əṣ-ṣaḥḥa !
<avec-la santé>
Que tu aies la santé !

- elle répond:

ḷḷāh yəɛṭē-k əṣ-ṣaḥḥa !
<dieu-il donnera-toi-la santé>
Dieu te donne la santé !

b - félicitations à l'occasion d'une fête, d'un mariage, d'un changement de maison

- On utilise la formule:
mḇārək məsɛūd !
<béni-heureux>
Félicitations !

- on peut également dire:
məbṛōk !
<béni>
Félicitations !

- dans les deux cas, la réponse sera:
ḷḷāh ybärək fī-k !
<dieu-il bénira-dans-toi>
Dieu te bénisse !

c - félicitations à l'occasion d'une naissance ou d'une guérison

- On utilise la formule:
hnīya ɛlī-k !
<bonheur-sur-toi>
Félicitations !

- la réponse sera:
ḷḷāh ybärək fī-k !
<Dieu-il bénira-dans-toi>
Dieu te bénisse !

6 - Les demandes

On peut accompagner une demande de plusieurs formules qui correspondent au francais "s'il te plait, je t'en prie":
ḷḷāh yxallī-k !
<Dieu-il laissera-toi>
litt. Dieu te laisse !

ḷḷāh yərḥam wāldī-k !
<Dieu-il donnera la miséricorde-parents-toi>
litt. Dieu soit miséricordieux envers tes parents !

ḷḷāh yəɛṭē-k əs-stər ! <dieu-il donnera-toi-la protection>
litt. Dieu te donne protection !

246

ḷḷāh yəstər ɛlī-k !
<dieu-il protègera-sur-toi>
litt. Dieu te protège !

ḷḷāh ytūb ɛlī-k !
<dieu-il repentira-sur toi>
litt. Dieu t'accorde le repentir !

7 - Visites à un malade

- Lorsque quelqu'un est malade, ou qu'il se plaint de quelque chose, on le réconforte par ces mots:
lā-bäs ɛlī-k !
<sans mal-sur toi>
Le bien soit sur toi !

- on répond par le souhait suivant :
ləhla ywurrī-k bäs !
<pourvu que ne pas-il montrera-toi-mal>
Pourvu qu'il ne te montre pas le mal !

8 - Les condoléances

On utilise un verbe spécifique pour la présentation des condoléances: *ɛazza*; il existe deux types de formule, selon que le défunt appartient à la même famille ou pas.

- si le défunt est de la famille, on dit:
ɛazzā-na u ɛazzā-kum wāḥed !
<consolation-nous-et-consolation-vous-un>
Notre consolation et la votre ne font qu'un !

- On répond:
ma mša mɛā-k bäs.
<ne-il est parti-avec-toi-mal>
Le mal n'est pas parti avec toi.

- si le défunt est étranger à la famille, on utilisera la formule suivante:
əl-bāṛāka f-ṛās-kum ! ḷḷāh ybəddəl məḥābbt-u b-əṣ-ṣbəṛ !
<la bénédiction-dans-tête-vous-Dieu-il changera-amour-lui- avec-la patience>
Soyez bénis ! Dieu change son amour en patience !

- la réponse sera la même que précédemment:
ma mša mɛā-k bäs.
<ne-il est parti-avec-toi-mal>
Le mal n'est pas parti avec toi.

Les salutations sont utilisées dans toute une série d'échanges très codifiés socialement, qui ne laissent pas place à des formulations individuelles. On remarque l'abondance de ce type d'échange dans l'univers féminin.

CONCLUSION

Ce volume est un aperçu du fonctionnement morphosyntaxique de l'arabe marocain.

Dans le deuxième volume, on approfondit l'étude de la langue en envisageant la syntaxe (l'ordre des mots variant selon le type d'énoncés) et les catégories grammaticales de la modalité, de l'aspect et de la détermination nominale.

A la fin du volume 2 est également présenté un corpus comprenant des conversations, un conte, des comptines et des porverbes; les textes ont été transcrits tels qu'ils ont été produits, dans toute leur authenticité.

BIBLIOGRAPHIE

ABDEL-MASSIH Ernest T.: - **A course in Moroccan Arabic**, The University
of Michigan, Ann Arbor, 1970.
- **An Introduction to Moroccan Arabic**, The University of
Michigan, Ann Arbor, 1973.
- **Advanced Moroccan Arabic**, The University of Michigan,
Ann Arbor, 1974. (**Abdel-Massih 74**)

BAR-ASHER Moshé: "Le diminutif dans les dialectes judéo-arabes du
Tafilalet", in **Massorot II**, Jerusalem, 1986, pp.1-14.

BEN SMAIL M.: **Méthode pratique d'Arabe Parlé Marocain à l'usage des
Débutants**, 4ème édition revue et augmentée, Imprimerie
Catholique, Beyrouth, 1932.

BOUCHERIT Aziza: "Note sur l'expression de la concomitance dans le
système verbal de l'arabe parlér à Alger", in **MAS-
GELLAS**, nouvelle série 1, 1987, pp.11-20.

BRUNOT Louis: - **La mer dans les traditions et les industries indigènes
à Rabat et Salé**, Publications de l'Institut des Hautes
Etudes Marocaines V, Paris, 1920.
- **Notes lexicologiques sur le vocabulaire maritime de
Rabat et de Salé**, Paris, Ernest Leroux, 1920.
- "Noms de récipients à Rabat", in **Hespéris**, Année 1921,
2ème trimestre, pp.111-140, Paris, Larose, 1921.
- "Noms de vêtements masculins à Rabat", in **Mélanges René
Basset**, Paris, 1927.
- **Pour une réforme des études d'arabe**, Bulletin de
l'Enseignement Public au Maroc, Paris, Mars 1928.
- "Proverbes et dictons arabes de Rabat", in **Hespéris**,
1er trim., 1928.
- "Topographie dialectale de Rabat", in **Hespéris** t.X,
pp.7-13, 1930.
- **Textes arabes de Rabat, I, Textes, transcription et
traduction annotée**, Paris, Geuthner, 1931.
- **Yallah ou l'arabe sans mystère**, Paris, Librairie Orien-
tale Larose, 1933.
- "Notes sur le parler juif de Fès", in **Hespéris** XXII,
pp.1-32, 1936 (**Brunot 36**).
- "La cordonnerie indigène à Rabat", in **Hespéris**, 3ème et
4ème trimestre, pp.227-321, 1946.
- "Sur le thème verbal *fɛɑl* en dialectal marocain" in
Mélanges offerts à William Marçais, pp.52-62, Paris,
Maisonneuve, 1950.
- "Sur le schème *fuɛl* dans les dialectes arabes du
Maroc", in **Homenaje a Millas y Vallicrosa** t.I, pp.215-

223, Barcelona, 1953.
- Introduction à l'arabe marocain, Paris, Maisonneuve, 1950.
- Textes arabes de Rabat, II, Glossaire, Paris, Geuthner, 1952 (Brunot 52).

BRUNOT Louis et MALKA Elie: - Textes judéo-arabes de Fès, extes, transcription, traduction annotée, Rabat, 1939.
- Glossaire judéo-arabe de Fès, Rabat, 1940.

BURET M.T.: Cours gradué d'arabe marocain, Casablanca, 1944.

CANTINEAU Jean: - Cours de phonétique arabe, Paris, Klincksieck, 1960.
- "Réflexions sur la phonologie de l'arabe marocain", in Hespéris t.37, pp.193-207, 1950. (Cantineau 50).

CAUBET Dominique : - Problèmes de détermination et de quantification en arabe marocain, Thèse de 3ème cycle non publiée, Paris 7, 1976.
- Problèmes d'aspect en arabe marocain, Maîtrise d'arabe non publiée, Paris III, 1978.
- "Quantification, Interrogation, Négation : les emplois de la particule ši en arabe marocain", in Arabica, Tome XXX, Fasc. 3, Paris, 1983. (Caubet 83a)
- La détermination en arabe marocain, Paris 7, Laboratoire de linguistique formelle, 1983. (Caubet 83)
- "A la recherche d'un invariant: les emplois de la particule ši en arabe marocain", in Opérations de détermination: Théorie et description, pp. 33-56, Collection ERA 642, Paris 7, 1984. (Caubet 84)
- "Le langage bébé en arabe marocain", Communication au G.L.E.C.S., Avril 1985, sous presse dans les Comptes-rendus du G.L.E.C.S., Paris. (Caubet 85)
- "Les deux parfaits en arabe marocain", in Aspects, modalité: problèmes de catégorisation grammaticale, pp. 71-102, Collection ERA 642, Paris 7, 1986. (Caubet 86)
- "Systèmes aspecto-temporel en arabe maghrébin (Maroc)", in MAS-GELLAS 85-86, Paris, 1985-86. (Caubet 85-86)
- "Passif et transitivité: étude comparative de l'anglais et de l'arabe marocain", in La Transitivité, domaine anglais, pp. 109-126, Université de St-Etienne, 1987. (Caubet 87)
- Grammaire d'une variété d'arabe marocain (région de Fès), Thèse d'état, Paris 7, 1989, 901p..
- "The three values of the active participle in Moroccan Arabic", in Proceedings of the 1989 International Conference on Europe and the Middle East, University of Durham 9-12 July 1989, pp. 346-349.
- "Modalité et Modalisation: Rapport", in Modalisations en Langue Etrangère, C.Russier, H.Stoffel, D.Véronique éds., Publications de l'Université de Provence, 1991, pp.9-15.
- "The active participle as a means to renew the aspectual system: a comparative study in several dialects of Arabic", in Semitic Studies in Honor of Wolf Leslau,

Alan S.Kaye ed., 1991. (**Caubet 91**)
- "Deixis, aspect et modalité: les particules *hā-* et *ʃā-* en arabe marocain", in **La Deixis, Colloque en Sorbonne**, M.A.Morel et L.Danon-Boileau éds., P.U.F., 1992. (**Caubet 92**)
- "Pour une approche transcatégorielle: les emplois de la particule *gāc* en arabe marocain", in **La Théorie d'Antoine Culioli: ouvertures et incidences**, OPHRYS, 1992, (**Caubet 92b**)
- "Enigmes marocaines de la région de Fès: Eléments d'analyse d'une séance", in **MAS-GELLAS** n. série 4, 1992, (**Caubet 92c**).
- "La particule *cād* en arabe marocain", in **Actes des Premières Journées de Dialectologie Arabe de Paris**, INALCO, 1993 (**Caubet 93**).

CAUBET Dominique, SIMEONE-SENELLE Marie-Claude, VANHOVE Martine:
"Genre et accord dans quelques dialectes arabes", in **Genre et Langage**, Actes du Colloque tenu à Paris X Nanterre les 14,15,16 Décembre 1988, E.Koskas et D.Leeman eds., **Linx** 21, 1990, pp. 39-66. (**Caubet et al.90**)

CHAABANE Nadia: Le Fonctionnement de la Négation en Arabe Tunisien, Mémoire de D.E.A. non publié, Paris 7, 1990.

CHEKROUNI Amal: - **La transitivité en arabe dialectal**, mémoire de licence non publié, Université de Fès, 1982. (**Chekrouni 82**)
- **La diathèse en arabe marocain (parler de Meknès)**, thèse de 3ème cycle non publiée, Paris 7, 1986. (**Chekrouni 86**).

CHETRIT Joseph: - "Elements d'une poétique judéo-marocaine - Poésie judéo-hébraïque et poésie judéo-arabe au Maroc", in **Les Juifs du Maroc, Identité et Dialogue**, Paris, 1980, pp.43-57.
- "Stratégies discursives dans la langue des femmes judéo-arabophones du Maroc", in **Massorot II**, Jerusalem, 1986, pp.41-66.

COHEN David: - "Koïné, langues communes et dialectes arabes", in **Arabica** 9, 1962, in **Etudes de Linguistique sémitique et arabe**, Mouton, 1970. (**D.Cohen 62**)
- **Le dialecte arabe ḥassaniya de Mauritanie**, Paris, Klincksieck, 1963. (**D.Cohen 63**)
- "Le système des voyelles brèves dans les dialectes maghrébins", in **Communications et rapports du premier congrès international de dialectologie générale**, Louvain, 1966, in **Etudes de linguistique sémitique et arabe**, Mouton, 1970. (**D.Cohen 66**)
- "Sur le statut phonologique de l'emphase en arabe", in **Word**, vol. 25, 1969. (**D.Cohen 69**)
- **Etudes de linguistique sémitique et arabe**, Mouton, 1970.
- "Qu'est-ce qu'une langue sémitique ?", in **Comptes-**

rendus du G.L.E.C.S. tomes XVIII-XXIII, 1973-1979, (Séance de Janvier 1973).
- "La lexicographie comparée", in **Studies on Semitic Lexicography**, Quaderni di Semistica n. 2, Università di Firenze, 1973.
- **Le parler des Juifs de Tunis**, Mouton, 1975. (D.Cohen 75)
- "Phrase nominale et verbalisation en sémitique", in **Mélanges offerts à Emile Benveniste**, pp.87-98, Paris, 1975. (D.Cohen 75b)
- "Langage, Communicatiion, Expression", in **L'année sociologique**, 29, 1978.
- "Statif, accompli, inaccompli en sémitique", in **Communication aux journées linguisitques d'Anger**, 22-23 Mai 1979.
- "Les formes du prédicat en arabe et la théorie de la phrase chez les anciens grammairiens", in **Mélanges Marcel Cohen**, réunis par David Cohen, Mouton, 1979. (D.Cohen 79)
- ""Viens!", "Donne!", etc: Impératifs déictiques", in **Comptes-rendus du G.L.E.C.S.**, Tomes XXIV-XXVIII, Années 1979-1984, Paris. (D.Cohen 79b)
- "Remarques historiques et sociolinguistiques sur les parlers arabes des Juifs maghrébins", in **International Journal of Sociology and Language**, 30, pp.91-105, Mouton, 1981.
- **La phrase nominale et l'évolution du système verbal en sémitique**, Etudes de syntaxe historique, Paris, Peeters, 1986. (D.Cohen 86)
- **Les Langues dans le Monde ancien et Modernes**, 3ème partie, **Les Langues Chamito-Sémitiques**, Editions du C.N.R.S., Paris, 1988.
- **L'aspect verbal**, P.U.F., Paris, 1989.

COHEN David et ROTH Arlette: - "Les structures accentuelles de l'arabe andalou d'après Pedro de Alcalà", in **Comptes-rendus du G.L.E.C.S.**, Tomes XXIV-XXVIII, 1979-1984, pp.367-393.

COHEN Marcel: - **Le parler arabe des Juifs d'Alger**, Paris, 1912. (M.Cohen 12)
- **Le système verbal sémitique et l'expression du temps**, Paris, 1924. (M.Cohen 24)
- "Verbes déponents internes (ou verbes adhérents) en sémitique", in **Mémoires de la Société de Linguistique de Paris**, tome 23, fasc.4, pp.225-248, Paris, Champion, 1929. (M.Cohen 29)
- **Essai comparatif sur le vocabulaire et la phonétique du chamito-sémitique**, Paris, Champion, 1969.
- "Quelques mots périméditerranéens" in **B.S.L.** XXXI, pp.37-41.

COLIN Georges Séraphin: - "Notes sur le parler arabe du nord de Taza", in Bulletin de l'Institut français d'archéologie orientale t.XVIII, pp.33-119, Le Caire, 1921. (Colin 21)
- "Notes de dialectologie arabe" in **Bulletin de l'Insti-**

tut français d'archélogie orientale", t.XX, Le Caire, 1921.
- "Les voyelles de disjonction dans l'arabe de Grenade au XVème siècle", in **Mémorial Henri Basset,** Institut des Hautes Etudes Marocaines, 1928.
- "Notes de dialectologie arabe", in **Hespéris,** t.X, 1er trim., pp.91-120, 1930.
- "Mauritanica", in **Hespéris,** t.XI, fasc. 1-23, pp.131-143, 1930.
- "Noms d'artisans et de commerçants à Marrakech", in **Hespéris,** t.XII, fasc.2, pp.241-7, 1931.
- "Un document nouveau sur l'arabe dialectal d'Occident au XIIème siècle", in **Hespéris,** t.XII, fasc.1, pp. 1-32, 1931.
- "Opposition du réel et de l'éventuel en arabe marocain", in **B.S.L.** XXXVI, pp.133-140, 1935. **(Colin 35)**
- "Entretien sur la syntaxe des noms de nombre", in **Comptes-rendus du G.L.E.C.S.,** pp.83-84, 1935.
- "La valeur temporelle du participe actif en arabe marocain", in **Comptes-rendus du G.L.E.C.S,** t.II, pp.77-79, 1937. **(Colin 37)**
- **Chrestomatie marocaine,** Paris, Maisonneuve, 1939.
- ""Ressaut" et "Sursaut" en arabe maghrébin", in **Comptes-rendus du G.L.E.C.S.,** t.IV, 1941-42.
- "L'arabe vulgaire à l'Ecole Nationale des Langues Orientales Vivantes", in **Cent-Cinquantenaire de l'Ecole des Langues Orientales,** Imprimerie Nationale, Paris, 1948, pp.95-112.
- "Sur la phrase dite "nominale" en arabe marocain", in **Comptes-rendus du G.L.E.C.S.,** t.V, pp.4-9, 1960-63 (séance de Décembre 1948). **(Colin 48)**
- "La Zaouya mérinite d'Anemli à Taza", in **Hespéris,** t.XL, 3éme et 4éme trim., pp.528-30, 1953.
- **La vie marocaine,** Paris, Maisonneuve, 1953.
- "Projet de traité entre les Morisques de la Casba de Rabat et le Roi d'Espagne en 1631", in **Hespéris,** t.XLII, 1er-2éme trim., pp.17-25, 1955.
- **Recueil de textes en arabe marocain I, Contes et anecdotes,** Paris, Maisonneuve, 1957.
- "Bibliographie de G.S.Colin" (établie par C.Canamas), in **Hespéris Tamuda,** Vol.XVII, Fascicule unique, Université Mohamed V, Rabat, 1976-77.

COLIN G.S. et LAOUST E.: **Le milieu indigène au Maroc: les parlers,** Rabat, Ecole du Livre, 1932.

CULIOLI Antoine : - "La formalisation en linguistique", in **Les Cahiers pour l'analyse,** n.9, Paris, Seuil, 1968.
- in **Alpha Encyclopédie,** les articles: "Actualisation", "Article", "Aspect", "Classe", "Copule", "Démonstratif", "Détermination", "Genre", "Modalité", "Nombre", Paris, 1969.
- "A propos d'opérations intervenant dans le traitement formel des langues naturelles", in **Mathématiques et Sciences Humaines,** n.34, Paris, 1971.

- "Sur quelques contradictions en linguistique", in **Communications**, n.20, Paris, Seuil, 1973.
- "A propos des énoncés exclamatifs", in **Langue Française**, n.22, 1974. **(Culioli 74)**
- "Note sur "détermination" et "quantification": définition des opérations d'extraction et de fléchage", in **Projet Interdisciplinaire de traitement formel et automatique des langues et du langage** (PITFALL), document n.4, Paris 7, 1975. **(Culioli 75)**
- "Comment tenter de construire un modèle logique adéquat à la description des langues naturelles", in **Modèles Linguistiques et niveaux d'analyse linguistique**, Paris, Klincksieck, 1976.
- "Valeurs aspectuelles et opérations énonciatives: l'aoristique", Colloque de Metz sur l'aspect, 18-20 Mai 1978, in **La notion d'aspect**, pp. 181-193, Paris, 1980. **(Culioli 78a)**
- "Valeurs modales et opérations énonciatives", in **Le Français Moderne**, n.4, Paris, 1978. **(Culioli 78b)**
- "Conditions d'utilisation des données issues de plusieurs langues naturelles", in **Modèles Linguisitques**, Tome I, fascicule 1, Lille, 1979.
- "Sur le concept de notion", in **Bulletin de linguistique apliquée et générale** (BULAG), n.8, Université de Besançon, 1981.
- **Rôle des représentations métalinguistiques en syntaxe**, Communication au XIIIème Congrès International des Linguistes, Tokyo, 29 Août-4 Septembre 1982, Collection ERA 642, Paris 7, 1982. **(Culioli 82)**
- "A propos de quelque", in **Linguistique, Enonciation, Aspects et Détermination**, Sophie Fischer et Jean-Jacques Franckel éds., Paris, Editions de L'Ecole des Hautes Etudes en Sciences Sociales, 1983.
- "Formes schématiques et domaine", in **Bulletin de Linguistique générale et appliquée** (BULAG), n.13, Université de Besançon, 1986-87.
- "La négation: marqueurs et opérations", in **Travaux du Centre de Recherches Sémiologiques**, n.56, Septembre 1988, Neuchâtel.
- "Representation, referential processes and regulation. Language activity as forme production and recognition", in **Language and cognition**, J.Montangero et A.Tryphon éds., Foundation Archives Jean Piaget, Cahier n.10, pp.97-124, Genève, 1989.
- "Donc", in **Contrastive Linguistics XIV**, Sofia, 1989.
- **Pour une Linguistique de l'Enonciation, Opérations et représentations**, Tome 1, Ophrys, 1990.

DESPARMET J.: **Enseignement de l'Arabe Dialectal d'après la méthode directe, Coutumes, Institutions, Croyances des Indigènes de l'Algérie**, 2ème édition, Typographie Adolphe Jourdan, Alger, 1913.

DESTAING E.: **Textes arabes en parler des Chleuhs du Sous (Maroc), Transcription, traduction, glossaire**, Paris, 1937.

EL AWAD Omar : Etude Sociolinguistique du Parler Arabe de Fès, Traitement statistique de la variation inter et intra-linguistique, Thèse de doctorat non publiée, Paris III, 1990.

EL-BAZ Simone: Parler d'Oujda. Application de la théorie fonctionnelle. Phonologie, Inventaire, Syntaxe, Thèse d'état non publiée, Paris V, 1980.

EL-JAI Ryad: - Approche morpho-syntaxique du substantif en arabe marocain (parler de Fès), Mémoire de licence non publié, Université de Fès, 1983.
- Remarques sur quelques constructions hypothétiques en arabe marocain, mémoire de DEA non publié, Paris 7, 1984 (El-Jaî 84).

ESMILI Hassan: Grammaire générative du parler arabe du Maroc : quelques aspects syntaxiques de la phrase simple, Thèse de 3ème cycle non publiée, Paris III, 1976. (Esmili 76)

FEGHALI Habaka J.: Moroccan Arabic Reader, with notes by Dr.Alan S.Kaye, Dunwoody Press, Wheaton, MD 20902, 1989.

FEGHALI Michel et CUNY Albert: Du genre grammatical en sémitique, Paris, Paul Geuthner, 1924.(Feghali-Cuny 24)

FERGUSON Charles A.: - "Arabic baby talk", in For Roman Jakobson, pp. 121-8, The Hague, Mouton, 1956.
- "The emphatic /l/ in Arabic", in Language 32:3, 1956, pp.446-452.
- "Two problems in Arabic Phonology", in Word 13, 1957, pp.460-78.
- "Baby talk in six languages", in The ethnography of communication, (American Anthropology special publication, LXVI 6 pt 2), pp.103-114, 1964.
- "The Arabic koïné", in Language 35, pp.616-630, 1959.

FERRE D.: - Lexique marocain-français, Imprimerie Louis Jean, Gap, 1952.
- Dictonnaire français-marocain, Imprimerie de Fédala, sans date.

FISCHER Wolfdietrich: Die Demonstrativen Bildungen der neuarabischen Dialekte. Ein Beitrage zur historischen Grammatik des Arabischen. 's-Gravenhage 1959. (Fischer 59)

FRANCKEL Jean-Jacques: Etude de quelques marqueurs aspectuels du français, Droz, 1989.

GALAND Lionel: - "Observations sur les emplois de deux emprunts du berbère (Aït Youssi d'Enjil) à l'arabe: I tlata "trois", II kulši "tout, tous"", in Comptes-rendus du G.L.E.C.S., tome IX, pp.68-75, 1962 (Galand 62).
- "Rapport sur les Conférences", in Annuaire EPHE, 1972-73, pp.167-180, Paris.

- "Rapport sur les Conférences", in **Annuaire EPHE**, 1973-74, pp.161-170, Paris.
- "Variations sur des thèmes berbères en *ḍ*", in **Comptes-rendus du G.L.E.C.S.**, tomes XVIII-XXIII, 1973-79.
- "Berbère et "traits sémitiques" communs", in **Comptes-rendus du G.L.E.C.S.**, tomes XVIII-XXIII, 1973-79.
- "Continuité et renouvellemnt d'un système verbal: le cas du berbère", in **BSL** 72/1, pp. 275-303, 1977.
- "Une intégration laborieuse: les "verbes de qualité" du berbère", in **BSL** 75/1, pp. 347-362, 1980.
- "Typologie des propositions relatives: la place du berbère", in **LALIES, Actes des sessions de linguistique et de littérature**, 6, Paris III, 1984.
- "Les emplois de l'aoriste sans particule en berbère", in **Proceedings of the 4th International Hamito-semitic Congress**, Current issues in Linguistic Theory, 44, John Benjamins, pp.361-379, 1987. (Galand 87)

GALAND-PERNET Paulette: - "Emphase et expressivité: l'opposition *ž-ẓ* en berbère (Maroc du Sud)", in **Communications et rapports du 1er Congrès international de dialectologie générale**, (Louvain, 21-25 Août, Bruxelles, 26-27 Août 1960), Louvain 1965.
- "A propos des noms berbères en *-us/-uš*", in **Comptes-rendus du G.L.E.C.S.**, tomes XVIII-XXIII, 1973-79, Paris.

GAUDEFROY-DEMOMBYNES M. et MERCIER L.: **Manuel d'Arabe Marocain**, Librairie Orientale et Américaine E.Guilmoto, Paris (non daté).

GRAND'HENRY Jacques: - **Le parler arabe de Cherchell (Algérie)**, Institut Orientaliste de Louvain, Louvain la Neuve, 1972.
- **Les parlers arabes de la région du Mzab** (Sahara algérien), Leiden, Brill, 1976.
- "Les variantes de flexion dans les verbes géminés en arabe", in **Folia Orientalia**, Tome XXVIII, 1991.
- "Variation dialectale et arabophonie: quelques modes d'interprétation des faits", in **Proceedings of the Colloqium on Arabic Grammar**; K. Dévényi and T. Ivanyi eds., Budapest, 1991.

HARDY G. et BRUNOT Louis: **L'enfant marocain, essai d'ethnographie scolaire**, Editions du Bulletin de l'enseignement public du Maroc, Paris 1925.

HARRELL Richard Slade: - **A basic course in Moroccan Arabic**, Georgetown University Press, 1965.
- "Consonant, vowel and syllable in Moroccan Arabic", in **Proceedings of the 4th International Congress of Phonetic Sciences**, held at the University of Helsinki, 4-9 Sept. 1961, The Hague, Mouton, 1962.
- **A short reference grammar of Moroccan Arabic**, Georgetown University Press, 1962. (Harrell 62)
- **A dictionary of Moroccan Arabic: Moroccan-English,**

Georgetown University Press, 1966. (Harrell 66)

HARRELL R.S. and SOBLEMAN H.: A dictionary of Moroccan Arabic: English-Moroccan, Georgetown University Press, 1963.

HARRIS Zellig S.: "The phonemes of Moroccan Arabic", in Papers in structural and transformational linguistics, Reidel, 1970.

HEATH Jeffrey: - Ablaut and Ambiguity, Phonology of a Moroccan Arabic Dialect, SUNY (State University of New York Press), 1987.
- From Code-Switching to Borrowing, A Case Study of Moroccan Arabic, Monograph No.9, Library of Arabic Linguistics, Kegan Paul International, 1989.
- "Autour des réseaux dialectaux dans l'arabe des Juifs et des Musulmans marocains", in Recherches sur la culture des Juifs d'Afrique du Nord, I. Ben-Ami éd., Jérusalem, 1991.

HEATH Jeffrey and BAR-ASHER Moshe: "A Judeo-Arabic dialect of Tafilalet (Southeastern Morocco)", in Zeitschrift für arabische Linguistik, 9, Otto Harrasowitz, Wiesbaden, 1982.

HENKIN Roni: "The three faces of the Arabic participle in Negev Bedouin dialects: continuous, resultative, and evidential", in BSOAS, LV, 3, 1992.

HILILI Abdelaziz: - Phonologie et morphologie de l'ancien Fassi (parler arabe marocain), Thèse de 3ème cycle non publiée, Paris III, 1979.
- Contribution à l'étude fonctionnelle de l'arabe: l'arabe classique et l'arabe fassi, 2 vol., Thèse d'état, Paris III, 1987.

IDRISSI Ahmed: Le parler arabe de LBABDA (région de Fèz), Description phonétique et phonologique, Thèse de 3éme cycle non publiée, Paris III, 1987.

JAKOBSON Roman: "Mufaxxama, The "Emphatic" Phonemes in Arabic", in Studies presented to Joshua Whatmough, E.Pulgram ed., Mouton, The Hague, 1957, pp.105-115.

JOHNSTONE T.M.: - "The affrication of kāf and gāf in Arabic Dialects of the Arabian Peninsula", in Journal of Semitic Studies 8, 1963, pp.210-226.
- "The verbal affix -k in Spoken Arabic", in Journal of Semitic Studies, Vol.13, n.2, Autumn 1968.

JOUÏN Jeanne: "Chants et jeux maternels à Rabat", in Hespéris, t.37, pp.137-156, 1950. (Jouin 50)

KAYE Alan S., éd.: Semitic Studies in honor of Wolf Leslau, Wiesbaden, 1991.

LEHN Walter: - "Emphasis in Cairo Arabic", in **Language** 39:1, 1963, pp.29-39.
- "Vowel Contrasts in Nadji Arabic", in **Linguistic Studies in Memory of Richard Slade Harrell**, Don Graham Stuart ed., Georgetown University Press, 1967, pp.123-31.

LEVY Simon: **Parlers Arabes des Juifs du Maroc: Particularités et emprunts**, Histoire, socio-linguistique et géographie dialectale, Thèse d'état, 6 vol., Paris VIII, 1990.
- "Légende et tradition écrite dans le *tarīx wad drea*", in **Etudes Littéraires Universitaires au Maroc**, Faculté des Lettres et des Sciences Humaines de Rabat, 1991.
- "*ḥāra* et *məllāḥ*: les mots, l'histoire et l'institution", in **Histoire et Linguistique**, Faculté des Lettres et des Sciences Humaines, Rabat, 1992.

LOUBIGNAC V.: **Textes arabes des Zaer, Transcription, Traduction, Notes et Lexique**, Publication de l'Institut de Hautes etudes Marocaines, Tome XLVI, Librairie Orientale et Américaine Max Besson, Paris, 1952.

LYOUBI Jamila: - **La construction intransitive en arabe marocain**, Mémoire de Licence non publié, Université de Fès, 1983.
- **Variabilité et constance, le cas du marqueur *baš* en arabe marocain**, Thèse de 3ème cycle non publiée, Paris 7, 1988.

MADOUNI Jihane: **De l'auxiliarité dans un Parler arabe de Sidi-Bel-Abbès**, Mémoire de D.E.A. non publié, Paris III, 1991.

MARCAIS Philippe: - **Le parler arabe de Djidjelli**, Paris, Maisonneuve, 1952. (P.Marçais 52)
- **Textes Arabes de Djidjelli, Introduction - Textes et transcription - Traduction - Glossaire**, P.U.F, Paris, 1954.
- **Esquisse grammaticale de l'arabe maghrébin**, Paris, Maisonneuve, 1977. (P.Marçais 77)

MARCAIS William : - **Le dialecte arabe parlé à Tlemcen, grammaire, textes et glossaire**, Paris, Ernest Leroux, 1902. (**W. Marçais 02**)
- **Textes arabes de Tanger**, Paris, 1911.
- "L'alternance vocalique *a-u (a-i)* au parfait du verbe régulier (1ère forme) dans le parler arabe de Tanger", in **Z.A XXVII**, pp. 22.7, 1912.
- "La langue arabe", 1930, in **Articles et Conférences**, Paris, Maisonneuve, 1961.
- "Comment l'Afrique du Nord a été arabisée", 1938, in **Articles et Conférences**, Paris, Maisonneuve, 1961.

MARCAIS William et GUIGA Abderrahmân: **Textes arabes de Takroûna (Textes et glossaire, contribution à l'étude du vocabulaire arabe)**, 9 vol., Paris, 1925 à 1961.

MERCIER Henry: - Vocabulaire et textes berbères dans le dialecte des
              Aît Irdeg, Rabat, 1937.
              - Dictionnaire arabe-français, Rabat, 1951.

NORTIER Jacomina Maria: Dutch and Moroccan Arabic in Contact: Code-
              Switching among Moroccans in the Netherlands, Acade-
              misch Proefscrift, Universiteet van Amsterdam,
              Dec.1989.

PAILLARD Denis : "Repérage: construction et spécification", in La
              Théorie d'Antoine Culioli: ouvertures et incidences,
              Ophrys, 1992.

PERRET Michèle: "Le système d'opposition ici, là, là-bas en référence
              situationnelle", in Etudes de Linguistique française à
              la mémoire d'Alain Lerond, Les "français". Français
              dialectaux, français techniques, états de langue, fran-
              çais standard., Linx, Numéro Spécial, Paris X-Nanterre,
              1991, pp.141-159.

PIANEL G. - "Notes sur quelques argots arabes du Maroc", in Hespéris,
              t.37, pp.460-67, 1950.

de PREMARE A.L.: - sīdi ɛabd-er-raḥmān el-meždūb, Mysticisme populai-
              re, société et pouvoir au Maroc au 16è siècle, Editions
              du CNRS, Paris et SMER, Rabat, 1985, 299p..
              - La Tradition Orale du Mejdub, Récits et quatrains iné-
              dits, Edisud, Archives Maghrébines, 1986, 381p..

QACHAB Rachida: Etude Linguistique des proverbes de Safi, Mémoire de
              Maîtrise non publié, Paris III, 1990.

RHIATI Najib: Etude de l'interrogation en arabe marocain, Thèse de
              3ème cycle non publiée, Paris II, 1984. (Rhiati 84)

SABIA Abdelali: Etude de la négation en arabe dialectal marocain,
              Thèse de 3ème cycle non publiée, Paris III, 1982.
              (Sabia 82)

SAHEB-ATTABA Mouncef: Initiation à l'arabe, Paris, Maisonneuve, 1956.

SICARD Jules: Vocabulaire Français-Arabe (dialecte marocain), 5è édi-
              tion, Larose, Paris, 1954.

SIMEONE-SENELLE Marie-Claude: "Systèmes aspecto-temporels en arabe
              maghrébin (introduction et Tunisie)", in MAS-GELLAS 85-
              86, pp.57-80, Paris.

SINGER Hans-Rudolf: Grammatik der arabishen Mundart der Medina von
              Tunis, de Gruyter, Berlin, 1984.

SLAOUI Hadia: Problèmes de transitions de langues posés par le dis-
              cours bilingue arabe marocain/français, Thèse de 3ème
              cycle non publiée, Paris 7, 1986.

STILLMAN Norman A.: The language and culture of the Jews of Sefrou, Morocco, JSS Monograph II, University of Manchester, 1988.

TAINE-CHEIKH Catherine: - "Les altérations conditionnées des chuintantes et des sifflantes dans les dialectes arabes", in **Comptes-rendus du G.L.E.C.S.**, Tomes XXIV-XXVIII, 1979-1984, pp.413-435.
- "Le passif en hassaniyya, dialectes arabe de Mauritanie", in **MAS-GELLAS** 1983, pp.61-104.
- "Le *ḥassāniyya* mode d'emploi", in **Al Wasît** n.1, Bulletin de l'Institut Mauritanien de Recherche Scientifique, 1987, pp.33-46.
- "Le vent et le devant, de l'orientation chez les Maures", in **Al-Wasît** n.3, Bulletin de l'Institut Mauritanien de Recherche Scientifique, 1989, pp.19-41.
- "Les diminutifs dans le dialecte arabe de Mauritanie", in **al Wasît** n.2, 1988, Bulletin de l'Institut Mauritanien de Recherche Scientifique, pp.89-118.(**Taine-Cheikh 88**)
- **Dictionnaire Hassaniyya-Français** 6 vol., Geuthner, Paris, 1988-91.
- **Lexique français-hassaniyya, dialecte arabe de Mauritanie**, Centre Culturel Français A.de Saint-Exupéry, Nouakchott, Mauritanie, 1990.

TAUZIN Aline: "Systèmes aspecto-temporels en arabe maghrébin (Mauritanie)", in **MAS-GELLAS** 85-86, pp.81-96, Paris.

TEDJINI B.: - **Dictionnaire arabe-français (Maroc)**, Paris, Société d'éditions géographiques maritimes et coloniales, 1948.
- **Dictionnaire français-arabe (Maroc)**, 4éme éd., Paris, Société d'éditions géographiques maritimes et coloniales, 1949.

VANHOVE Martine: - "Remarques sur quelques auxiliaires et particules verbales en maltais", in **MAS-GELLAS** nouvelle série 1, Paris, 1987, pp.35-51.
- **Morphosyntaxe et stylistique en Maltais, Le système verbal et la phrase nominale** Thèse de Doctorat non publiée, 2 vol., Paris III, 1990.
- "Un Manuscrit Inédit de George S.Colin: Le "Supplément au dictionnaire maltais", Edition partielle et commentaires", in **MAS-GELLAS** Nouvelle série 3, Paris, 1991, pp.137-225.
- "L'expression du parfait en maltais", **Semitic Studies in Honor of Wolf Leslau**, A.S. Kaye éd., Wiesbaden, 1991.

VENDRYES Jean: "Une catégorie verbale: le mode de participation du sujet", in **BSL**, tome 44, 1947-48, fasc. 1, Klincksieck. (**Vendryès 47**)

de VOGUE Sarah: - **Référence, homonymie, prédication. Le concept de validation et ses conséquences sur une théorie des** conjonctions, Thèse de doctorat, Paris 7, 1985.

- "La conjonction **si** et la question de l'homonymie", in **BULAG n.13,** Université de franche-Comté, Besançon, 1986-87, pp.105-189.
- "Référence et Prédication", in **Recherches nouvelles sur le langage,** J.C.Milner éd., Collection ERA 642 (UA 1028), Paris 7, 1988.
- "Dense, discret, compact: les enjeux énonciatifs d'uen typologie", in **La Notion de Prédicat,** Collection URA 642 (UA 1028), Paris 7, 1989, pp.1-37.
- "Inférence sous inférence", in **Le gré des Langues** n.1, L'Harmattan, Paris, 1990, pp.7-24.
- "La transitivité comme question théorique: querelle entre la Théorie des Positions de J.C.Milner et la théorie des Opérations Prédicatives et Enonciatives d'A.Culioli", in **Linx** n.25, pp.37-65, 1991.
- "Culioli après Benveniste: énonciation, langage, intégration", in **Linx** n.26, pp. 77-108, 1992-1.

VYCICHL Werner: - "L'origine de l'article défini de l'arabe", in **Comptes-rendus du G.L.E.C.S.,** tomes XVIII-XXIII, 1973-79, Paris.

YOUSSI Abderrahim: - **Notation phonétique de corpus d'un idiolecte de l'arabe marocain de la ville de Marrakech,** mémoire de DEA, magnétothèque de l'UER de Linguistique, Paris V, 1976.
- **L'arabe marocain conceptuel,** Thèse de 3ème cycle non publiée, Paris V, 1977.
- **L'arabe marocain médian, analyse fonctionaliste des rapports syntaxiques,** Thèse d'état, Paris III, 1986.
- "Changements socioculturels et dynamique linguistique", in **Langue et Société au Maghreb,** Bilan et Perspectives, Université Mohammed V, Rabat, 1989.
- "Bibliographie de l'arabe marocain, de l'arabe algérien, de l'arabe tunisien, de l'arabe andalou, de l'arabe hassane, de l'arabe maltais et de l'arabe maghrébin", in **Langue et Société au Maghreb,** Bilan et Perspectives, Université Mohammed V, Rabat, 1989.
- "Un trilinguisme complexe", in **L'Etat du Maghreb,** Editions Le Fennec, Rabat, 1991.

ZAFRANI Haîm: "Une histoire de Job en Judéo-arabe du Maroc", in **La revue des Etudes Islamiques,** 1968/2, Paris, Geuthner, 1968.

ZAIDANE Karima: **Emprunt et mélange: porduits d'une situation de contact de langues au Maroc,** Thèse de 3ème cycle non publiée, Paris III, 1980.

TABLE DES MATIERES

Avant-propos
Introduction
photos, cartes

266